Einer muss ja hierbleiben

Einer muss ja hierbleiben

Herausgegeben von Astrid Melzer

filos
Nürnberg 2019

Wir bedanken uns für die freundliche Unterstützung der Firma Hellmann.

www.filos-verlag.de

Umschlaggestaltung, Satz und Layout: Volker Titel, Fürth
Druck und Bindung: DPG Nürnberg
ISBN 978-3-938498-34-7

Vorwort

An erster Stelle steht mein Dank an alle »Buch-Schaffenden«, die sich bereit erklärten, an diesem Band mitzuwirken. Trotz beruflicher und familiärer Verpflichtungen fanden sie die Gelegenheit, sich ihren Erinnerungen an die Jahre 1989/90 und die Zeit danach zu überlassen und sie aufzuschreiben, um ihre Lebenserfahrungen mit anderen zu teilen. Überhaupt war es sehr beeindruckend, wie engagiert alle an der Entstehung des Buches mithalfen und es erinnerte daran, wie alltäglich und selbstverständlich es in der DDR war, sich gemeinsam einem Ziel zu widmen, ohne vorher nach einem persönlichen Vorteil zu fragen. Einige Autoren berichteten, dass sie durch die Rückbesinnung auf die Vergangenheit Gelegenheit bekamen, frühere Kontakte zu Freunden aufzufrischen und wieder ins Gespräch zu kommen. Sozialisationserfahrungen in der DDR beruhten überwiegend darauf, Teil eines Ganzen zu sein. Es wurde einiges dafür getan, den Menschen, die in der DDR aufwuchsen und arbeiteten, die Erinnerungen an diese Zeit zu erschweren. Schulen, Ferienlager, Betriebe, Kultureinrichtungen etc. wurden abgerissen, dem Verfall preisgegeben oder teilweise gebrandschatzt. Auf einmal war das, was die eigene Biografie ausmachte, falsch und sollte großflächig ausgemerzt werden.

Ab 1990 erfolgte in vielen Erwerbsbiografien ein rasanter und flächendeckender Wandel. Für viele ging es darum, irgendwo unterzukommen, um die Existenzgrundlage und Normalität zu sichern. Somit musste viel fachliches und manchmal auch menschliches Potenzial auf der Strecke bleiben. Die Autoren zeigen die großen und kleinen Umwege, die sie ins berufliche Leben zurückführten und berichten über die Erfahrungen, die sie dabei machten. Oft gab es mehrmals einen kompletten Neuanfang, manchmal wechselten nur die Obrigkeiten, einige hatten einfach Glück oder konnten sich frühzeitig beruflich neu orientieren – in vielen Fällen wurden Menschen aber auch unverschuldet (meist nur aufgrund ihres Alters) für den Rest ihres Lebens arbeitslos.

Viele Menschen erinnern sich heute, 30 Jahre später, noch sehr genau an die damaligen Ereignisse. Sie führten oft zu einem bedeutenden Einschnitt in der eigenen Biografie und der ihrer Freunde und Verwandten. Wie dieser Einschnitt rückblickend wahrgenommen wird, hängt auch davon ab, ob man sich in die veränderten Gesellschaftsstrukturen sinnerfüllt einbringen konnte. Oft entschied über diese Möglichkeiten das Alter. Einige Menschen wurden komplett von den Veränderungen überrascht; andere ahnten sofort, was für Schwierigkeiten nun auf sie zukommen könnten. Manche wollten die DDR nicht im Ganzen verlieren, sondern hatten Hoffnung auf die Wandlung der sozialistischen Gesellschaft in eine andere politische Form, die sie selbst verwirklichen wollten.

Die ersten Bücher über die Zeit der »Wende« wurden von westdeutschen Autoren verfasst. Inzwischen sind viele Bücher hinzugekommen, in denen die damals in den Medien verbreitete Einheitseuphorie infrage gestellt und Kritik an der wirtschaftlichen Ausschlachtung der DDR und den haltlosen Versprechen der damaligen Bundesregierung geübt wird.

Dieser Band versammelt Erfahrungen aus der Sicht derjenigen, die die Auswirkungen der politischen, sozialen und wirtschaftlichen Veränderungen auf ihr berufliches und familiäres Umfeld unmittelbar spürten: ehemalige DDR-Bürger, die ihrem Beruf beziehungsweise ihrem Studium nachgingen, in verschiedenen Orten wohnten und damals im Alter von 18 bis 49 Jahren waren. Besser als sie kann niemand diese Zeit schildern, denn sie erlebten persönlich, was es bedeutet, wenn eine Gesellschaft innerhalb weniger Jahre in allen Bereichen umstrukturiert wird. Da es in der DDR für die Berufsbezeichnungen nur selten eine adäquate weibliche Entsprechung gab, woran sich niemand störte, wurde bei den persönlichen Angaben zu den Autoren weitgehend darauf verzichtet. So verdeutlicht sich oft erst im Kontext der Lebensgeschichte, ob es sich um eine Frau oder einen Mann handelt. Die Geschichten zeugen von Durchhaltevermögen, Selbstinitiative, Flexibilität und Entschlossenheit. Diese Eigenschaften scheinen es gewesen zu sein, die den DDR-Bürgern die Stärke verlieh, wieder neu Fuß zu fassen. Einige konnten den Veränderungen positive Aspekte abgewinnen und über sich selbst hinauswachsen, verschweigen in ihren Geschichten aber auch nicht die Unsicherheiten und Ängste, die sie begleiteten.

In den Beiträgen wird deutlich, was vielen in diesen schwierigen Zeiten half: eine enge familiäre Bindung und ein Netzwerk guter Freunde und Bekannter, mit denen man offen über die eigene Situation reden konnte. Deshalb wäre es zu wünschen, dass dieses Buch seine Leser ermutigt, Gesprächsbereitschaft zu entwickeln, einen offenen Gedankenaustausch zu befördern und die Bildung von weiteren Netzwerken anzuregen.

Astrid Melzer

Inhalt

Tanz am Abgrund

Sekretärin im VEB Carl Zeiss Jena, Abt. ZMB – Betrieb für Zulieferung, Materialbeschaffung, 22 Jahre

Am 9. November 1989 war ich mit Kollegen abends beim Kegeln. Im Oktober erst hatte ich als Sekretärin bei Zeiss angefangen und fühlte mich da sehr wohl. Eine Freundin machte mich auf diesen Arbeitsplatz aufmerksam, der frei geworden war, da jemand zum Studium ging, und weil sie wusste, dass ich meine Arbeitsstelle wechseln wollte. Der Abteilungsleiter stellte mich sogar ein, obwohl ich nicht Kaffee kochen konnte, was ja unbestritten zu den Aufgaben einer Sekretärin gehörte. Ich arbeitete in der Abteilung Materialbeschaffung, tippte Bestellungen, Briefe des Abteilungsleiters sowie regelmäßig den Materialrapport, versandte Fernschreiben und kümmerte mich um die Ablage und die Urlaubsplanung. Um die Anwesenheitsliste zu führen, musste ich mich jeden Morgen selber davon überzeugen, dass alle Kollegen gekommen waren. Da einige, die zur Abteilung gehörten, im Leitstand arbeiteten, machte ich morgens einen kleinen Spaziergang durch den Betrieb, um dahin zu kommen. Bei sehr schlechtem Wetter reichte aber auch manchmal im Vertrauen auf die Kollegen ein Anruf.

Die tägliche Arbeitszeit ging von 7 bis 16.15 Uhr. Morgens fuhr der Bus um 6.37 Uhr von der Stadtmitte hinaus zum Werk. Die Busfahrer, die oft dieselben waren, machten sich gern einen Spaß und öffneten die Türen erst zeitverzögert, um dem Ansturm der Wartenden noch richtig Druck zu verleihen. Wenn man günstig an der Haltestelle stand, sodass der Bus beim Einfahren mit einem Einstieg genau vor einem hielt, hatte man die Chance, einen Sitzplatz zu ergattern, den man allerdings oft unter den vorwurfsvollen Blicken älterer Mitfahrer wieder aufgab. Meistens musste man jedoch mit Stehplätzen vorliebnehmen. In diesem Fall versuchte man, in den orangenen

IKARUS-Gelenk-Bussen wenigstens zur drehbaren Bodenplatte durchzudringen, um während der Fahrt in den Kurven etwas Spaß zu haben, indem man sich an den Faltenbalg lehnte oder die Füße so auf der Bodenplatte platzierte, dass sie beim Abbiegen des Busses auseinanderdrifteten. Erst wenn der Bus am A-Betrieb gehalten hatte, gab es wieder freie Sitzplätze. Aber für die verbleibende Fahrzeit lohnte sich das kaum. Dafür waren wir dann auf dem Weg nach Hause wieder im Vorteil. Um in unsere Büros zu gelangen, musste man durch das Werkstor, dem in dem Häuschen daneben sitzenden Pförtner den Betriebs-Ausweis zeigen und dann noch ca. fünf Minuten über das Werksgelände laufen. Unser Abteilungsleiter kam meist mit dem Auto und war immer schon vor uns da.

Wir waren in einer Art Baracke untergebracht, an der Bahngleise vorbeiführten. Ab und zu rollte ein Güterzug dort entlang und dann gab es in der Baracke einen leichten Ruck. Wenn man im Frühsommer die Fenster zum Lüften öffnete, rankte der wilde Hopfen ins Zimmer und verbreitete dort seinen sehr speziellen Geruch. Der Rest der Betriebsabteilung bestand aus einer großen Lagerhalle und ausgedehnten überdachten Freiflächen zur Lagerung der bestellten Materialien. In unserer Abteilung arbeiteten zwölf Männer und Frauen verschiedenen Alters. Jeden Tag konnte man in der Betriebskantine essen, wo gekocht und Essen ausgegeben wurde. Dafür brachte jeder sein eigenes Besteck von zu Hause mit, das in einem Handtuch eingewickelt in einer Bestecktasche (ein längliches zuknöpfbares Etui) lag und nach jedem Mittagessen unter fließendem Wasser gewaschen, mit dem Handtuch abgetrocknet und wieder verpackt wurde.

Ich hatte einen festen Freund, wohnte aber noch mit meinen Eltern und meinem Bruder in einer Wohnung zusammen. Letzterer leistete zu dieser Zeit gerade seinen Grundwehrdienst bei der NVA ab. Meine Eltern arbeiteten an der Universität.

Abends und an den Wochenenden war ich mit dem Tanzensemble des VEB Carl Zeiss Jena bei Proben und Auftritten (unter anderem in Jalta und Polen). Für diese mehrtägigen Reisen wurde man von der Arbeit freigestellt. Mit Kleidersack und Schminkkoffer waren wir meistens in Bussen unterwegs. Für jeden Auftritt gab es Geld, das nach Solo- oder Gruppenaufgaben gestaffelt war. Die Proben fanden montags, dienstags und freitags am Abend statt und dauerten jeweils drei Stunden. Ab und zu geschah es auch, dass man Freitagnachmittag von der Ensemble-Leiterin ein Telegramm erhielt: »Unbedingt freitag probe sonnabend auftritt.« Sogar ein Hochzeitstermin musste mal verschoben werden, weil er mit einem

Auftritt kollidierte. Erst wenige Tage zuvor hatten wir mit unserem neuen Tanz-Programm *Pausen-Sound* Premiere gefeiert, das anlässlich der Bezirksleistungsschau für Bühnentanz mit *Oberstufe – ausgezeichnet* bewertet wurde. Das Finale der Tanzshow wurde übrigens von Günter Fischer eigens für unser Ensemble komponiert und eingespielt. Unser Ensemble bestand aus 30 jungen Leuten, die neben ihrem Studium oder Beruf eine »semi-professionelle« Tanz-Gemeinschaft bildeten – so nannte es unsere Leiterin. Wir alle fühlten uns wie in einer großen Familie, und für den einen oder anderen war unsere Leiterin eine Art Ersatzmutter. Sie konnte aber auch sehr fordernd sein und ich erinnere mich an so manche Probe, nach der wir ausgepumpt am Boden saßen und uns von ihr anhören mussten: »Das war schlecht! Wir machen es gleich noch mal.«

Den Kegel-Abend am 9. November gewann ich mit dem 2. Platz und bekam einen Satz Handtücher geschenkt. Wir saßen danach noch an einem Tisch, als plötzlich ein Mann in die Gaststätte kam und sagte: »Habt ihr schon gehört? Die Grenzen sind offen.« Wir überlegten erst mal, ob er vielleicht zu viel getrunken habe. Der Wirt stellte das Radio laut und wir hörten, dass Günter Schabowsky auf einer Pressekonferenz erklärte, dass die Ausreise in die BRD ab sofort mit einem Visum über Grenzübergänge der DDR gestattet sei. Wir bestellten noch eine Runde. Danach aber löste sich unser Kollegen-Kreis auf und jeder fuhr nach Hause, um über das Fernsehen Genaueres zu erfahren. Da sah man dann Bilder, wie Menschenmengen über die Berliner Mauer kletterten. Wo wollten die alle hin? Sie konnten ja kein konkretes Ziel haben ohne Aussichten auf eine Wohnung und eine Arbeit. Mein Vater, der dabeisaß und auch kaum glauben konnte, was er da sah, meinte: »Diese Idioten! Auf die hat der Westen gerade noch gewartet. Die werden sich alle noch umgucken!« Ich überlegte, ob es vielleicht wirklich besser war, alle diejenigen rauszulassen, die nicht hierbleiben wollten. Dann könnte man ja die Grenzen wieder dicht machen und eine »richtige DDR« aufbauen.

In den nächsten Wochen nahmen einige von den Kollegen ab und zu einen Kurzurlaub, um Ausflüge in den Westen zu unternehmen. Mich tangierte das nicht so – ich war zufrieden und ausgefüllt mit meinem jugendlichen Leben, das von der täglichen Arbeit, vielen Auftritten mit der Tanzgruppe, Proben und Kino-Besuchen begleitet war. Zusätzlich besuchte ich noch einen Schreibmaschinenkurs und lernte Französisch an der Abendschule. Im Kopf hatte ich den vagen Gedanken, vielleicht mal Tanzpädagogik oder Kulturwissenschaften zu studieren.

Im Januar 1990 kehrte mein Bruder von der Armee zurück, nach anderthalb statt drei Jahren. Er rief vorher an und erzählte, dass alles aufgelöst werde und er deshalb zurückkomme.

Das erste Mal fuhr ich im Februar 1990 mit der Tanzgruppe in den Westen – diesmal mit dem Zug nach Erlangen. Die Stadt war Partnerstadt von Jena geworden. Mein Eindruck vom Erlanger Bahnhof versetzte mich nicht wirklich in Begeisterung. Das sollte der »goldene« Westen sein? Wir wurden in einer Jugendherberge untergebracht. Im gleichen Gebäudekomplex war eine Schwimmhalle mit Solarium, wo wir für anderthalb Stunden Aufenthalt 3,50 D-Mark zahlten. Als wir durch die Straßen liefen, fiel mir auf, dass die Luft im Vergleich zu Jena trotz der vielen Autos und Busse recht sauber wirkte. In der wunderschönen Buchhandlung Palm & Enke leistete ich mir ein Taschenbuch. Am Sonntagabend hatten wir dann unseren recht erfolgreichen Auftritt im E-Werk und trafen anschließend zwei ehemalige Mitglieder aus der Tanzgruppe, die die DDR bereits im Winter verlassen hatten.

Zu den abendlichen Proben der Tanzgruppe in Jena erschienen nun nicht mehr alle Mitglieder regelmäßig. Normalerweise startete das Training meist in Vollbesetzung pünktlich 18 Uhr. Jetzt musste erst mal eine Zeitlang abgewartet werden, wer überhaupt noch den Weg in den Saal fand. Es war eine Zeit, in der man ständig auf Abschiede gefasst sein musste, weil jemand in den Westen ging, und es etablierte sich bei dieser Gelegenheit der gern zitierte Spruch: »Der Letzte macht das Licht aus.«

Ende März reisten wir mit der Tanzgruppe nach Mainz. Dort hatten wir einen Auftritt während einer Messe-Ausstellung. Wieder fuhren wir mit der Bahn, dazu nachts. Ich habe noch in Erinnerung, dass wir nach dem Auftritt abends durch die Stadt streiften und nach 21 Uhr noch einen offenen Eisverkauf fanden, der zehn Sorten Eis anbot. Was für eine Vielfalt! Trotzdem entschied ich mich für Vanille.

An einem Samstagabend ging ich mit meinem Freund spazieren, da hupte ein Auto neben uns: ein West-Auto, und auf dem Beifahrersitz saß unsere Tanzgruppen-Leiterin. Ich bekam den Auftrag, alle aus der Tanzgruppe für den Sonntagnachmittag zusammenzutrommeln, damit wir eine Modenschau präsentieren konnten: Underground-Design – von einer Modegestalterin aus Ulm. Leider bekam ich nicht sehr viele Leute zusammen (damals hatte ja nicht mal jeder ein Festnetztelefon), sodass ich die Modenschau dann mit nur zwei anderen Mädchen aus der Tanzgruppe bestreiten musste. Wir waren vorher noch nie Modenschau gelaufen, aber das merkte uns wohl niemand an. Nach 30 Minuten wurde die Modenschau wiederholt – es waren viele Fotografen da und der Beifall lang anhaltend. Langsam kamen wir auf den Geschmack.

Auf Arbeit, in der Abteilung Materialbeschaffung, wurden inzwischen mehr Stornierungen als Bestellungen verfasst. Die Funktionäre der Parteileitung mussten innerhalb der Betriebe umgesetzt werden und man gliederte sie in die Produktion ein. Auch in unsere Abteilung kam ein ehemaliger GO-Sekretär.[1] Seitdem war die Stimmung immer etwas angespannt, weil er und unser Abteilungsleiter private Differenzen hatten und im Grunde diese konkrete Umsetzung niemanden begeisterte.

Bei frühsommerlichen Temperaturen saß ich oft mit meiner Freundin, die auch in dem Tanzensemble war, in der Mittagspause auf den Treppen der Baracke, und wir genossen ein Bottermelk Zitrone-Eis. Aus den letzten Jahren kannten wir nur die Sorten Vanille, Schokolade und Erdbeere.

Im Juni fuhren wir mit dem Tanzensemble nach Wiesbaden und dann noch einmal nach Erlangen, wo wir diesmal einen Auftritt auf dem Schlossplatz hatten. Es war abzusehen, dass diese schöne Zeit der Reisen und Auftritte bald ein Ende haben könnte, da niemand wusste, ob und wie es mit dem Tanzensemble weitergehen würde.

Im Grunde herrschte eine gewisse Weltuntergangsstimmung: alte Strukturen zerbrachen, Leute verschwanden, Wohnungen standen leer, niemand wusste, was richtig und falsch war, keiner traute sich was zu sagen, das Vertrauen in die Mitmenschen schwand, ein Arbeitsamt wurde eingerichtet, bei der Sparkasse musste man nun bis zu zwei Stunden anstehen, auch wenn man nur seinen Kontoauszug holen wollte, und überall entstanden auf freien Wiesen Plätze, auf denen man Gebrauchtwagen kaufen konnte. Aus Gesprächen meiner Eltern hörte ich heraus, dass sich nun die wahren Freunde von den falschen eindeutig unterscheiden ließen. Es herrschte eine große Unsicherheit und im Grunde wusste kaum einer, wie er mit der Situation umgehen sollte und was auf ihn persönlich noch zukam. Wenn man jemanden traf, fragte man schon nicht mehr, wie es ihm geht. Denn man wusste, dass jeder mit den Ereignissen zu kämpfen hatte.

Auch auf Arbeit verschlechterte sich die Stimmung. Man bekam den Eindruck, dass jeder auf den anderen schaute, wie viel und wie lange er arbeite. Die nie gekannte Angst vor Arbeitslosigkeit ging plötzlich um.

[1] Diese Funktionäre leiteten eine Grundorganisation der SED in Betrieben.

Im August fuhr ich als Gruppenleiterin nach Raila in ein Kinderferienlager. Hier kamen Kinder von Zeiss-Angehörigen her, die nach Altersgruppen zusammengefasst und verschiedenen Betreuern zugeteilt wurden. Über die Interessen und großen und kleinen Nöte meiner zehn- und elfjährigen Mädchen und den räumlichen Abstand vergaß ich erst mal die Schwierigkeiten des eigenen Lebens und genoss den andersartigen Tagesablauf sowie die Anhänglichkeit der Kinder. Eines der Mädchen kannte mich noch von vor zwei Jahren aus dem Ferienlager Remschütz, wo ich auch ihre Gruppenleiterin gewesen war, und so hatte ich gleich einen guten Stand.

Manchmal kam es vor, dass jemand im Sommerurlaub angerufen wurde und erfuhr, dass er ab sofort auf Kurzarbeit gesetzt war oder gar nicht mehr auf Arbeit kommen müsse, da die Stelle jetzt gestrichen sei. Vor meinem Sommerurlaub in Kroatien wurde ich zunächst darauf vorbereitet, dass ich ab September mehr Aufgaben übernehmen würde, nämlich Rechnungen schreiben und die Beschaffung für Buntmetalle zu übernehmen. Mein Vater riet mir allerdings zu einem Studium und so fuhr ich im September nach Leipzig, um eine Eignungsprüfung für ein Studium der Kulturwissenschaften zu absolvieren, die ich auch bestand. Allerdings wollte ich nicht schon im Oktober studieren – ich hatte meine eigenen privaten Pläne. Man bot mir nämlich an, Tanzkurse abzuhalten, die von unserer Tanzgruppe durchgeführt wurden.

Bald aber fiel mir auf, dass es versteckte Hinweise darauf gab, dass ich ab 1. Oktober arbeitslos sein könnte. Dabei hatte ich doch so viele Pläne. Jeder begann sich zu überlegen, was er im Fall der Arbeitslosigkeit machen würde. Ich wusste nur, dass ich mich nicht vom Tanzen trennen wollte. Anfang September hieß es dann, dass im Betrieb alle Leute unter 30 Jahren und ohne eigene Familie nach und nach auf null Stunden gesetzt werden. Ich fühlte mich aufgrund der drohenden Arbeitslosigkeit und der allgemein unsicheren Lage zu einer Entscheidung getrieben, die ich noch nicht fällen wollte, und aus meinem bisherigen ausgefüllten Leben gestoßen.

Am letzten Arbeitstag wurde ich mit Geschenken und Blumen verabschiedet. Gerade mal ein Jahr hatte ich bei Zeiss gearbeitet – ein schönes Jahr. Der Abschied fiel mir schwer und der Gedanke an das Neue, das Studium, brachte mich nicht gerade in Hochstimmung. Mir war, als würde ich von meinem bunten Leben Abschied nehmen und das zukünftige Studentenleben in Leipzig zeichnete sich mir in sehr düsteren und freudlosen Farben.

Graue Häuser – buntes Leben

Pflegerische Hilfskraft im Krankenpflegeheim »Albert Schweitzer« Berlin-Blankenburg; Fernstudentin der Arbeits- und Beschäftigungstherapie an der Medizinischen Fachschule »Dr. Georg Benjamin« Berlin-Buch, 22 Jahre

Im Sommer 1988 breche ich mein Studium der Lebensmitteltechnologie an der Berliner Humboldt-Universität ab. Ich kann mir nun doch nicht vorstellen, den Rest meines Lebens als Ingenieur in einem VEB zu verbringen. Eigentlich hätte ich das bereits im verpflichtenden vorpraktischen Jahr, welches ich gleich nach dem Abitur im VEB Zuckerfabrik »F. C. Achard« Genthin absolvierte, erkennen sollen. Aber nach zwölf Jahren Schule bin ich einfach nur froh, endlich etwas Praktisches zu machen und begreife gar nicht, das dies mein weiteres Leben bedeutet. Außerdem ist Lebensmitteltechnologie auch nicht mein Wunsch-Studium – in der DDR wurde man gelenkt und für Medizinische Physik gab es gerade keine Studienplätze.

Meine Eltern sind ziemlich sauer und ich weiß nicht, was ich machen soll, außer auf keinen Fall weiterzustudieren. Ich mache die Bekanntschaft einer Frau, die mit behinderten Menschen arbeitet und denke, dass das doch erfüllend sein und mir einen Sinn im Leben geben könnte. Als ich mich in sogenannten »Tagesstätten für geistig Behinderte« bewerben will, merke ich erst, dass ich meine Kaderakte benötige. Die gibt das »Rote Rathaus« aber nicht heraus. Sie machen mir klar, dass die Zulassung zum Studium eine Auszeichnung war und dass ich mich jetzt erst mal bewähren soll. Wenn ich Arbeitstherapie studieren möchte, heißt es, brauche ich einen delegierenden Betrieb. Das Krankenpflegeheim »Albert Schweitzer« würde mich nehmen und wenn ich gute Arbeit leiste, zum Studium an die Fachhochschule schicken.

Ich habe keine Wahl: Nach drei Monaten wird auch das Geld knapp, und ich kann nicht mehr für 10 Mark im Studentenwohnheim wohnen.

Eine Wohnung gibt es nicht … So ziehe ich in das Gartenhäuschen meiner Eltern und beginne als pflegerische Hilfskraft im »Albert Schweitzer«: morgens um 4.30 Uhr aufstehen, dann mit der S-Bahn anderthalb Stunden vom Süden Berlins in den Norden fahren und gemeinsam mit Rehabilitanden (geistig Behinderte, die in Betriebe integriert werden) Toiletten putzen und ähnliche Dinge. Nach einiger Zeit darf ich auch die alten Leutchen dort mitpflegen. Die Arbeit macht Spaß und ist befriedigend. Für Zuwendung sind die Leutchen dankbar und ich höre mir gern ihre Lebensgeschichten an. Bald muss ich im Arbeitskollektiv Spießruten laufen, weil ich Gebisse aus Schubladen krame, auch mal die Haare kämme und mit den Leutchen auf Toilette gehe. Die Abende dieser Arbeitstage verbringe ich heulend unter der Dusche.

Zwei Monate später beginnt der Anfang vom Ende. Spätestens seit der Wahl im Mai 1989 wurde deutlich, dass sich die Bürger der DDR nicht mehr ruhig verhalten werden, wenn sich hinsichtlich der politischen Lage nichts ändert. Ging ich in ein Blues-Konzert in einer Berliner Kirche, in die vom Staat unerwünschte Umweltbibliothek am Zionskirchplatz oder gar in einen kirchlichen Buchladen – immer hatte ich das Gefühl der Angst. Es gab immer »komische Leute«, von denen ich wusste: Die notieren das jetzt.

Es gehen viele Leute weg – über die westdeutsche Botschaft in Prag. Im Sommerurlaub 1989 liege ich eine ganze Nacht wach. Wie jedes Jahr seit 1984 bin ich mit Freunden nach Rumänien, Bulgarien und Ungarn gefahren. Ungarn hat die Grenzen zu Österreich geöffnet und der ganze Zeltplatz ist in Aufruhr. Neben meiner schlafenden Freundin liegend überlege ich, ob ich gehen soll … will … darf … Nein, ich bleibe und werde mein Land zum Besseren verändern!

Wie naiv ich damals war!

Meine Mutter fällt fast in Ohnmacht, als ich nach dem Urlaub an ihrer Tür klingele. Sie dachte, ich komme nicht wieder und wäre schon bei Tante E. in der Nähe von Frankfurt am Main.

Die Delegierung zum Direktstudium kommt nicht. Stattdessen schickt man mich im September 1989 zum Fernstudium der Arbeits- und Beschäftigungstherapie in Berlin-Buch. Das heißt: Innerhalb von sechs Wochen eine Woche Theorie an der Fachhochschule – der Rest ist Selbststudium, nebenbei voll arbeiten.

Inzwischen wohne ich im Kofferzimmer des angeschlossenen Altenpflegeheims auf dem Gelände des Pflegeheims und »darf« in der Arbeitstherapieabteilung arbeiten. Hier falten behinderte Beschäftigte Schachteln für pyrotechnische Erzeugnisse und »Negerküsse« … Nebenbei erfolgt auch ein bisschen Förderung der Beschäftigten. Ich nähere mich meinem Ziel!

Dann kommt der 7. Oktober 1989. Ich laufe mit zum Palast der Republik. Drinnen feiern Honecker und Gorbatschow den 40. Jahrestag der DDR. Später bricht hier meine DDR zusammen, als Volkspolizisten den Knüppel ziehen. Ein Erlebnis, über das ich nicht schreiben kann …

Am 4. November findet die große Demonstration am Alex statt. Es muss eine Änderung geben, nicht nur einen symbolischen Wechsel an der Spitze des Politbüros!

Ich besuche am Donnerstag, den 9. November 1989, meine Eltern. In diesen brisanten Zeiten gucken wir sogar die *Aktuelle Kamera* im Fernsehen der DDR. Schabowski erzählt etwas davon, dass jetzt Reisefreiheit besteht – oder so ähnlich? Ich verstehe es so, dass ich als DDR-Bürger jetzt einen Antrag auf einen Besuch zum Beispiel meiner Tante in Westdeutschland stellen darf und dieser recht zügig genehmigt wird. Super!

Ich übernachte in der Wohnung meiner Eltern und wache nachts auf, weil ich wie üblich mit Klassik im Radio eingeschlafen bin. Nun wird irgendetwas von Mauer, Grenze, Stasi erzählt. Es ist 3.30 Uhr. Ich mache das Radio aus und denke: »So ein Blödsinn!« Eine Stunde kann ich noch schlafen – schön!

Frühmorgens fahre ich mit der S-Bahn nach Berlin-Blankenburg. Klingelt es an den Türen wie üblich zwischen den Stationen Schönhauser Allee und Pankow? (Damit niemand die Türen während der Fahrt an der Grenze entlang öffnen kann, klingelte es auf dieser Strecke immer.) Heute erinnere ich mich nicht mehr; ich war das Klingeln gewöhnt und nahm es nicht mehr wahr.

Auf Arbeit sitzt Frau W. und weint. Was ist los? Wo sind die anderen Kollegen? Auch ein Teil der behinderten Beschäftigten kommt nicht. Die Mauer ist gefallen! Gibt es denn so etwas?! Kommt jetzt eine »bessere« DDR? Ein »richtiger« Sozialismus? Kann ich jetzt mal drüben gucken, aber hoffentlich auch wieder zurück? Der Tag vergeht mit vielen Gedanken.

Sonnabend gehe ich mit meinem älteren Bruder über den Grenzübergang Sonnenallee in den »goldenen« Westen. Die Menschenmassen! Alles ist voll! Und bunt! Und voller Westautos! Der erste kleinere Konsum – wie heißt das hier? – überfordert mich komplett. Ich weiß nicht, was ich kaufen soll. Muss ich überhaupt etwas kaufen? Ich entscheide mich für eine Schachtel Cornflakes – 1 D-Mark.

Viel Geld habe ich sowieso nicht. Von meinem Vater, der nach Feierabend für Westgeld Bäder fliest, habe ich 5 D-Mark. Ich hege nicht die Absicht, mich wie ein armer Ossi an den langen Schlangen vor den Banken anzustellen und mein »Begrüßungsgeld« abzuholen.

Hoffentlich werden die Grenzübergänge nicht wieder geschlossen – und ich muss hierbleiben! Ich will zurück in meine Heimat! Hier ist mir alles zu voll, zu grell … die viele Werbung …

In den nächsten Wochen schwanken meine Gefühle zwischen: Toll, ich kann reisen … aber ich will meine DDR behalten – nicht die »gefühlte« Überwachung, das Reden mit zwei Zungen; aber die Solidarität zwischen den Leuten, der Zusammenhalt (wenn auch oft aus der Not geboren).

Eine wilde, freie Alles-ist-jetzt-möglich-Zeit beginnt. Ständig bin ich mit dem Fahrrad vor allem in Kreuzberg unterwegs. Ich treffe eine Freundin wieder, die über Ungarn abgehauen war und jetzt im Bio-Laden arbeitet. Um die Eintrittskarte für das Joan-Baez-Konzert in der Philharmonie selbst bezahlen zu können, hole ich mir doch noch die 100 D-Mark ab.

Es gibt politische Läden mit wahnsinnig viel Informationen über Anarchie, linke Alternativen, Waldorfpädagogik … Ich sauge alles in mich hinein und denke: Was mache ich? Wie bringe ich mich ein? Ich habe das Gefühl, dass ich nicht gelernt habe, wirklich eigenständig zu denken, Entscheidungen zu treffen, selbstinitiativ mein Leben zu gestalten. Viel wurde vorgegeben, in Bahnen gebracht, geführt, gedrückt. Jede Initiative von unten hat den eigenständig Mitdenkenden und Handelnden fast automatisch zum Provokateur, Unruhestifter und »Weltverbesserer« gestempelt. Was wird sich ändern? Was ist mit meiner Bildung? Soll ich jetzt doch noch studieren gehen?

Politisch ist mir klar, was passieren wird, als Modrow im Februar 1990 verkündet, dass … ich erinnere mich nicht mehr, aber da wusste ich: Das war es mit der DDR. Kein dritter Weg. Keine Umsetzung einer wirklich besseren Gesellschaft. »Wir« werden vereinigt werden – eher angeschlossen. Hätte dieser Staat, diese Gesellschaftsordnung bestehen können, wenn nicht jeder, der es wagte, konstruktive Kritik zu üben, gleich als Klassenfeind gebrandmarkt beziehungsweise auch bestraft worden wäre? Ich habe mich bemüht, mich »an der Grenze« zu engagieren: War FDJ-Sekretär, weil ich etwas bewegen wollte! Trug das Abzeichen »Schwerter zu Pflugscharen«, weil ich für den Frieden war! Ich wäre fast von der Schule geflogen. Wollte nicht in die Partei eintreten, weil der Parteisekretär im Betrieb damals sagte: »Jetzt bist du noch Arbeiter. Nach dem Studium nehmen wir dich nicht mehr. Wir sind eine Arbeiter- und Bauern-Partei.« Die verkündeten Ideale standen in immer größerem Gegensatz zur Lebenswirklichkeit. Und »die da oben« bemerkten das nicht?

Im April 1990 fahre ich mit dem ADFC ins Wendland. Aktiviert durch Günter Wallraffs Buch *Ganz unten* demonstrieren wir gegen die Arbeits- und Hygienebedingungen bei McDonald's. Ja, man kann jetzt alles sagen ... Aber ich bin froh, nach der Reise wieder in meiner grauen, abgeranzten DDR zu sein – die wischen ja drüben sogar noch die Straße! Widerstrebend gebe ich nach der Währungsreform das »gute Geld« für Butter aus.

Während eines Praktikums im Rahmen des noch immer laufenden Fernstudiums lerne ich W. kennen und vermisse ihn kurz danach auf einer Frankreichreise (Willing Working of Organic Farms) im August 1990 so stark, dass ich denke: Ja, der ist es! Mit dem kann ich mir eine Zukunft vorstellen!

Die Fachhochschule verkündet uns, dass wir nach Recht und Gesetz unsere Ausbildung als Arbeits- und Beschäftigungstherapeut zu Ende bringen dürfen, aber dass sie danach nicht anerkannt wird. Na, so ein Quatsch! Also höre ich nach einem Jahr Fernstudium im September 1990 auf und bewerbe mich für ein Fachschulstudium der Ergotherapie – auch im Westen. Obwohl ich Zusagen bekomme, bleibe ich in der »Ostzone« und beginne im Mai 1991 meine dreijährige Ausbildung an der gleichen Fachschule wie zuvor – im Rahmen einer Umschulung zur Ergotherapeutin.

Da ich während der Direktausbildung nicht mehr im Krankenpflegeheim arbeiten kann, darf ich dort auch nicht mehr wohnen. Wohin? Zurück in das Gartenhäuschen meiner Eltern? Zu Freunden, die auch keine richtige Wohnung haben? Zu W., den ich noch nicht so lange kenne?

Ich ziehe in ein besetztes Haus in Prenzlauer Berg – eine tolle Zeit beginnt. Meine Fenster sind vergittert – zum Schutz vor Angriffen der Nazis, die linke, alternative Projekte gern angreifen. Sind die alle von hier? Im Treppenhaus kann man die zweite Treppe wie eine Zugbrücke nach oben ziehen. Sauberes Geschirr gibt es irgendwie nie. Der Rauch aus dem Café »LSD« dringt durch die Ritzen der Bodendielen, auf denen meine Schlafmatratze liegt. Neben dem Café haben wir einen kleinen Food-Coop-Laden eingerichtet. Im wöchentlichen Plenum auf dem Dachboden wird endlos diskutiert. Ist das Demokratie? Diskutieren bis zum Konsens? Nebenbei kann man sich neu einrichten; die Leute schmeißen alles weg beziehungsweise stellen es auf die Straße: Möbel, Herde, Couches, ganze Papierblöcke – teilweise noch eingeschweißt – werden entsorgt. Es gibt ja jetzt alles aus dem Westen ...

Neben dem Fachschulstudium der Ergotherapie und mit wenig Geld – ich bekomme sogar Kohlengeld vom Staat – kann ich nicht viel Engagement in unser Hausprojekt einbringen. Zusätzlich fressen viele parasitäre westdeutsche »gescheiterte Existenzen« unseren Kühlschrank leer. Als im Winter auch noch die letzten Kohlen geklaut werden und die Mitbewohner die Kellertüren verheizen, habe ich die Nase voll. Ich ziehe dann doch zu W., der zudem gerade aus seiner 1-Zimmer-Wohnung im 3. Stock mit Toilette im Erdgeschoss in eine schöne 1,5-Zimmer-Wohnung mit Wohnküche und eigenem Bad gezogen ist. Wir beschließen eine Familie zu gründen, wenn meine Ausbildung beendet ist.

Seitdem ist viel Zeit vergangen. Im Mai 1994 beendete ich meine Ausbildung. Nach der Geburt unserer zwei Kinder und Erziehungszeit begann ich in einer privaten Klinik zu arbeiten – Kapitalismus pur! Der Chef ist Gas-, Wasser- und Heizungsinstallateur – Profit ist sein Geschäft, nicht die Heilung der Menschen, die ihm anvertraut sind. Nach ein paar Jahren kann ich dieses System nicht mehr mittragen. Inzwischen arbeite ich in einer Praxis, in einem guten Team. Wir sind Ossis und Wessis; keinen interessiert es wirklich.

Wir wohnen in einer brandenburgischen Stadt, die durch westdeutschen Zuzug viel kulturellen, ökologischen und damit auch lebensqualitativen Aufschwung bekam. Unsere Vermieter und unser soziales Umfeld sind westdeutsch. Es gibt »gemischte Beziehungen«.

Unsere Kinder sind hier aufgewachsen; wir haben ihnen bestimmt einige DDR-Werte mitgegeben: Mitanpacken, egal ob man etwas dafür bekommt, Wertschätzung und Erhalt von Dingen, die Liebe zum Frieden, Hilfsbereitschaft, Gleichberechtigung, echte Solidarität.

Die Erfahrungen, die ich in Kindheit, Jugend und als junge Erwachsene in der DDR machte, möchte ich nicht missen. Ich konnte inhaltlich eine sehr gute schulische Bildung genießen. Wir waren glücklich und unglücklich, nicht arm und nicht reich, wir hatten alles, was wir brauchten, wir reparierten viel (wer weiß, wann es etwas Neues gab), wir achteten auf die Mitmenschen, stellten uns in Schlangen an, wenn es etwas Besonderes gab (zum Beispiel Schaumzuckertiere, Bücher von Max Frisch, Schallplatten von Konstantin Wecker). Wir arbeiteten in den Ferien, um verreisen zu können (48 Stunden Zugfahrt bis zur Schwarzmeerküste!). Ich fühlte mich trotz mancher politischer »Querelen« geborgen, ja, sogar auf der »richtigen Seite« zu Hause!

Mit Jugendtourist unterwegs[1]

Lehrling zum Maschinen- und Anlagenmonteur im VEB Baumaschinen Gatersleben, 18 Jahre

Nach den Ferien begann für mich Anfang September 1989 wieder die Berufsschule. Thema Nr. 1 war natürlich, wenn auch hinter vorgehaltener Hand, die Besetzung der Botschaften der BRD in Prag und Budapest. Einige unserer Mitschüler waren nicht mehr da – sie waren wohl auch nach Ungarn gefahren.

In der dritten Septemberwoche wurde in der Lehrwerkstatt eine FDJ-Versammlung angesetzt, die zwei unserer Lehrmeister leiteten. Es ging um die Flucht von DDR-Bürgern in die Botschaften der BRD. Wir wurden aufgefordert, uns von den Mitschülern, die sich mit ihren Familien offenbar abgesetzt hatten, zu distanzieren. Einer der beiden Lehrmeister spielte sich auf und betonte, was das für eine Schande für unser Land wäre, dass Republikflucht strafbar sei und dafür keine milden Strafen vorgesehen wären. Er versuchte uns auch zu überzeugen, dass die Teilnahme an den Demonstrationen in Leipzig, wo jeden Montag immer mehr Leute für Demokratie und gegen die DDR-Regierung auf die Straße gingen, Verrat an der DDR bedeute. Wir hörten uns den Vortrag an und nickten wie immer brav.

Eine Woche später war dieser von der DDR und dem Sozialismus so überzeugte Lehrmeister samt Familie verschwunden. Seine Abwesenheit wurde von den anderen Lehrkräften einfach ignoriert und kein Wort darüber gesprochen. Wochen später erhielten wir von ihm eine Ansichtskarte aus Nürnberg.

[1] Bei diesem Text handelt es sich um einen überarbeiteten Auszug aus meinem Buch: Von der Jugendweihe bis zum Mauerfall. Norderstedt: Books on Demand 2018.

Meine Freundin Hanna und ich wollten das erste Mal zusammen verreisen. Wir buchten kurzfristig bei Jugendtourist für eine Woche Anfang November einen Aufenthalt im Jugendtourist-Hotel in Oberwiesenthal. Ein paar Tage nach der Buchung gingen wir nochmal zum Jugendtourist-Büro, um die Reise zu bezahlen. Da wurde uns mitgeteilt, dass diese Reise nicht stattfinden könne, weil der Reiseleiter abgesprungen sei – er war bei der letzten Reise in Prag geblieben –, oder: Es müsse kurzfristig ein neuer Reiseleiter gefunden werden. Die Leute von Jugendtourist überredeten mich, diese ehrenamtliche Tätigkeit zu übernehmen. Da wir unbedingt fahren wollten, sagte ich unüberlegt zu. Es hieß, ich solle mich nur um die organisatorischen Angelegenheiten kümmern – das wäre alles ganz einfach.

»Okay, wenn das so einfach ist, dann mache ich das«, war meine Antwort.

Ich 18-jähriger Jugendlicher, der nun Reiseleiter war und von nichts eine Ahnung und schon gar keinen Plan hatte, musste am Abreisemorgen die Anwesenheit aller Teilnehmer am Bahnhof überprüfen. Mit mir und Hanna waren alle 34 Teilnehmer erschienen und die Bahnfahrt ins Erzgebirge konnte beginnen.

Am Jugendtourist-Hotel in Oberwiesenthal angekommen, checkte ich für meine Reisegruppe ein. Da begannen schon die Probleme: Alle Teilnehmer der Reisegruppe waren in unserem Alter, so um die 20 Jahre, und alles Pärchen. Uns standen nun zwölf Zimmer mit jeweils drei Betten zur Verfügung. So was Bescheuertes – am liebsten hätte ich die ganze Sache mit der Reiseleitung gleich wieder hingeschmissen. Wie sollte ich das denn sortieren? Irgendwie wurden sich dann alle mit der Bettenaufteilung einig, auch wenn einige laut diskutierten und sehr unzufrieden waren. Aber ich konnte ja nichts dafür, dass dieses Jugendtourist-Hotel nur über Dreibettzimmer verfügte. Da wurde in den Doppelzimmern einfach noch ein Bett zugestellt, um mehr Gäste unterbringen zu können. An Privatsphäre dachte niemand.

Das nächste Problem waren die Veranstaltungen im Haus. Zweimal in der Woche fand im Hotel eine Disco statt. Allerdings erhielt ich für unsere Reisegruppe nur jeweils zehn Karten. Da natürlich alle diese Disco besuchen wollten, ging das Theater wieder von vorn los. Hanna und ich verzichteten freiwillig und ich schwor mir, dass ich nie wieder solch eine Tätigkeit als Reiseleiter annehmen würde.

Wegen des großen Zustroms von DDR-Bürgern nach Ungarn und in die Tschechoslowakei wurden schon im Oktober die Grenzen zu diesen Ländern geschlossen. Nun erfuhren wir aus dem Radio, dass die Grenze wieder offen sei und man mit einem Personalausweis in die Tschechoslowakei kommen konnte. Da wir in Oberwiesenthal ja genau an dieser Grenze waren, planten Hanna und ich einen Ausflug in das Nachbarland.

Als der Grenzsoldat an der kleinen Grenzstation umständlich unsere Ausweise prüfte und uns misstrauisch ansah, kam mir in den Sinn, was wir nun für Möglichkeiten hätten. Wir könnten uns einfach in einen Bus nach Prag setzen und wie viele andere auch in die Botschaft der BRD gehen. Als wir die Grenze passiert hatten, erzählte ich Hanna von dieser Idee. Wir setzten uns auf eine Bank und überlegten. Wir überlegten lange, und vor Aufregung rauchte ich eine Zigarette nach der anderen. Aus der Prager Botschaft durften die sogenannten Flüchtlinge ja bereits mit der Bahn in die BRD ausreisen. Sollten wir auch einfach abhauen? Einfach unsere Familie und Freunde zurücklassen? In den Westen gehen, um dort ein neues Leben anzufangen? Was würde uns dort erwarten?

Ein mulmiges Gefühl kam in uns auf. Hanna hatte ihre Ausbildung bereits beendet, aber ich noch nicht. Es würde ein waghalsiges Abenteuer werden. Ich: ohne abgeschlossene Berufsausbildung; wir beide: ganz allein in einem fremden Land. Bei diesen Gedanken bekamen wir Angst und entschlossen uns nicht zu diesem Schritt.

Nach unserem Kurztrip ins Nachbarland kehrten wir nach Oberwiesenthal zurück. Irgendwie fühlten wir uns auch erleichtert, und mit dem guten Gefühl, das Richtige getan zu haben, gingen wir in die Bar und ließen den Abend ausklingen.

Am nächsten Abend saßen wir auf unserem Zimmer und spielten zusammen mit einem anderen Pärchen Karten. Nebenbei lief das Radio. In den Nachrichten hörten wir, dass die Grenze zur BRD geöffnet wurde und in Berlin eine große Party stattfinde. Wir konnten es kaum fassen und hörten immer wieder die Nachrichten; die Nachrichten von den West-Sendern sowie auch von den Ost-Sendern. Es war unglaublich – der Abend des 9. November 1989. Etwas Unerwartetes war geschehen: Die DDR-Regierung beschloss die Öffnung der Grenze zur BRD. Durch die Montagsdemos und die vielen Ausreisewilligen über Ungarn und der Tschechoslowakei hatte es die Bevölkerung der DDR geschafft, die Regierung der DDR zum Umdenken zu bewegen. Man muss bedenken, dass sich an der

Grenze von Ost und West ganze Armeen gegenüberstanden und Atomraketen aufeinander gerichtet waren. Ohne dass an diesem Tag auch nur ein Schuss fiel, war die Grenze plötzlich offen und die Menschen konnten den »eisernen Vorhang« überwinden. Die Vernunft hatte gesiegt, und die Gefahr eines dritten Weltkrieges war erst einmal gebannt.

Zwei Tage später fuhren wir mit der Bahn wieder nach Hause, und ich war sehr froh, nun kein Reiseleiter mehr zu sein. In unserem Dorf angekommen, mutete alles doch schon etwas seltsam an: Die Straßen waren nicht so belebt wie sonst, es fand keine Schule statt[1] und selbst die Kaufhalle war wie leergefegt. Die Kassiererinnen saßen gelangweilt an ihren Kassen. An diesem Samstag waren viele Leute in den Westen gefahren, nicht unbedingt, um da zu bleiben, sondern um zu schauen, wie es dort so ist.

Hannas Eltern waren ebenfalls unterwegs in den Westen. Leider war es schon Mittag und für uns hatte es wenig Sinn, nun auch noch loszufahren. Deshalb verschoben wir diesen Ausflug auf das kommende Wochenende.

Am ersten Arbeitstag nach unserem Urlaub im Erzgebirge wurde in meinem Ausbildungsbetrieb nicht viel gearbeitet. Im 2. Lehrjahr waren wir auf verschiedene Abteilungen verteilt worden, und in der Schlosserei, in der ich arbeiten durfte, gab es nur noch ein Thema: der Westen. Viele Kollegen waren am letzten Wochenende auf einem Ausflug in der BRD gewesen und erzählten drauflos. Irgendwie war die Stimmung gelöst, die Anspannung der letzten Wochen verschwunden, die Mauer offen. Wie würde es nun wohl weitergehen? Diese Frage hörte man immer wieder. Die meisten waren der Meinung, dass sich nun bestimmt einiges ändern werde. Manche planten auch, in den Westen zu gehen, um dort ein neues Leben zu beginnen. Einige Kollegen kamen gar nicht zur Arbeit. Man munkelte, sie seien »drüben« geblieben, bei den Verwandten.

Bald kam der nächste Samstag. Ich stand mit Hanna, meinen Eltern und meinem Bruder morgens am Bahnhof und wartete auf den Zug. Die Bahn richtete Sonderzüge ein, die direkt bis an die Grenze fuhren. Als der Zug in unseren Bahnhof einfuhr, war er natürlich schon überfüllt, und so verbrachten wir die eineinhalbstündige Bahnfahrt im Stehen. Am letzten Bahnhof vor der Grenze, in Stapelburg, hielt der Zug. Es war ein sehr alter Bahnhof mit einem sehr kurzen Bahnsteig; wahrscheinlich fuhr sonst nur ein Triebwagen bis hierher. Aber irgendwie musste die Flut der Menschen

[1] Im Unterschied zur BRD gab es in der DDR samstags noch Schulunterricht.

in Richtung Westen bewältigt werden, und deswegen hingen an den Sonderzügen viele Waggons. Die Leute in den Waggons, die nicht am Bahnsteig halten konnten, mussten ca. einen halben Meter tief auf die Gleise springen. Alte Omas, die sonst im Lebensmittelmarkt oder beim Bäcker nie anstehen konnten und immer in Anspruch nahmen, dass man sie vorließ, sprangen aus den Zügen und liefen eilig in Richtung Grenzübergang. Sie benötigten plötzlich keine Hilfe mehr. Es war ein seltsames Szenario, und Hanna und ich mussten lachen. Wie eilig es die Leute doch hatten …

In Stapelburg war der Grenzzaun geöffnet und ohne weitere Probleme standen wir plötzlich jenseits des Zauns, in Eckertal, auf dem Gelände der Bundesrepublik Deutschland. Es war ein komisches und unbeschreibliches Gefühl. Ich erinnerte mich plötzlich an ein Bild, welches ich mal in einer Zeitung sah. Darauf war ein Soldat abgebildet, schwer bewaffnet mit einem Maschinengewehr, Munitionsketten um den Hals und einem Messer zwischen den Zähnen, der hier hinter diesem Grenzzaun auf uns warten sollte. Ganz im Gegenteil: Wir wurden sehr offen und freundlich empfangen. In Eckertal standen Busse bereit, die uns in die nächst größere Stadt brachten: Bad Harzburg. Eine völlig andere, fremde Welt tat sich vor uns auf.

Hanna und ich gingen los, diese neue Welt für ein paar Stunden zu erkunden. Wir zogen wie die anderen DDR-Bürger durch die Geschäfte und staunten nicht schlecht, was es alles so zu kaufen gab und wie viel man kaufen konnte, wenn man das nötige Geld besaß. Wenn es zum Beispiel bei uns in der Kaufhalle nur eine Sorte Mehl gab, gab es im West-Supermarkt fünf verschiedene Sorten Mehl. Genauso war es mit allen anderen Sachen auch, die man kaufen konnte. Höchste Bewunderung fanden Elektronik-Artikel. Die Elektro-Geschäfte waren voll mit Radios, Fernsehern und Kassettenrecordern, die mit großem Interesse von den DDR-Bürgern bestaunt wurden.

An einer Tankstelle stand auf der Preistafel, dass der Liter Benzin 99 Pfennig koste. Ich fragte mich, warum man so krumme Preise machte. Warum kostete der Liter nicht 1 D-Mark? Die Preise in den anderen Geschäften waren ähnlich gestaltet, immer mit einer 99 dahinter. In der DDR gab es solche krummen Preise nicht.

Mit vielen neuen Eindrücken und um einige Erfahrungen reicher trafen wir uns später wieder mit meinen Eltern, um die Heimreise anzutreten.

Das Jahr 1989 ging zu Ende. Politisch überschlugen sich die Ereignisse. Die SED-Regierung der DDR wurde abgelöst. Andere SED-Bonzen versuchten vergeblich, das Ruder an sich zu reißen. Ein Runder Tisch wurde gebildet und eine neue Volksvertretung sollte gewählt werden. Der Apparat der Staatssicherheit war zwar zerschlagen worden, aber deren Leute immer noch aktiv. Die bekannten Stasi-Mitarbeiter aus den Kreiszentralen und den Betrieben verschwanden mit Sack und Pack entweder in den Westen oder bekamen oftmals eine andere Identität und fingen in einem anderen Teil des Landes neu an. So brachte die Stasi ihre eigenen Leute noch in Sicherheit oder verschleierte geschickt ihre Identität.

Auch bei uns im Betrieb tauchten Leute auf, die neu eingestellt wurden. In der Schlosserei, in der ich arbeitete, gab es plötzlich einen Neuzugang, obwohl niemand benötigt wurde. Vom Dialekt her musste der Mann von der Küste stammen, also aus dem Norden der DDR. Er hatte den Beruf des Schlossers vielleicht gelernt, aber selbst ich merkte, dass er diesen Beruf nie ausgeübt hatte, so unbeholfen wie er war. Der Neue versuchte Kontakte zu knüpfen und warb um Freundschaft, vor allem bei mir. Er fragte mich über die Kollegen aus, über das ganze Umfeld im Betrieb sowie den Umgang unter den Kollegen. Warum er das wissen wollte, wurde mir erst später klar. Ein mir vertrauter Kollege, der übrigens auch mein Nachbar war, nahm mich irgendwann zur Seite und warnte mich. »Sei vorsichtig! Mit dem stimmt etwas nicht! Warum ist der mit seiner Familie von der Ostsee in unser Dorf gezogen und nicht in den Westen gegangen? Warum hat der hier eine Stelle bekommen, obwohl keine Planstelle frei war? Ich ahne da was. Den hat bestimmt die Stasi hier noch untergebracht!« Und so war es dann auch. Weil ich keine Lust auf Stress und Streit mit den anderen Kollegen wollte, brach ich den Kontakt mit dem Neuen ab. Tatsächlich kam irgendwann später raus, dass er zuvor in einer Stadt im Norden der DDR hauptberuflich bei der Stasi gearbeitet hatte.

Die Regierungen beider deutscher Staaten, vor allem die westdeutsche, planten die Wiedervereinigung Deutschlands. Das Neue Forum, das die Montagsdemos im September 1989 mitorganisiert hatte, war nicht für eine Vereinigung. Es wollte eine neue DDR mit garantierten Grundrechten wie Freiheit, Meinungsfreiheit, Gerechtigkeit, Reisefreiheit und vor allem Demokratie. Heute wird das in den Medien immer so dargestellt, dass die Menschen lediglich auf die Straßen gingen, um frei reisen zu dürfen. Aber die Wiedervereinigung wurde vom Westen angestrebt, vor allem von Bundeskanzler Helmut Kohl, der unbedingt ein vereintes Deutschland erreichen wollte. Natürlich war es nicht nur der damalige Bundeskanzler allein;

hinter ihm stand eine große Industrie-Lobby, die fette Geschäfte witterte. So wurde ein DDR-Betrieb nach dem anderen über die Treuhandgesellschaft abgewickelt oder an westdeutsche Konzerne und Investoren verkauft – nicht selten für den symbolischen Preis von 1 D-Mark. Allerdings waren nicht alle Betriebe in der DDR so marode, wie es heute gern dargestellt wird. Es gab zum Beispiel im Maschinenbau, der Stahlindustrie, Chemie- und Elektroindustrie viele Betriebe, die qualitativ gute Produkte lieferten. Nicht umsonst führte die Weltbank in den 1980er-Jahren die DDR unter den zehn wichtigsten Industrienationen. Wie die Aasgeier stürzten sich die westdeutschen Konzerne auf die DDR-Wirtschaft und machten einen Betrieb nach dem anderen zu – hauptsächlich, um billigere Konkurrenz aus dem Weg zu schaffen. Diese DDR-Betriebe hätten viel kostengünstiger produzieren und eventuell ihre Produkte günstiger auf den Markt bringen können, denn sehr viele Betriebe in der DDR produzierten damals ausschließlich für den Westen.

Ein Betrieb nach dem anderen wurde geschlossen und die Menschen so in die Arbeitslosigkeit getrieben. Auch die wenigen Betriebe, die erhalten blieben, entließen massenhaft Mitarbeiter. Für uns Menschen in der sich auflösenden DDR war das eine komplett neue Erfahrung. Arbeitslosigkeit kannten wir nicht. Dieses Gefühl, einfach nicht mehr gebraucht zu werden, hatte für einige Menschen schwerwiegende Folgen. Viele gaben sich selbst auf, und die noch jung waren, gingen teilweise in den Westen zum Arbeiten, pendelten jedes Wochenende nach Hause oder ließen sich ganz in den alten Bundesländern nieder.

An einem Freitag, ein paar Tage vor der Währungsunion, kam mein Vater von der Arbeit mit hängendem Kopf nach Hause. Er setzte sich an den Küchentisch und schwieg. Nach einer ganzen Weile brach er sein Schweigen und meinte wie beiläufig: »Heute war mein letzter Arbeitstag. Die haben gesagt, ich brauch am Montag nicht mehr zur Arbeit kommen.« Ihm standen Tränen in den Augen. »Das ist der Dank für 40 Jahre Quälerei«, fügte er hinzu und ging aus dem Zimmer. Er wollte einfach nur mit seinem Schmerz allein sein. Er bekam keine Arbeit mehr und wurde zwei Jahre später in den Vorruhestand geschickt.

Viele Menschen in unserem Dorf kamen nicht damit klar, dass sie von heute auf morgen vor die Tür gesetzt und arbeitslos wurden. In dem großen Betrieb unseres Dorfes lief ebenfalls eine Entlassungswelle. Der Kaderleiter[1] des Betriebes erhielt den Auftrag, eine Liste von 500 Arbeitern zusammenzustellen, die die Kündigung bekommen sollten. Von seiner damaligen Betriebschefin bekam er die Weisung, er solle seinen Namen ganz unten mit hinzufügen, weil auch er nicht mehr benötigt werde. Diesen Kaderleiter, den ich auch persönlich kannte, fand man am Wochenende darauf in seiner Gartenlaube – er hatte sich erhängt.

Im Juni bestand ich meine Facharbeiterprüfung – wie immer, ohne vorher gelernt zu haben. Fast alle Lehrer hatten bereits ihre Kündigung erhalten und nahmen ohne innere Beteiligung die theoretischen Prüfungen ab. Wir hatten den Eindruck, sie waren nur noch uns zum Gefallen da, um einen ordentlichen Abschluss zu finden. Im praktischen Teil sah das anders aus: Mein angefertigtes Werkstück, eine Bohrvorrichtung, wurde bis aufs Kleinste überprüft, aber schließlich auch für gut befunden. So hatte ich meinen Facharbeiterbrief in der Tasche. Leider entließ man in meinem Ausbildungsbetrieb ebenfalls viele Leute. Wir, die gerade ausgelernt hatten, bekamen einen befristeten Arbeitsvertrag für drei Monate und keine Option auf eine Übernahme.

Am 1. Juli 1990 fand die Währungsunion statt, bei der die Ost-Mark abgeschafft wurde und die Bürger der DDR die West-Mark erhielten. An diesem Sonntag hatten die Sparkassen geöffnet, damit die DDR-Bürger die D-Mark von ihrem Konto holen konnten. Erwachsene konnten 4.000 Mark 1:1 in D-Mark umtauschen, Kinder nur 2.000 Mark und Rentner sogar 6.000 Mark. Das Geld, das man über diese Beträge hinaus auf dem Konto hatte, wurde 2:1 umgerechnet. Löhne und Gehälter sowie die Renten wurden von diesem Zeitpunkt an 1:1 in D-Mark ausgezahlt. Das hieß, dass ich nun meine 820 Mark Arbeitslohn in D-Mark bekam.

Mit der D-Mark in der Tasche versorgten sich erst einmal viele DDR-Bürger mit Westwaren. Fast jeder wollte ein »West-Auto« fahren. Dadurch kam es zu katastrophalen Zuständen auf den Straßen. Die Autos zu DDR-Zeiten besaßen nicht so viel Power unter der Haube und nun kauften sich die Leute Autos mit vielen Pferdestärken. Nicht jeder hatte diese auch unter Kontrolle. Der gesamte Gebrauchtwagenmarkt im Westen brach zusammen. Jedes Auto, auch wenn es gerade noch fahren konnte, wurde für viel Geld in den Osten verkauft. So verdiente sich zu dieser Zeit mancher Autohändler eine goldene Nase – teilweise mit

[1] Der Leiter der Personalabteilung.

Schrott-Autos, die den ahnungslosen und in diesem Bereich unerfahrenen Ost-Bürgern angedreht wurden. Der schlechte Zustand der Straßen in den neuen Bundesländern kam hinzu, und all das zusammen führte zu teilweise schweren Unfällen – nicht selten mit tödlichem Ausgang.

Noch eine unangenehme Sache brachte die Währungsunion mit sich. Da die ehemaligen DDR-Bürger nun die D-Mark hatten, witterten die Versicherungen und sonstige Trickser, wie zum Beispiel Zeitungswerber, große Geschäfte und schickten ihre Bauernfänger los. Wie die Heuschrecken überfielen diese das Land. Viele Menschen in den neuen Bundesländern waren leichte Beute. Den Leuten wurden viel zu teure Versicherungen angedreht, die sie nie und nimmer benötigten. Hohe Lebensversicherungen und Bausparverträge waren der Renner. Manche Leute hatten gerade irgendeine Versicherung abgeschlossen, da stand schon der nächste Vertreter in der Tür und erklärte, dass alles Mist sei, was sie an neuen Versicherungen hatten und seine Angebote doch viel besser seien. So mancher ehemalige DDR-Bürger war hoffnungslos überfordert mit diesen Dingen, und nicht wenige fielen wegen solchen Abzockern in die Schuldenfalle. Genauso schlimm traten diese Drücker-Kolonnen auf, die stellenweise mit einem Bus angekarrt wurden, verbal über die Leute herfielen und ihnen ihre Zeitungs-Abos mit ganz miesen Tricks andrehten.

Verrückt wie Hanna und ich waren, planten wir für den Oktober 1990 unsere Hochzeit. Auch wenn wir uns erst anderthalb Jahre kannten, fühlten wir, dass wir zusammen gehörten. Natürlich fanden unsere Eltern diese Idee nicht so toll. Aber trotz aller Einwände, die unsere Eltern vorbrachten, heirateten wir am 6. Oktober. Es war die erste Vermählung in unserer Kreisstadt, die nach bundesdeutschem Recht verlief. Drei Tage zuvor wurde die offizielle Wiedervereinigung Deutschlands gefeiert.

Da ich seit Anfang Oktober ohne Arbeit war, begab ich mich nach unserer Hochzeit auf Arbeitssuche. Es war natürlich nicht so einfach, eine neue Stelle zu finden, da ja viele Betriebe geschlossen wurden oder Arbeitskräfte abbauten. Allerdings erfuhr ich über mehrere Ecken, dass eine kleine private Schlosserei in der Stadt jemanden suchte. Ich fuhr sofort hin und fragte nach. Offensichtlich lieferte ich so ein gutes Bild ab, dass sie mich direkt und ohne schriftliche Bewerbung noch am selben Tag einstellten.

Glücklich darüber, schon am nächsten Tag anfangen zu können, fuhr ich nach Hause. Dort eingetroffen, sagte meine Mutter, dass ein Einschreiben für mich angekommen sei, das ich bei der Post abholen müsste. Ich lief dorthin und hielt wenige Augenblicke später einen Brief vom Kreiswehrersatzamt in den Händen: meine Einberufung zur Bundeswehr. Verdammt! Ich hatte gerade einen neuen Job ergattert, schon sollte ich zur Bundeswehr.

Am 2. Januar 1991 meldete ich mich in der mir zugewiesenen Kaserne. Ich war nun in einer alten NVA-Kaserne untergebracht, wo alles im Umbruch war. Aus der Nationalen Volksarmee wurde die Bundeswehr. Man konnte uns noch nicht einmal vernünftige Uniformen zur Verfügung stellen, deshalb trugen wir teilweise noch die Uniformen der NVA. Nach der dreimonatigen Grundausbildung wusste mit uns niemand etwas anzufangen, sodass wir im restlichen Dreivierteljahr nur noch Wache standen. Unsere Unteroffiziere und zum Teil auch die Offiziere waren fast alle von der ehemaligen Armee der DDR und hatten ihre Kündigung bereits in der Tasche. Es wurden nicht viele Angehörige aus der NVA in den Dienst der Bundeswehr übernommen.

In diesem Jahr wollten wir uns ein Auto kaufen, und ich verguckte mich in einen gebrauchten Ford Escort XR3, den ich unbedingt haben wollte. Dieser sollte 8.000 D-Mark kosten. So viel Geld hatten wir natürlich nicht und wir fragten bei der Bank nach. Ohne Probleme bekamen wir einen Kredit, obwohl ich zurzeit gerade meinen Grundwehrdienst bei der Bundeswehr absolvierte und nur Hanna ihr Gehalt vorweisen konnte.

Im Sommer beschlossen Hanna und ich spontan, mit dem Auto nach Venedig zu fahren. Am ersten Urlaubstag schafften wir es nur bis Verona, weil wir stundenlang im Stau standen. In Verona nahmen wir uns über Nacht ein Hotelzimmer. Da unser Budget nur klein war, merkten wir recht schnell, wie viel Geld so ein Trip mit dem Auto ins Ausland kostete. Am Morgen fuhren wir weiter nach Venedig, parkten unser Auto in der großen Garage auf der Insel und gingen in die Stadt. Venedig ist wirklich eine Reise wert und wir bereuten es nicht, auch mit nur wenig Geld in der Tasche, losgefahren zu sein. Erschöpft setzten wir uns in der Mittagszeit an einen Tisch auf dem Markusplatz. Sofort kam ein Kellner angerannt und meinte, wenn wir hier sitzen, müssten wir auch etwas bestellen. Er brachte uns zwei große Cola und die Rechnung: 13.500 Lire! Das waren umgerechnet fast 20 D-Mark! Ich bezahlte und schielte in meine Geldbörse: Das Geld war fast alle. Es sollte gerade noch so reichen, um das Benzin und die Maut zu bezahlen, sodass wir es noch bis nach Hause schafften. Also machten wir uns auf den Weg in die Heimat. Diese Nacht schliefen wir oben auf der Brenner-Autobahn bei strömendem Regen im Auto. Am

Abend des dritten Tages waren wir wieder zu Hause und beschlossen trotz allem, in Zukunft solche Reisen öfter zu unternehmen.

Aber erst mal wollten wir unsere eigene Wohnung haben. Da viele Menschen in den Westen gegangen waren, standen auch einige Wohnungen leer. Wir hatten die Auswahl und mieteten eine kleine Dachgeschosswohnung in unserem Dorf. Endlich unser eigenes Reich.

Kurz vor Weihnachten wurde ich aus der Bundeswehr entlassen und war froh, dass diese Zeit hinter mir lag. Zwischen Weihnachten und Neujahr fuhr ich in die Firma, in der ich vor einem Jahr einen Job angenommen hatte, um mich zurückzumelden. Als ich dort ankam, musste ich feststellen, dass die Inhaber des Betriebes gerade dabei waren, die Büros auszuräumen. Die Firma war pleite! Der Juniorchef meinte, dass es ihm leid täte und ich mich beim Arbeitsamt melden müsste … Das neue Jahr würde nicht gut anfangen.

Ein paar Tage später saß ich stundenlang beim Arbeitsamt. Es war trostlos. Weit und breit gab es keine Arbeit. Alles war kaputt. Der sogenannte Arbeitsvermittler, der so hieß, obwohl es keine Arbeit zu vermitteln gab, hatte nur einen Rat für mich: »Sie sind noch jung. Gehen Sie in den Westen und suchen Sie sich dort eine Arbeit! Hier ist es hoffnungslos!«

In unserem Landkreis herrschte eine Arbeitslosenquote von weit über 20 Prozent, es war wirklich hoffnungslos. Aber ich wollte die Hoffnung nicht aufgeben. Ich schrieb viele Bewerbungen, aber bis auf ein paar unseriöse Angebote von Finanzunternehmen oder Versicherungen hatte ich keine Chance, irgendwo unterzukommen.

Da ich durch meine Arbeitslosigkeit nun viel Zeit hatte, konnte ich meine Eltern, die die neuen großen Einkaufzentren besuchen wollten, mit dem Auto durch die Gegend fahren. Auf so einer Fahrt musste ich hinter einem anderen Auto halten, weil dessen Fahrer links abbiegen wollte. Der Fahrer des Autos hinter mir übersah dies, knallte uns mit überhöhter Geschwindigkeit hinten drauf und schob uns noch auf den vor uns stehenden Wagen auf. Alle drei Autos waren Schrott. Zum Glück war uns nichts weiter passiert – bis auf das Schleudertrauma meiner Mutter.

Von Bekannten ließen wir uns einreden, dass wir uns nun ein Leihauto sowie einen Rechtsanwalt nehmen könnten und die Versicherung ja alles bezahle. Ein paar Tage später kippte die Stimmung, denn die Polizei teilte uns mit, dass der Unfallverursacher sein Fahrzeug weder angemeldet noch versichert hatte und auch keinen Führerschein besaß. Er lebte von Sozialhilfe – wie sollte der den Schaden bezahlen? Ich hatte von nirgendwo Hilfe zu erwarten. Wir blieben auf den Kosten für den Auto-Kredit, den Mietwagen, den Rechtsanwalt, der nichts erreichte, und die Verschrottung unseres Autos sitzen. Da ich selber ohne Arbeit war und von Arbeitslosengeld lebte, stand uns der finanzielle Ruin bevor. Hanna hatte nur ein kleines Gehalt und leben mussten wir ja auch.

Dies bewegte mich dann doch, eventuell zum Arbeiten in den Westen zu gehen. Von der Abfindung, die ich von der Bundeswehr bekam, kauften wir ein altes Auto. So blieben wir wenigstens mobil. Die restlichen Kosten des Unfalls stotterten wir nach und nach ab. Wir waren so gut wie pleite.

Daraufhin fuhren Hanna und ich in den Westen, um Arbeit zu suchen. So einfach wie gedacht war das aber nicht. Ich wollte gern Lkw fahren. Es wurden auch Stellen angeboten. Ich hatte zwar den Führerschein für einen Lkw, aber keine Fahrpraxis. So fuhr ich von Betrieb zu Betrieb und wurde überall abgewiesen.

Mein Schwager arbeitete schon ein Jahr bei einem Lebensmittelgroßhandel im Westen. Er brachte mich schließlich in dieser Firma unter: erst einmal als Kommissionierer im Lager. Man versprach mir aber, dass ich, sowie Bedarf an Fahrern wäre, sofort fahren könnte. Das war ja schon mal etwas. Ich mietete mich in einer Pension in der Nähe ein und fuhr nur am Wochenende nach Hause. Nun war ich Pendler – wie viele andere in dieser Zeit auch. Ich pendelte von Ost nach West, um im Westen zu arbeiten und im Osten zu leben.

Die Arbeit in diesem Großhandelsunternehmen war unter aller Würde. Als »Neuer« durfte ich alles das tun, was die anderen nicht machen wollten. Ich wurde in den Abteilungen hin- und hergeschoben, wie es denen gerade passte. Zusätzlich wurde man als Ossi wie Dreck behandelt. Das ließ man mich auch spüren. Man war geduldet – nicht willkommen. Nach ein paar Tagen fing ich an, die Arbeit und die Kollegen zu hassen. Jedes Mal, wenn ich diesen Betrieb betrat, kamen Wut und Hass in mir hoch. Ich biss aber die Zähne zusammen, weil ich ja Geld verdienen musste. Fast täglich ging ich in das Fuhrpark-Büro, um wegen einer Stelle als Lkw-Fahrer nachzufragen. Stets wurde ich vertröstet.

Nachdem ich ein paar Wochen dort gearbeitet hatte, traf ich an einem Wochenende einen alten Schulfreund wieder. Die Freude war groß, weil wir uns sehr lange nicht gesehen hatten. Er arbeitete als Lkw-Fahrer in einem Getränkegroßhandel im Westen und war offenbar sehr zufrieden. Zufällig suchte diese Firma noch Fahrer und er gab mir die Telefonnummer seines Chefs, den ich am folgenden Montag anrief. Dieser Chef lud mich gleich ein, doch einmal vorbei zu kommen. Da dieser Getränkegroßhandel nicht weit entfernt von dem Betrieb war, bei dem ich derzeit arbeitete, fuhr ich an einem Tag nach Feierabend dorthin.

Der Chef der Firma schien ganz in Ordnung zu sein. Leider musste ich ihn anlügen, als er mich fragte, ob ich schon Lkw gefahren sei. Ich erzählte ihm, ohne rot zu werden, dass ich ein Jahr Fahrpraxis bei der Bundeswehr hatte – was natürlich nicht stimmte, aber auch nicht nachzuprüfen war. Ich füllte einen Personalbogen aus und vereinbarte mit dem Chef, in der Woche darauf am Montagmorgen beim Getränkegroßhandel anzufangen.

Mit einem Grinsen im Gesicht kündigte ich am nächsten Tag meinen Arbeitsvertrag bei meinem bisherigen Arbeitgeber zum Ende der Woche. Denen war es nicht egal, da sie im Lager erheblichen Personalmangel hatten. Hätten sie mich besser behandelt, wäre es vielleicht anders gelaufen. So war ich froh, dass diese paar Wochen dort für mich vorbei waren.

An dem besagten Montagmorgen wurde ich freundlich von meinen neuen Kollegen in Empfang genommen. Die Leute in dieser Firma waren sehr nett. Ich fühlte mich sofort wohl. Wahrscheinlich lag es auch daran, dass ein Großteil der Kollegen aus der ehemaligen DDR stammte.

Da Hanna und ich mittlerweile Eltern geworden waren und ich nur am Wochenende zu Hause sein konnte, entschlossen wir uns 1994 endgültig, in den »Westen« zu ziehen und suchten uns eine Wohnung in der Nähe von Hannover.

Ich wollte meine Heimat nie verlassen. Aber was blieb mir anderes übrig? Im Ostteil der neuen Bundesrepublik war es in den 1990er-Jahren hoffnungslos, eine Arbeit zu finden. Durch den Umzug in den Westen konnten wir wieder ein normales Familienleben führen und nicht nur, wie bisher, eine Wochenendbeziehung.

Zurück im sicheren Osten

Studentin Agraringenieur – Landwirtschaftliche Pflanzenproduktion an der Fachschule Zierow, 20 Jahre

Es ist der 9. November 1989 – ich bin 20 Jahre alt, studiere Agraringenieur für Pflanzenproduktion in Zierow und bin im 7. Monat schwanger: mein erstes Kind. Der Vater absolviert seit Mai 1989 seinen Grundwehrdienst als Marinesoldat bei der NVA. Wir sehen uns nur selten. Hauptsächlich schreiben wir Briefe und können einmal im Monat telefonieren.

Ich wohne im Studentenwohnheim, einem Wohnblock mit drei Etagen. Das Zimmer teilen sich vier Mädchen. Wir versuchen, ein wenig Privatsphäre in das Zimmer zu bekommen, indem wir die Schränke und Doppelstockbetten verschieben. Waschbecken und Toiletten gibt es auf dem Flur. Die Duschen sind unten im Keller. Auf jeder Etage haben wir eine Gemeinschaftsküche für etwa 30 Studenten.

Ich absolviere das letzte Studienjahr und werde danach in meiner LPG Pflanzenproduktion, die mich zum Studium delegierte, in der ökonomischen Gruppe arbeiten. Was genau, weiß ich noch nicht, aber es ist ein sicherer Arbeitsplatz, nicht weit von unserem Zuhause entfernt im Büro. Mein Freund arbeitet auch dort: als Traktorist. Er hat das Neubauernhaus des Großvaters geerbt. Dort haben wir den Luxus, als bald dreiköpfige Familie in einem eigenen Haus mit 100 Quadratmetern wohnen zu können. Auch einen Trabant haben wir. Das sind wirklich gute Bedingungen für einen Start ins Leben!

Für die Uneingeweihten muss gesagt werden, dass die Wartedauer auf einen Trabant elf bis dreizehn Jahre betrug. Man war also gut beraten, mit dem 18. Geburtstag einen Bestellschein auszufüllen und einzureichen.

Eine andere Möglichkeit war, den Bestellschein von jemandem abzukaufen. Mit ablaufender Wartezeit erhöhte sich der Wert oder man erwarb einen gebrauchten Wagen. Der Kauf eines Autos kostete so oder so eine Menge Geld und deshalb war es schon fast ungewöhnlich, dass alle drei Söhne meiner Schwiegerfamilie ein Auto fuhren. Möglich war dies nur, weil neben der Arbeit Schweine und Bullen gehalten wurden. Mit denen ließen sich ansehnliche Preise erzielen, besonders wenn die Tiere in den Export gingen. So war das Landleben zwar arbeitsreich und einfach, dennoch gehörten Mopeds, Farbfernseher, Kassettenrecorder, Gefriertruhen und eben auch Autos zur durchaus erreichbaren Grundausstattung.

Wir sind fest eingebunden in unsere Familien. Die Eltern und Geschwister wohnen nicht weit voneinander entfernt in den umliegenden Ortschaften und meine Schwiegermutter hat das öffentliche Telefon im Haus – das einzige im Ort.

Politisch bin ich nicht sonderlich interessiert. Meine Kommilitonen kommen aus allen Bezirken der DDR. Ich kann mich an keine Debatten oder ungewöhnliche Unruhe erinnern. Alle machten einfach weiter, auch die Lehrer. Diskussionen wurden nicht geführt. Noch im 2. Studienjahr wurde ich in den Keller des Schulgebäudes beordert. Dort saßen zwei Herren im Anzug, die mich fragten, ob ich mir eine Mitgliedschaft in der SED vorstellen könne. Ich hatte am Anfang des Studiums irgendwie mitbekommen, dass es günstig sei, in die Demokratische Bauernpartei (DBD) einzutreten; dann hätte man seine Ruhe. Die gesamte Seminargruppe hatte das so gemacht. Es funktioniert tatsächlich. Die Herren gingen wieder – ich blieb irgendwie verwundert zurück.

Der 9. November ist mir nur vage in Erinnerung. Die Nachrichten waren interessant, aber was die Öffnung der Grenzen für mich ganz persönlich bedeutete, war mir nicht bewusst. ZDF und ARD konnten auch von uns im Osten schon lange empfangen werden. Ein bisschen vorsichtig musste man jedoch immer sein, was man »draußen« erzählte.

Ich bedauere heute, die Nachrichten in dieser Zeit nicht bewusster gehört oder miteinander verglichen zu haben. Die *Aktuelle Kamera* begann jedoch recht schnell, sachlich und ohne Zensur zu berichten, und blieb deswegen sehenswert.

Sorge hatten wir um meinen Freund, der immer noch bei der NVA diente. Hoffentlich gab es keine Einsätze, keine blutigen Auseinandersetzungen. Wir erhielten keine Nachricht von ihm.

Nach dem 9. November kamen drei unserer Mitstudenten nicht wieder an die Schule. Das war eigentlich meine erste Wahrnehmung von Veränderungen in meinem Umfeld.

Mit meinem Bruder und meiner Schwägerin planten wir unseren ersten Besuch in der BRD. Wir fuhren mit dem Trabant Richtung Lübeck und reihten uns ordentlich 15 bis 20 Kilometer vor der Grenze in den Stau ein. In der Schlange stehen hatten wir lange geübt. Da es November war, wurden die Fahrzeuge nicht ausgemacht. Ein Trabant wäre innerhalb von Minuten eiskalt geworden. Die Abgase vernebelten den Blick, es stank, und trotzdem beklagte sich niemand. Alle waren aufgeregt und unterhielten sich mit dem Vorder- oder Hintermann, alle hatten das gleiche Ziel und die gehörten Erfahrungsberichte wurden schon mal weitergegeben.

Nach mehreren Stunden passierten wir tatsächlich die Grenze und ich hielt die Luft an. Es war einfach unglaublich – wir waren im Westen. Dann fuhren wir ganz unspektakulär in den nächsten Ort und suchten einen Parkplatz. Wir bekamen eine Adresse, an der es das Begrüßungsgeld gab. Nach Vorlage des Ausweises erhielt ich 100 D-Mark auf die Hand. Ich war sprachlos. An Gesichter kann ich mich nicht erinnern. Die Atmosphäre war freundlich. Der Schalter hinter einer Glasscheibe ließ jedoch nicht allzu viel Kontakt zu. Es lief sehr geordnet ab – nicht mal lange anstehen mussten wir.

Vorsichtig wagten wir uns in die Stadt. Es war auch etwas unangenehm – ob man uns ansah, dass wir DDR-Bürger waren? Ich kaufte eine Babyflasche und Schokolade. Dann wollte ich nach Hause. Zu viele neue Eindrücke.

Zurück im »sicheren« Osten

Ich bin mit mir und meinem Babybauch in einer Blase. Es ist ja alles geregelt. Ich kann weiterstudieren. In der Fachschule gibt es eine Krippe und die Mütter ziehen in eine Extra-Wohnung, wo sie in einer WG zusammenleben. In meiner Seminargruppe gibt es mehrere Mütter. Das Stipendium von 210 Ost-Mark, Leistungsstipendium 120 Ost-Mark und Kindergeld reichen aus. Die Miete für das Wohnheim beträgt 30 Ost-Mark.

Die Fächer *Marxismus/Leninismus* und *Betriebswirtschaft* werden nicht mehr unterrichtet. Wozu auch?! Wir werden mit dem Gelernten … Gepaukten … Gebüffelten nichts mehr anfangen können.

Wenn ich am Wochenende von meinen Eltern wieder zum Studium fahre, sehe ich unser Wohnheim schon von Weitem. Es ist ungewöhnlich bunt. Die Fensterbretter sind von außen mit farbig bedruckten Joghurtbechern vollgestellt. Joghurt ist neuerdings ein sehr beliebtes Lebensmittel, das es in der DDR nur in unbearbeiteter Form in weißen Plastikbechern gab und entsetzlich schmeckte. Die Fensterbretter ersetzen im Winter den Kühlschrank.

Am 1. Januar wurde mein Kind geboren. Nach vier Wochen Mutterschutz, die ich bei meinen Eltern verbrachte, studierte ich weiter. Meine Mutter blieb für mich zu Hause, denn das Babyjahr konnte auch auf eine andere Person übertragen werden, zum Beispiel auf die Oma, die oft auch noch berufstätig war, weil »frau« früh (zwischen 18 und 25 Jahren) Kinder bekam. Ab einem Alter von 26 war man schon Spätgebärende.

Im Mai 1990 bestand ich meine Prüfung. Glücklicherweise wurde mein Freund wenige Wochen später vorzeitig aus dem Armeedienst entlassen, sodass wir wieder vereint waren und ins eigene Haus zogen. Er ging zur Arbeit – ich blieb zu Hause. Da war ich nun – alles fertig – alles vorbestimmt! Nun lebe es – dein wundervolles Leben! Aus dem lauten Wohnheim heraus in ein stilles, frei stehendes Haus auf dem Lande versetzt, mit einem oft schreienden Baby, das einfach nicht schlafen wollte; meine Mitstudenten in alle Himmelsrichtungen verstreut … So hatte ich mir das nicht vorgestellt – ich fühlte mich unglaublich allein.

Derweil löste sich die LPG qualvoll auf. Die meisten bekamen die Kündigung und jeden Tag verbreitete sich in Windeseile, wer diesmal dran war. Der Betrieb wurde in eine GmbH umgewandelt und effektive Technik ersetzte viele Mitarbeiter. Während dieser Zeit waberte ich weiter in meinem Erziehungsjahr herum. Erst als das Jahr rum war, teilte man mir mit, dass man mir keinen Arbeitsvertrag anbieten könne. Ich war verwundert und legte meinen Arbeitsvertrag vor, den ich zu Beginn des Studiums erhalten hatte. Die Geschäftsleitung wusste nichts von diesem Vertrag und erbat sich Bedenkzeit. Ich holte mir Hilfe bei einem Verein und musste als alleinerziehende Mutter weiterbeschäftigt werden, denn verheiratet war ich noch nicht. So saß ich vier Stunden pro Tag im LPG-Büro, welches sich optisch gar nicht verändert hatte, und gab Unmengen von Daten in einen Computer ein. Ich war also gewissermaßen durchgeschleust worden und hatte die Entlassungswelle überstanden.

Für DDR-Verhältnisse hätte ich nicht sicherer leben können, doch nun, nach dem Mauerfall, der Währungsumstellung und der Wiedervereinigung, erlebte ich, wie Freunde, Geschwister, Schulkameraden gingen und die neuen Chancen nutzten, sah, wie sie fielen und aufstanden, die Welt bereisten, Erfahrungen sammelten, nach Hause kamen, berichteten und wieder gingen.

Unser Slogan wurde: Einer muss ja bleiben. Der Großteil der Familie hielt sich daran. Es begann eine Suche nach den kleinen Möglichkeiten. Ich arbeitete halbtags. Nach vier Jahren fühlten wir uns so sicher, dass wir ein weiteres Kind planten. Aber wie das so ist mit dem Plan – es wurden Zwillinge. Kein Problem; das Haus war ja groß genug. Nach einer einjährigen Babypause trat ich meinen Dienst in der jetzt umgewandelten Agrargenossenschaft wieder an. Die Kinder gingen bis zum Mittag in den Kindergarten, bekamen dort ihr Essen und schliefen sich zu Hause aus. Das war eine wunderbare Zeit für mich. In der DDR wäre das nicht möglich gewesen. Die meisten Frauen waren vollbeschäftigt. Es war nicht erwünscht, mit den Kindern zu Hause zu bleiben. Meine Mutter begann damals bereits nach sechs Wochen wieder ganztags als Erzieherin im Kindergarten zu arbeiten. Das heißt, sie kümmerte sich um fremde Kinder, während ihre eigenen Kinder von anderen berufstätigen Müttern in der Kinderkrippe versorgt wurden. Sie sagt heute, es war in Ordnung, aber sie hätte auch gerne die Wahl gehabt.

Nach und nach veränderte sich das Umfeld. Wir bekamen ein Telefon und kauften uns einen Lada Samara. Nie hätten wir gedacht, mal so ein Auto zu fahren. Wir brauchten uns nicht mehr sorgen, dass der LPG-Vorsitzende uns doch noch eine weitere Familie ins Haus setzen würde, weil es für drei Personen zu groß war. Viele der ehemaligen Mitarbeiter der LPG wurden in Frührente geschickt. Mein Schwiegervater blieb mit 55 Jahren zu Hause. Er musste sich erst daran gewöhnen, so viel Zeit zu haben.

Es begann ein Gefühl für Eigentum zu entstehen. Vor der Wende hatten Gebäude und Land keinen großen Wert. Baumaterialien waren schwer zu bekommen und oft reichte es nur für die 3. Wahl. Unsere Fliesen im Bad, gelblich mit braunem Blütenmotiv, waren erst vor Kurzem ergattert und eingebaut worden. Wir waren so stolz, und die mussten nun erst mal abgewohnt werden. Grüne Ölfarbe hatte es viele Jahre davor auch getan.

Alle waren hungrig nach Informationen, damit man nicht abgehängt wurde. In Lehrgängen und Schulungen versuchten uns eloquente Vorruheständler aus der Wirtschaftsbranche (in schicken Anzügen und aus den alten Bundesländern) zum Beispiel die Finanzbuchhaltung nahezubringen, damit wir die umgewandelten Unternehmen in der ebenfalls umgewandelten Gesellschafts- und Wirtschaftsform weiterführen konnten. Ich staunte über die Redegewandtheit, den Optimismus, die Offenheit und Energie der Dozenten. Diese staunten sicher genauso über uns 20 Frauen aus den ehemaligen LPG-Büros, die es mit Flächen meist größer als 1.000 Hektar zu tun hatten und 2.000er-Milchvieh-Anlagen bewirtschafteten. Mit den familiengeführten Bauernhöfen im Gebiet der Bundesrepublik hatte das wenig zu tun. So stießen zwei Welten zusammen, die jedoch neugierig aufeinander waren. Ich empfand es als große Bereicherung und saugte alles Neue auf. Aber ich musste auch keine großen Entscheidungen treffen und war insofern in erster Linie nur ein Beobachter.

Mein Fazit: Freiheit ist etwas sehr Wertvolles, Schönes und Vielfältiges – gleichzeitig ist sie sehr anstrengend. Ich muss mich entscheiden, es gibt viele Möglichkeiten – ich musste das erst lernen. Man muss es auch wagen, sich selbst etwas zuzutrauen. Das ist durchaus während meiner Kinder- und Jugendzeit in dem ganzen Gemeinschaftsgedusel untergegangen.

Heute bin ich im Arbeitsschutz tätig und viel in landwirtschaftlichen Betrieben unterwegs. Ich arbeite von zu Hause aus – der Rechner macht es möglich. In meinem Urlaub genieße ich die langen Reisen durch Europa. Die wunderbaren verschiedenen Lebensmodelle meiner Mitmenschen machen neugierig, und Weiterentwicklung ist jederzeit spürbar. Die Kinder haben keine Scheu, die Welt zu erkunden, allerdings bezeichnen sie sich selbst als Ossis und sagen, dass sie sich im Osten wohler fühlen als in den alten Bundesländern. Haben wir da etwas transportiert?

Ein Kollege fragte mich vor Kurzem, ob ich mir die DDR-Zeit zurückwünsche. Meine Antwort: Es wird immer eine gewisse Wehmut bleiben, weil es die Zeit war, in der ich meine Jugend verbrachte und unbeschwert lebte. Das war nun mal in der DDR. Zurück möchte ich nie.

Da liegt was in der Luft

Tischler in der Werkstatt der Berliner Charité, 23 Jahre

Mai 1989

Meine Schwester und ich fahren pünktlich zum Termin im Volkspolizeirevier Berlin-Wilhelmsruh, um unsere Reisepässe abzuholen. Wir sind gespannt, ob wir darin auch das Visum für die erste Reise in die BRD haben werden. Zu einer Hochzeit von Verwandten in Hildesheim sind wir eingeladen.

Der spannende Moment ist da. Hinter einem Klappbrett in einem alten Türrahmen sitzt ein untersetzter Volkspolizist – wir vor jenem Brett. Das staatliche Organ der VP reicht uns die blauen DDR-Reisepässe, grinst dabei meine Schwester an und sagt zu ihr: »Da müssen Sie sich wohl einen anderen Tanzpartner für die Feier suchen.« Ich begreife sofort: Meine Schwester bekommt das ersehnte Visum und ich nicht. Die Begründung für die Ablehnung ist simpel – ich hatte noch nicht bei der Nationalen Volksarmee gedient. Das bekomme ich schriftlich.

Als wir das Objekt der VP verlassen, versucht meine Schwester, tröstende Worte an mich zu richten. Ich unterbreche sie, erkläre ihr, dass ich mir sicher bin, noch in diesem Jahr auch drüben zu sein. So etwas wie eben geht nicht ewig gut, zumal ja gerade erst die offensichtlich verfälschten Kommunalwahlen stattgefunden haben und sich immer mehr Menschen immer mehr trauen, was zu bewegen in unserer DDR.

9. November 1989

Im Berliner Stadtbezirk Prenzlauer Berg habe ich eine große Altbauwohnung direkt am Kollwitzplatz. Ich mag diesen Arbeiterkiez mit seinen vielen, ganz gewöhnlichen Ostberliner Kneipen. Hier treffen sich unsere

Werktätigen, genießen ihren Feierabend bei einigen Bieren und so mancher auch schon das Bier vor der Schicht. Rund um den Kollwitzplatz gibt es so gut wie nur Altbauhäuser, welche mehr als in die Jahre gekommen sind. Ihre Fassaden sind grau, oder auch nackte Ziegel geben den Farbton an. Zwischen den Häusern befinden sich häufig Lücken, in welche Garagen gebaut wurden oder sich so mancher Kohlenhandel befindet. Auf den Kohlenhandel bin ich angewiesen; habe ich doch Kachelöfen in meiner Wohnung direkt gegenüber. Um diese Zeit nun, die Heizperiode ist in vollem Gange, riecht der ganze Prenzlauer Berg nach ofenverbrannten Briketts. Kohle ist überhaupt nicht knapp. Zu Haufen liegt die auf Gehwegen, oder kleine Anhänger von den Kohlenhändlern, vollgepackt mit Brikettstiegen, parken zwischen den sehr wenigen Autos im Arbeiterkiez.

Jener Tag beginnt wie viele andere auch. Donnerstag: die Hälfte der Arbeitswoche ist schon vorbei. Zu meiner Arbeit fahre ich am liebsten mit der U-Bahn. Ich liebe diesen Geruch von den vielen dicken Gummikabeln in den U-Bahnschächten und wenn die U-Bahn in den Bahnhof einfährt, schiebt sie diese herrliche Duftwolke zu mir auf den Bahnsteig.

Es geht sehr früh los in der Tischlerei Berlin-Mitte unter den alten, massiv gemauerten S-Bahnbögen am Gelände der Berliner Charité. Täglich rollen sozusagen über den Köpfen unserer Tischlerbrigade die S-Bahnzüge zwischen den Bahnhöfen Friedrichstraße und Lehrter Stadtbahnhof: Letzterer – erster Halt in Westberlin, und deshalb dürfen wir niemals mit diesen S-Bahnen mitfahren.

Es ist Donnerstag. Heute bin ich mal wieder dran, die Frühstückspause für unser Tischlerkollektiv einzukaufen, also für diejenigen, die keine Pausenbrote mitbringen. Der betriebseigene Konsum der Charité ist nicht weit. Ich kaufe wieder viele »Bakobomben« (Brötchen vom Backwarenkombinat), diverse Sorten Schmelzkäse und sehr viele Zeitungen im betriebseigenen Zeitungskiosk nebenan. Zurzeit ist es richtig spannend, DDR-Zeitungen zu lesen. Nahezu täglich passiert etwas in der DDR, was uns auf bessere Zeiten hoffen lässt, obwohl es uns als Berliner und dann noch als begehrte Tischler nun wirklich nicht schlecht geht. Das Eingesperrtsein, auch noch so dermaßen dicht an Westberlin, und Bevormundetwerden nervt. Viele Menschen haben inzwischen »die Republik« verlassen. Der wohl bisher größte Coup unseres Zentralkomitees war die Entlassung Erich Honeckers; weniger brisant die Entscheidung, Egon Krenz als seinen Nachfolger zu bestimmen. Krenz spricht von einer »Wende«, die nun eingeleitet werden soll.

Ich spüre es schon länger, da liegt was in der Luft! Da liegt was in der Luft, mehr als Kohlenstaub oder U-Bahnschachtduft.

Zum abendlichen Bier treffe ich mich mit meinem Bruder in der Pankower Kneipe »Gambrinus«. Beim Bier planen wir ein Wochenende in Bayern, endlich wollen wir mal den Westen sehen. Ein Grenzübergang in der ČSSR nach Schirnding in der BRD macht es zurzeit möglich, dass DDR-Bürger, die in die BRD fahren, auch wieder zurückkommen können, und genau das wollen wir nutzen. Mein Bruder und ich planen, morgen nach meiner Arbeit mit meinem Trabant loszufahren. Ich versichere, sämtliche Benzinkanister vollzutanken und Lebensmittel für das Wochenende zu kaufen, denn wir haben nicht das benötigte Westgeld und der Umtauschsatz für die Ost-Mark in tschechische Kronen ist vorgeschrieben. Natürlich werde ich ausreichend Bockbier kaufen, die Bockbiersaison hat ja gerade begonnen, worauf ich mich jedes Jahr im November freue.

Die Kneipe ist wie immer voll, total verqualmt und das Bier wird so lange auf den Tisch gestellt, bis wir signalisieren, es reicht für heute.

Ich gehe, weil ich schlafen muss und mein Bruder, weil er Nachtschicht hat.

10. November 1989

Wenn Freitagmorgen mein Wecker klingelt, sage ich schon seit Jahren: »Auf zum letzten Gefecht.« Mein erster Gedanke nach dem frühen Aufstehen dreht sich um Schirnding. Heute Abend werde ich zum ersten Mal im Westen sein – wenn alles klappt. Ich schalte das Radio ein und erfahre es sofort. Keine Musik wird gespielt; immer nur das eine Thema: in der Nacht wurden die Grenzübergänge von Ost- nach Westberlin geöffnet und alle freuen sich.

Pflichtbewusst rufe ich von der Telefonzelle aus in der Tischlerei an, um Bescheid zu geben, dass ich meine Arbeitszeit nach hinten schieben möchte. Der schon ältere Kollege, der morgens stets eine Stunde eher in der Tischlerei ist, um »Privatarbeiten« durchzuführen, ist nur mäßig davon beeindruckt, dass die Mauer auf ist.

In den frühen Morgenstunden des 10. November 1989 betrete ich die Grenzübergangsstelle (GÜST) Invalidenstraße in Berlin-Mitte. Ich bekomme einen Visumsstempel mit einem Tagesvisum in meinen Personalausweis gedrückt. Ach so, doch ein wenig anders als vom Radio beschrieben. Nun frage ich sicherheitshalber, ob ich auch wieder zurückkommen kann. Auch ohne eine Antwort erhalten zu haben, betrete ich zum ersten Mal in meinem Leben Westberliner Boden.

Ich laufe durch Berlin-Moabit. Als Erstes beeindrucken mich überall diese Straßenlaternen mit den langen Neonröhren – wie effektiv: Sie machen wirklich alles hell.

Schon etwas hell von Natur aus ist es, als ich zu Fuß am Ku'damm ankomme. Überall drängeln sich die Massen. Die Straßen sind verstopft mit stehenden DDR-Autos – einige auch mit Unfallschäden. Auf dem Gehweg wird es ungemütlich eng: Zu viele Menschen drängeln mit ausgestreckten Armen vor einem Kleintransporter, von welchem Kugelschreiber in die Menge geworfen werden. Ich schaffe es doch irgendwie, daran vorbeizukommen. Vor den Sparkassen stehen Riesenschlangen von Menschen, die nun unbedingt heute ihr Begrüßungsgeld von 100 D-Mark abholen wollen. Auch daran kann ich mich vorbeibewegen. Ab und zu treffe ich bekannte Leute, natürlich alle aus dem Osten – so auch meinen Bruder. Der erklärt mir, dass ich mit meinem blauen Ostausweis die öffentlichen Verkehrsmittel in Westberlin umsonst nutzen darf. Peinlich – das wusste ich nicht, aber der Fußweg war interessant.

So fahre ich in der Mittagszeit erstmalig mit der S-Bahn über unsere Tischlerei. In dieser arbeitet allerdings niemand, wie ich gleich darauf feststelle. Wäre ich doch nur nicht so ein Pflichtbewusster, und schon bald fahre, ja: fahre ich wieder nach Westberlin.

In Berlin-Neukölln suche ich Bekannte auf, die erst vor Kurzem per Ausreiseantrag von Ostberlin nach Westberlin übergesiedelt sind. Ich bin sehr erschrocken über deren neue Wohngegend am Kottbusser Damm, auch über das hässliche Haus, in welchem sie nun wohnen. Vorher hatten sie in Berlin-Pankow eine traumhafte Altbauwohnung in einer ruhigen Gegend. Ich sehe meinen Bekannten überhaupt keine Freude an und kann es mir natürlich erklären. Also verschwinde ich lieber.

Abends fahre ich mit der S-Bahn wieder über unsere Tischlerei und steige im Bahnhof Friedrichstraße aus. Unglaublich, wie voll dort alle Treppen und Gänge sind! So viele Menschen zieht es tatsächlich zurück nach Ostberlin.

Schnell laufe ich vom Bahnhofsgebäude in Richtung meiner geliebten Weidendammer Brücke. Ich genieße die Ruhe und die schöne Friedrichstraße im trüben Licht der Ostlaternen.

16. Januar 1990

Die Arbeit ruft. Von meiner Wohnung im obersten Stock gehe ich die vielen alten Treppenstufen hinunter und nehme den mit Ofenasche gefüllten Eimer wie immer gleich mit runter, leere diesen auf dem Hof aus und stelle ihn anschließend einfach neben die Treppe.

Draußen erwacht allmählich der Kiez. Licht brennt schon in den kleinen Lebensmittelläden. Direkt am Kollwitzplatz zieht eine Lokalität namens »Café Westphal« eine bestimmte Gruppe von Menschen an. Sie sind eher alternativ gekleidet oder es sind Möchtegernkünstler. Warum so abfällig? Na, so viele Künstler kann es doch so plötzlich gar nicht hier im Kiez geben, aber einige, sicherlich auch gute, werden schon dabei sein und ebenfalls ins »Café Westphal« gehen. Die vielen Punks hier lümmeln lieber auf dem Kollwitzplatz herum. Ich war noch nicht im »Café Westphal«, gehe lieber – wie bisher – in die normalen Arbeiterkneipen. Doch die müssen jetzt erst mal auf mich warten, weil ich zur Arbeit muss.

Während der Frühstückspause im Pausenraum der Tischlerei werde ich ans Telefon geholt. Mein guter Freund, Haushandwerker im COZ (Chirurgisch Orientiertes Zentrum), jenes moderne Hochhaus der Charité, möchte, dass ich sofort zu ihm komme. Die ganze Charité spricht davon: Im COZ liegt der krebskranke Erich Honecker, nix mehr mit Regierungskrankenhaus oder Wandlitz für den greisen Mann.

Mein lieber Freund behauptet am Empfangsschalter, auf jener Station, wo Honecker liegt, müsse er alle Fenster auf ihre Sicherheit überprüfen, und ich wäre sein fachmännischer Berater aus der Tischlerei. Wir bekommen tatsächlich Zugang zu jener Station, wo vor der Eingangstür extra zwei Wachmänner postiert sind. Ich fühle mich an einen Trick der legendären Olsenbande erinnert.

Solange wir Patientenzimmer für Patientenzimmer sinnlos auf ihre Fenstersicherheit kontrollieren, will ich es noch nicht so richtig glauben, dass wir tatsächlich auch in Honeckers Zimmer, das sogenannte »Valuta-Zimmer«, mit Farbfernseher, Teppichboden und Kühlschrank versehen, hinein dürfen.

Als wir vor dem »Valuta-Zimmer« stehen, verschwindet die Stationsschwester ganz schnell von ihrem Tresen, um bloß keine Verantwortung übernehmen zu müssen, und bald sind wir im Zimmer drin. Erich Honecker bemüht sich zu stehen, über dem Schlafanzug trägt er eine hellblaue Windjacke. Er versucht locker zu wirken, erklärt, er sei ja auch Handwerker gewesen, nur weiter oben. Meint er seine Zeit als Dachdecker oder sein ehemals höchstes Amt in der DDR? Irgendwie hatte ich mir diesen Mann nicht so klein und schmächtig vorgestellt – nun ja, er ist ja krank. Der blasse Honecker erfreut sich an den Nelken auf der Anrichte, sagt, sie wären aus dem Ruhrgebiet. Seine Stimme passt allerdings, so mussten wir ihn jahrelang in endlosen Hofberichten hören. Mein Freund fragt Honecker, ob wir ihm denn Fragen stellen dürfen und Honecker stimmt zu. Wie schnell man sich an eine außergewöhnliche Situation gewöhnen kann: Da steht er nun, der kleine, ehemals mächtigste Mann der DDR, und ich empfinde nichts Besonderes daran. Wir wollen wissen, was Honecker zu dem Anklagepunkt »Hochverrat« meint. Er sagt, dass er demnach den Staatsratsvorsitzenden stürzen wollte, zeigt mit dem Finger auf seine Brust und meint, er wäre doch der Staatsratsvorsitzende gewesen. Honecker erwähnt, er sei doch schon einmal verurteilt worden und als er damals die Verfassung sehen wollte, bekam er die Antwort, Adolf Hitler sei die Verfassung. Ich begreife, es ist die Gelegenheit, von diesem Manne einiges in Erfahrung zu bringen, nur leider fällt ihm das Sprechen jetzt schon schwer. Selbstverständlich wollen wir wissen, wie Honecker über die Ereignisse im vergangenen Herbst denkt. Seine Antwort ist sehr kurz, indem er lediglich von Unruhen in Dresden spricht. Honecker betitelt die Menschen, die gestern die Stasizentrale stürmten, als Randalierer, sagt, dass er immer noch DDR-Fernsehen schaut, allerdings nicht mehr das *Neue Deutschland* liest, weil er diesem nicht mehr traut. Nun spüre ich doch wieder: Es ist etwas Besonderes, als Erich Honecker, nur mit Schlafanzug und Windjacke bekleidet, herunterleiert, was in den letzten vierzig Jahren alles geschaffen wurde. Mein Kumpel und ich sind jetzt die Parteitagsabgeordneten, nur klatschen wir nicht. Die Stimme von Honecker versagt immer mehr. Wir beschließen von selbst zu gehen. Honecker will uns die Tür öffnen – dem komme ich zuvor.

In der Tischlerei stürzen die Kollegen auf mich ein, ich solle das jetzt der *BILD*-Zeitung oder *BZ* verkaufen. Das lehne ich strengstens ab; ich würde mich schämen. Eine Wertung werde ich dem gerade Erlebten erst während meiner täglichen Tagebuchaufzeichnung geben. Viel zu sehr hat mich Honeckers hilflose, naive Art »beeindruckt« und der Glaube daran, dass vieles aus der Realität von ihm ferngehalten wurde. Aber er war es auch, der die Mauer mitbaute und wohl von Mielkes Apparat der Stasi nicht nur wusste, sondern es auch mit zu verantworten hatte!

Wieder zurück im Kiez, greife ich mir im Treppenhaus meinen leeren Ascheeimer, gehe damit in den Keller, befülle diesen mit Kohlen und steige die Treppen hinauf zu meiner Wohnung.

8. Juli 1990

Obwohl wir noch in der DDR leben, haben wir schon seit einer Woche die West-Mark. Die Regale in den Kaufhallen sind ja nun fast nur noch mit West-Produkten gefüllt. Schon mehrfach bin ich enttäuscht worden von Lebensmitteln, die eher lascher schmecken als die, mit denen ich groß geworden bin. Nun gut, ich bin kein Obstesser; die sehen das sicherlich anders. Die Ost-Salami vermisse ich jetzt schon. Auch bestimmte Biere. Das hatte ich aber schon vor einiger Zeit gewusst und so habe ich einige Kästen wirklich Original-Ostbiere gebunkert, wofür meine Freundin nun gar kein Verständnis hat. Sie bringt auch wenig Verständnis für die momentanen Verhältnisse auf: War sie vor der Wende Bauingenieurin in Vollzeit, arbeitet sie jetzt auf »Kurzarbeit null«.

Überhaupt höre ich häufig in Gesprächen die Frage: Wie nun existenziell weiter? Meine Mutter, nie Kneiperin gewesen, versucht gerade, ein Gartenlokal bei Nauen wiederzubeleben. Auch ich hatte in den letzten Monaten die verschiedensten Ideen für eine Existenzgründung. Ja, es wurde mir sogar auch leicht gemacht auf den Behörden, weil wohl keiner mehr wusste, in welche Richtung es geht. Rasch bekam ich eine Gewerbegenehmigung, oder ein Bürgermeister in Mecklenburg bot mir ein Haus an, in welchem früher die Russen waren, wollte, dass ich da eine Dorftischlerei eröffne und sagte mir, er wäre sowieso nicht mehr lange im Amt.

Apropos Tischlerei. Ich habe noch den Job in der Tischlerei, über welche die nun für alle zugänglichen S-Bahnen im dichteren Takt rollen. Auch die Sichtsperre an den Bahngleisen ist entfernt, sodass von der S-Bahn aus die alte Charité in voller Pracht zu sehen ist.

An diesem Sonntag gehe ich natürlich nicht zur Arbeit, auch nicht durch meinen geliebten Kiez am Kollwitzplatz und somit auch nicht in eine Arbeiterkneipe, wo »unauffällig« die Bierpreise steigen.

Meine Freundin ist gerade bei mir eingezogen, in die große, günstige Altbauwohnung. Wir verbringen den Tag zu Hause. Abends schauen wir im Bett fern, und zwar das Finale der Fußballweltmeisterschaft in Italien; es war eine schöne WM. Nun spielt die BRD gegen Argentinien im Endspiel, aber keiner sagt hier BRD: es gibt nur Deutschland. Es geht auf das Ende des Fußballspiels zu und es steht immer noch 0:0, doch dann bekommt Deutschland einen Elfmeter zugesprochen. Ich bin so aufgeregt wie schon lange mehr. Andi Brehme schießt: Tor für Deutschland!

Das Spiel endet bald mit diesem 1:0 und Deutschland ist Fußballweltmeister, ausgerechnet in dem Jahr, wo sich die Erde ohnehin schon nur um uns dreht, bald ist Wiedervereinigung, wie passend alles. Ich öffne die Sektflasche. Meine Freundin teilt meine Euphorie weniger. Meine Euphorie jedenfalls war zu keinem Zeitpunkt der zurückliegenden, spannenden Monate so groß wie jetzt.

7. Mai 1994

Ich Glückspilz! Rundum zufrieden sitze ich in der Sonne auf dem Kollwitzplatz. Noch immer habe ich dort meine schöne Wohnung. Andere haben es nicht so gut; die mussten schon raus aus ihren Wohnungen, weil Alteigentümer der Häuser wie aus dem Nichts erscheinen, ihre Mieter mit den unglaublichsten Methoden rausgraulen. Meinem Gerechtigkeitssinn entzieht sich das. Wenn die sich damals entschieden haben, in den Westen zu gehen, haben sie doch in Kauf genommen, ihr Eigentum im Osten aufzugeben. Wie auch immer – dadurch haben viele Häuser hier im Kiez Farbe bekommen. Die Straßen sind zugestellt mit vielen Westautos und die Gehwege mit Mobiliar der wahnsinnig vielen Lokalitäten im Stile des »Westphals«: sie werden mit dem Titel »Szenekneipen« bezeichnet. Kerzen und alte Holzmöbel sind ein Muss für Szenekneipen sowie die Regel: Erst wird der Milchkaffee und dann das Bier gezapft. Es gibt hier keine Arbeiterkneipen mehr. So schade! Allerdings habe ich mich arrangiert und suche selber sehr oft eine der Szenekneipen auf. Die Lücken zwischen den Häusern sind meistens gefüllt: mit wilden Kinderspielplätzen oder ganz ausgefallenen Freiluft-Szenekneipen, wo abends Lagerfeuer brennen und warmes Flaschenbier für 5 D-Mark verkauft wird. In jeder Straße gibt es einen Kinderladen oder die »Elterninitiativ-Kita« sowie eine alternativ anmutende Fahrradwerkstatt. Der Kollwitzkiez ist spannend, sehr begehrt und ich lebe dort dank eines alten DDR-Mietvertrages.

Beruflich habe ich mich verändern können, arbeite gerne mit den Jugendlichen – allerdings in Berlin-Kreuzberg, wo es auch mehr Geld gibt, weil die Löhne noch lange nicht angeglichen sind. Das mit dem Mehrverdienst ist nett, mir aber nicht so sehr wichtig, wenn ich eine schöne Arbeit habe. Nicht angeglichen sollte das werden, was ich von den Schulen berufsbedingt im ehemaligen Westberlin wahrnehmen muss: Die meisten Schüler haben überhaupt keinen Respekt mehr vor ihren Lehrern. Ja, die wiederum scheinen sogar Angst vor Schülern zu haben und es fehlt an allen Ecken und Enden an Disziplin. Erst jetzt begreife ich: Da war es doch bei uns früher viel entspannter, und mal diszipliniert beim Fahnenappell antreten zu müssen, hat niemandem wehgetan – ein Messer in der Tasche, so wie heute, allerdings schon.

Dank meiner Wahl zum neuen Beruf lerne ich sehr viele nette Menschen kennen, die meistens ebenfalls in Prenzlauer Berg wohnen. Wir haben eine Theatergruppe gegründet. Abends gehe ich los zur Kastanienallee. In einem Hinterhof, ganz typisch für diese Zeit jetzt, befindet sich ein sogenanntes »Off-Theater« namens *Schlot.* Mit Leidenschaft spielen wir wieder unser eigens erdachtes Bühnenstück über eine spießige Familie in den siebziger Jahren im Ostberliner Stadtbezirk Marzahn: eine Parodie auf die *Lindenstraße.*

Kaum zu glauben: nicht mal fünf Jahre sind seit der Wende vergangen und im Berliner Osten ist so ziemlich alles »in«, was mit der DDR zu hat. Seien es lediglich nur Ostprodukte oder typische DDR-Gegenstände, die gesammelt beziehungsweise ausgestellt werden; nicht zu vergessen das Wiederauferstehen der DDR-Rockmusik und dann noch wir, mit unserem erfolgreichen Theaterstück.

»Das Publikum grölt vor Freude«, sagt eine Kritikerin in einem Fernsehbeitrag über unsere Aufführung. Der Moderator eines weiteren Fernsehbeitrages mit unserer Beteiligung bringt es auf den Punkt: »Nach der Einheitseuphorie rollt die Ostalgiewelle noch härter als das legendäre Ostklopapier.«

27. August 1998

Mit einem lachendem und einem weinenden Auge starte ich den Miettransporter in der Kollwitzstraße. Ich ziehe um. Der Kiez gehört nicht mehr zu mir und ich nicht mehr zu ihm.

Inzwischen sind die einstigen Lücken zwischen den Häusern zugebaut – mit »schicken« Neubauten, in welchen wahnsinnig teure Eigentumswohnungen untergebracht sind. Auch meine geliebte Lücke gegenüber, durch die ich von meiner Wohnung aus jahrelang den Sonnenuntergang beobachten konnte, ist zu. Damals war ich verärgert, als alle Arbeiterkneipen im Kiez verschwanden, und nun trauere ich den fast schon verdrängten Szenekneipen nach, welche anderen, kühl wirkenden »stilisierten« Trinkateliers weichen müssen oder Restaurants der Nobelklasse – natürlich kein einziges deutsches mit gutbürgerlicher Küche. Das Verrückte dabei ist, dass alle die noch auf der Szenewelle rumreiten. Dabei ist diese ursprüngliche Szene schon tot im Kollwitzkiez. Überall riecht es nach utopischen Speisen.

Die Lebensmittelläden von einst gibt es nicht mehr. In einem ehemaligen davon ist jetzt ein Designerlampen-Geschäft untergebracht – klar, ich will ja jeden Tag eine überteuerte Lampe kaufen und keine Brötchen. Es gibt dennoch Geschäfte, in welchen ich Lebensmittel kaufen könnte: allesamt Bioläden. Selbstverständlich können sich auch keine Fahrradwerkstätten oder Kinderläden diese Mieten mehr leisten. Wozu auch diese, wenn die Einwohner vom Kollwitzkiez so gut wie komplett ausgetauscht wurden gegen Zugezogene aus Westdeutschland, die nagelneue Fahrräder fahren und ihre Kinder zur Tagesmutti geben. Spielen dürfen die Kinder auf TÜV-genormten Spielplätzen und wenn ich an gleicher Stelle wie früher ein Bier trinke, höre ich Mütter mit schwäbischem Dialekt ihre Kinder mit Namen rufen, die ich bis dahin gar nicht kannte.

Der Kollwitzkiez ist für mich kaputt, mehr als es jemals die Fassaden der Häuser vor der Wende waren.

Ich fahre los. Hinter mir ist von der Ladefläche mein Hab und Gut zu hören – wohl nicht so gut gepackt …

Jedenfalls hab ich es gepackt: Mir geht es gut, wie vor der Wende, während der Wende und jetzt nach der Wende. Dennoch würde ich gerne nur diesen einen Moment noch einmal erleben wollen: Ich verlasse eine DDR-Arbeiterkneipe, das gemütliche Licht der DDR-Straßenlaternen leuchtet mir den Weg und ich inhaliere ganz genüsslich den Geruch der Kohleöfen von Ostberlin.

Glück ist, gestalten zu können

Aspirantin am Fachbereich Philosophie der Sektion Marxismus/Leninismus an der Wilhelm-Pieck-Universität Rostock, 36 Jahre

Vielleicht ist nur durch das Festhalten vieler, ganz unterschiedlicher Lebensgeschichten wirklich zu begreifen, welche (Um-)Brüche die Wende 1989/1990 im Leben der DDR-Bürger zur Folge hatte. Klischees und Schwarz-Weiß-Darstellungen dominieren noch immer die Berichte. Heutige Erinnerungen und Bewertungen Einzelner über diese Zeit hängen sicher auch davon ab, wie es gelang, eigene Lebenspläne in einem neuen System zu realisieren.

Ich habe in der Wendezeit nie daran geglaubt, dass ich mit meiner Berufsbiografie am Ende zu den Gewinnern der deutschen Einheit zählen würde.

Die DDR war für mich immer meine Heimat, in der ich eine glückliche Kinder- und Jugendzeit erlebte und alle erdenklichen Möglichkeiten hatte, mich auszuprobieren – im Sport, Theaterspielen, Zeichnen, Chorsingen –, in der ich studieren und später Berufstätigkeit und Privatleben miteinander verbinden konnte. Wir lebten bescheiden, hatten aber nie Existenzängste. Es störte mich zu DDR-Zeiten der weit verbreitete autoritäre Führungsstil, das vielfache Misstrauen gegenüber Menschen, die nicht den gängigen Vorstellungen entsprachen, Versorgungsprobleme, Einschränkungen der Reisefreiheit. Aber ich sah die vielen Ärgernisse nicht als Ursache des Systems, sondern als Ergebnis einer unfähigen, verknöcherten, überforderten Regierung und deren Funktionäre.

So empfand ich es als eine Erleichterung, als viele Menschen aufstanden und für mehr Mitbestimmung und Demokratie und gegen das unsägliche Vorgehen der Staatssicherheit gegenüber Andersdenkenden demonstrierten.

Es gab eine Hoffnung, dass das Land, in dem ich gerne lebte, zum Guten veränderbar war. Trotzdem fühlte ich bei mir auch Unsicherheit und Angst, als die Wut der protestierenden Menschen immer stärker zu spüren war: Angst vor Gewalt auf beiden Seiten, Fassungslosigkeit wegen der Ignoranz und des fehlenden Realitätssinns politisch Verantwortlicher angesichts der Fluchtbewegung so vieler Menschen und deren Forderungen.

Andererseits konnte ich die massenhafte Flucht aus der DDR nicht nachvollziehen, bei der teilweise auch kleine Kinder in Gefahr gebracht wurden. In meinen Augen war der Westen Deutschlands, in dem es Arbeitslosigkeit, Armut und Antikommunismus gab, keine Alternative. Erst in den 1990er-Jahren wurde mir das Ausmaß der wirtschaftlichen Misere in der DDR und der flächendeckenden Bespitzelung durch die Stasi klar, durch die eine massenhafte Diskriminierung, Behinderung und Freiheitsberaubung politisch Andersdenkender erfolgte. Und dann war da ein Schamgefühl, dass ich das alles mitgetragen, in meiner unverzeihlichen Naivität viel zu wenig hinterfragt und aus Bequemlichkeit und fehlendem Mut nicht ausreichend Widerstand geleistet hatte, wenn ich etwas für falsch hielt. Dies war eine einschneidende Erfahrung für mich, die mein Selbstwertgefühl besonders in den ersten Jahren nach der Wende stark beeinflusste. Bis heute ist mir politisches und gesellschaftliches Engagement wichtig, aber ich werde mich nicht durch eine Partei vereinnahmen lassen. Eine parteipolitische Karriere kam nie infrage.

Die Verkündung der Grenzöffnung kam für mich völlig überraschend – aber es war kein Befreiungsschlag. Dieser Tag war für mich eher ein ganz gewöhnlicher Tag, an dem ich nicht das Gefühl hatte, dass sich jetzt für mich alles ändert. Ich gehörte auch nicht zu den ersten, die sich sofort den »Westen« anschauen wollten. Viel spannender war es für mich zu erleben, wie sich die DDR veränderte, wie viele kluge Frauen und Männer sich so authentisch und ehrlich zu ihrer Vergangenheit und ihren Zukunftsvisionen äußerten, wie befreit die Atmosphäre auf einmal war. Ich erinnere mich an das Gefühl der Zuversicht, dass nun die Fehler der Vergangenheit korrigiert würden und ein freies Land aufzubauen möglich wäre. Jedoch unterschätzte ich völlig, welchen Sog der ökonomisch reiche Westen entfachte, welcher Druck von einer Vielzahl Menschen auf politisch Verantwortliche ausgeübt wurde, um ganz schnell auch zu vergleichbarem materiellen Wohlstand zu kommen, und wie groß der Wunsch war, zur reichen Bundesrepublik mit all ihren Freiheiten zu gehören.

Für mich ergaben sich dann schnell viele berufliche Veränderungen. Die Sektion Marxismus/Leninismus, an der ich 1990 noch meine Dissertation verteidigte, wurde aufgelöst und ein Großteil der Mitarbeiter sofort entlassen. Betriebszugehörigkeit, Alter, soziale Komponenten spielten keine Rolle. Ich gehörte zu denjenigen, die vorerst weiterarbeiten durften und beim Neuaufbau gesellschaftswissenschaftlicher Fachrichtungen mitwirkten und den Studiengang Soziologie und Sozialgeschichte mit aufbauten.

In dieser Zeit begann ich, über die Lebenslagen und Befindlichkeiten von Frauen zu forschen, die gleich nach der Wende arbeitslos geworden waren. Ich befragte Hunderte Frauen und wertete Interviews aus. Diese Qualifikation half mir, nach meiner Entlassung aus der Universität als wissenschaftliche Mitarbeiterin der Gleichstellungsbeauftragten der Stadt Rostock über eine ABM-Maßnahme beruflich Fuß zu fassen. In den folgenden zwei Jahren, in denen ich im Gleichstellungsbüro tätig war, lernte ich sehr viel über die Situation unterschiedlicher Frauen vor und nach der Wende, über das zu DDR-Zeiten tabuisierte Thema Gewalt in der Familie, über die Folgen von Armut, Arbeitslosigkeit, Wohnungslosigkeit sowie über die kreativen Anstrengungen von Frauen, sich beruflich neu zu orientieren.

Von der grundlegenden Umstrukturierung der Wirtschaft war besonders die Frauengeneration betroffen, die damals Mitte 30 bis 50 war; Frauen, die vor dem beruflichen Aus standen, weil es ihre Arbeitsstellen nicht mehr gab oder ihre berufliche Qualifikation im neuen Gesellschaftssystem nichts mehr galt. Ich habe viele unglaublich starke und zupackende Frauen erlebt, die nicht nur für sich selbst eine neue Perspektive fanden, sondern auch ihre ganze Familie durch die turbulente, teils existenzbedrohende Zeit führten. Aber es gab auch immer die Verzweifelten, die sich völlig aus der Bahn geworfen fühlten, die häusliche Gewalt erlebten und die die Abwertung ihrer Lebensleistung nur schwer ertragen konnten. Sie brauchten Unterstützung und Solidarität, um für sich eine neue Lebensperspektive zu finden.

Für Frauen in der DDR fiel der Umbruch besonders schwer ins Gewicht. Obwohl auch in der DDR die Gleichstellung der Geschlechter ganz sicher keine Realität war, gab es jedoch ein anderes Frauen- und Selbstbild gegenüber dem Westen Deutschlands. Die Berufstätigkeit der Frauen, außerhäusliche Kinderbetreuung und ökonomische Unabhängigkeit gehörten zum Alltag und ermöglichten somit einen größeren Grad an Selbstbestimmung. Nun war diese Selbstverständlichkeit infrage gestellt. Ich fand es immer wichtig, Strukturen zu erhalten beziehungsweise weiterzuentwickeln, die ein Leben unabhängig vom Staat oder Partner ermöglichten, weil dies meinem Empfinden von Gerechtigkeit entsprach. Im Gleichstellungsbüro fand ich Anfang der 1990er-Jahre meine Berufung und nahm die Unterstützung von Frauen sowie die Umsetzung des Ziels, gleiche Lebenschancen für beide Geschlechter zu schaffen, als Lebensaufgabe an.

Darum bewarb ich mich Mitte der 1990er-Jahre beim neu gegründeten Landesfrauenrat als Geschäftsführerin. In dieser Funktion arbeitete ich fast 20 Jahre, bis ich aus dem Berufsleben ausschied. Meine Strategie war immer doppelt angelegt: Einerseits war Soforthilfe nötig, andererseits musste politscher Druck organisiert werden, damit die Rahmenbedingungen für eine gleichberechtigte Teilhabe von Frauen und Männern in allen Bereichen des öffentlichen Lebens verbessert werden konnten.

Im Laufe der Jahre veränderten sich die Arbeitsschwerpunkte. So überwog zu Beginn meiner Tätigkeit das Engagement, Arbeitsplätze mit existenzsicherndem Einkommen zu schaffen. In dieser Zeit war die Arbeitslosigkeit von Frauen gegenüber Männern signifikant erhöht. Unser Einfluss auf die Wirtschaft betrug null, aber es gab großzügige, staatlich finanzierte Möglichkeiten, über die Nutzung arbeitsmarktpolitischer Instrumente zumindest befristete Arbeitsplätze zu schaffen. Um für die Beantragung von Fördermitteln eine Struktur zu haben, mussten wir Vereine gründen – alles Neuland für uns. In einem von mir mitgegründeten Verein entwickelten wir in wenigen Monaten im sozialen und gemeinnützigen Bereich mehr als 100 Arbeitsplätze überwiegend für Frauen. Wir erarbeiteten sinnvolle Konzepte, definierten Arbeitsinhalte, sicherten die Arbeitsorganisation, verhandelten mit Behörden, gestalteten Personalpolitik und fanden Räumlichkeiten. In den ersten Jahren war dies eine Aufgabe, die vor allem im Ehrenamt erfolgte. Wir verwalteten Gelder im sechsstelligen Bereich – in einem Rechtssystem, in dem wir Lernende waren. Wir entschieden oftmals mit unserem gesunden Menschenverstand und hatten niemals genügend Zeit, uns mit allen rechtlichen Konsequenzen auseinanderzusetzen. Wir sahen damals nicht die Risiken, sondern vor allem die Chancen, etwas gestalten zu können.

Weitere Arbeitsfelder in dieser Zeit, für deren Aufbau ich mich engagierte, waren Vereine für Bildung und Existenzgründung eigens für Frauen, um deren Interessen besser gerecht werden zu können, sowie der Aufbau eines Hilfenetzes für von Gewalt und Obdachlosigkeit betroffene Frauen mit und ohne Kinder.

Der zweite wichtige Bereich insbesondere in meiner Funktion als Geschäftsführerin des Landesfrauenrates Mecklenburg-Vorpommern bestand in der politischen Einflussnahme auf Entscheidungsträger zur Verbesserung von Rahmenbedingungen für ein gleichgestelltes Leben. Dazu war ein anerkannter und starker Dachverband, der Fraueninteressen bündelt und ihnen ein Sprachrohr gibt, eine unverzichtbare Struktur. Es gab viele Baustellen: der Kampf gegen den Paragrafen 218, für die Selbstbestimmung der Frau, über die Geburt eines Kindes selbst zu entscheiden; später die flächendeckende Errichtung von Schwangerschaftskonfliktberatungsstellen bei Gewährleistung einer Trägervielfalt; die Sicherung einer ausreichenden und alltagstauglichen Kinderbetreuungsstruktur. Nach und nach kamen neue Themen hinzu: beispielsweise mehr Frauen in politische Entscheidungsfunktionen einbinden, Frauen als Existenzgründende unterstützen, Frauen in Leitungsfunktionen eingliedern, geschlechtergerechte Berufsorientierung durchführen, Kampagnen zum Equal-Pay-Day entwickeln Frauengesundheit sowie Frauen und Rechtsextremismus.

Die Nachwendezeit war wohl die intensivste, interessanteste und glücklichste Zeit meines beruflichen Lebens.

Auch wenn die Gleichstellung der Geschlechter ein politischer Auftrag im Verfassungsrang ist, kann sie nur Realität werden, wenn sie nicht als verordneter Paragraf, sondern als gesellschaftliches Anliegen begriffen wird – als ein Wert, den Frauen und Männer gleichermaßen sichern wollen. Es gab in den Behörden genug Widerstand von der überwiegend männlichen Leitungshierarchie, die vielfach aus den westlichen Bundesländern stammte und über die »überzogene Erwerbsneigung der ostdeutschen Frauen« klagte, die in der DDR erworbenen Qualifikationen anzweifelte, das Anliegen »Gleichstellung der Geschlechter« lächerlich machte oder zumindest als unwichtig behandelte. Aber wir suchten, fanden und gewannen auch immer wieder männliche Verbündete unter den zugewanderten Verwaltungsbeamten und Politikern. Doch bedurfte es jedes Mal Überzeugungskraft, Diplomatie und eigener konsensfähiger Vorschläge, um möglichst viele Männer und Frauen in Entscheidungsfunktionen mit ins Boot zu holen. Nur so konnte das eigene Engagement für mehr Gleichstellung nachhaltig werden. Meines Erachtens haben die Courage, Lebenserfahrung und Zukunftsträume ostdeutscher Frauen (und auch ihre Zuversicht, viele Männer als Verbündete gewinnen zu können) erheblich dazu beigetragen, den Prozess der Gleichstellung von Frauen und Männern in der gesamten Bundesrepublik etwas selbstverständlicher werden zu lassen. Mein eigenes Wirken hierfür ist mit der Vergabe des Landesverdienstordens (2004) und des Bundesverdienstkreuzes am Bande (2013) mehr als anerkannt worden.

Die deutsche Einheit ist nun 30 Jahre Realität. Es war für mein Leben ein Gewinn, zwei Gesellschaftsordnungen erlebt zu haben. Die Demokratie hat sich ohne Zweifel als die bessere Herrschaftsform herausgestellt, aber sie ist noch sehr, sehr unvollkommen. Leider ist nicht abzusehen, wie sie die größten Herausforderungen unserer Gegenwart lösen kann: das Stoppen des Klimawandels, die wachsende Kluft zwischen Arm und Reich innerhalb von Ländern und zwischen den Staaten, die Bedrohung durch Kriege, Hungersnöte und die in Folge auftretenden Migrationsbewegungen sowie die gravierenden Veränderungen in der Arbeits- und Lebensumwelt. Verrohung der Sprache, Verlust von Empathie und Humanismus, nationale Egoismen, Verantwortungslosigkeit reicher Eliten und politischer Entscheidungsträger konfrontieren uns täglich.

Aber es gibt sie auch: die mächtige Gegenbewegung für eine solidarische, die Natur schützende, für eine die Würde aller Menschen achtende und Frieden bewahrende Welt. Darin liegt die Hoffnung. Meine eigene Erfahrung in zwei Gesellschaftsordnungen gibt mir die Zuversicht, dass durch friedliches und unermüdliches Engagement vieler Menschen, die sich nicht einschüchtern lassen, diese Hoffnung eine Zukunft hat.

Der Technik treu geblieben

Fertigungstechnologe im VEB Landtechnisches Instandsetzungswerk Halle, 22 Jahre

Geboren in Halle an der Saale, durchlief ich in meiner Kindheit und Jugend alle Stationen, die für den »normalen« sozialistischen Bürger vorgesehen waren. Nach der Kinderkrippe folgte die Zeit im Kindergarten und anschließend besuchte ich zehn Jahre die Polytechnische Oberschule.

Ich erlernte im VEB Landtechnisches Instandsetzungswerk den Beruf des Motorenschlossers (Landwirtschaft) mit der Spezialisierungsrichtung Verbrennungskraftmaschinen / Pumpen und Verdichter. Hier machten wir Großdieselmotoren aus Lkws und Mähdreschern, die auf dem Feld ihren Geist aufgegeben hatten, wieder flott. In der Demontage wurden die Motoren komplett zerlegt, die Einzelteile gewaschen und nach »Schrott« oder »wieder verwendbar« sortiert.

Wie vielerorts in unserem Land, so fehlten auch hier neuwertige Ersatzteile. Es wurde improvisiert und das Neuererwesen vorangetrieben, um die wenigen vorhandenen Ressourcen optimal zu nutzen. Jeder konnte und sollte Verbesserungsvorschläge machen, die auch üppig vergütet wurden, wenn sie zum Einsatz kamen.

Die Produktion in unserem Werk bestand zu großen Teilen aus Fließbandstrecken und Nestfertigung. In den lauten Werkhallen gab es ölverschmierte, dreckige Böden und Wände. Ich erinnere mich auch an Fenster, die ich damals nicht wahrnahm, weil man kaum hindurchschauen konnte. Die Bänder liefen um 6.15 Uhr an, und wir arbeiteten acht Stunden 45 Minuten plus eine Viertelstunde Frühstück und eine halbe Stunde für die Mittagspause.

Die Frühstücksversorgung während der Produktion lief wie folgt: Eine halbe Stunde vor der Pause kamen Einkäufer, nahmen unsere Wünsche entgegen, und pünktlich zum Frühstück stand alles im Aufenthaltsraum auf dem Tisch. Mein Frühstück wechselte täglich zwischen zwei nackten Bratwürstchen mit Brötchen beziehungsweise vier halben belegten Brötchen und vier Flaschen Kakaomilch à 0,25 Liter.

Die Mittagspause nutzten wir, mit Bestecktaschen unterm Arm, für den Besuch der Kantine, wo uns freundliche Mitarbeiter für damalige Verhältnisse leckeres Essen bereiteten. Wenn wir nach dem Mittagessen noch Zeit hatten, schlenderten wir manchmal durch den Park auf dem Werksgelände. Das war für mich immer ein Highlight, ein kleines Stück Freiheit.

In unserem Betrieb gab es einen kleinen Konsum, der die Waren des täglichen Bedarfs führte, WtB, wie es damals hieß. Das Sortiment war sehr übersichtlich, trotzdem oft die einzige Einkaufsquelle für uns, denn wenn die Arbeitszeit endete, war an Einkaufen nicht mehr zu denken. Zum einen hatten die Läden in der Stadt oft schon geschlossen und wenn nicht, gab es einfach so spät nichts mehr zu kaufen, also weder Brot noch Wurst. Lebensmittel waren in der DDR verhältnismäßig kurz haltbar. Konservierungsstoffe und Geschmacksverstärker, von denen heute gern Gebrauch gemacht wird, wurden damals sehr sparsam eingesetzt.

In der Lehre wurden wir oft in der Produktion eingesetzt. Unsere Gruppe in der Vormontage war gemischt und bestand aus Deutschen, Mosambikanern und Vietnamesen. Auch gab es Landsleute, die öfter einmal nicht zur Arbeit erschienen und von den Meistern zu Hause »besucht« und abgeholt wurden.

Ich lernte alles, was zur Metallbearbeitung in einer Schlosserlehre gehört: Sägen, Feilen, Bohren, Drehen, Trennen, Schweißen, Schmieden etc. Die Arbeit war körperlich sehr anstrengend und meine zarten Handgelenke hatten gerade beim Schmieden Mühe, die schweren Hämmer auf den Amboss sausen zu lassen.

Mit der Zeit wurde mir klar, dass auf Dauer die Arbeit als Schlosserin hier der Horror wäre: zu wenig »geistiges Futter« für den Kopf und täglich ein dreckverschmierter Körper, der sich nur teilweise mit dem groben Waschsand reinigen ließ.

Ich bewarb mich für ein Fachschulstudium zum Ingenieur für Landtechnik in Nordhausen und wurde zu meiner großen Freude und auch Überraschung im Anschluss an die Lehre von meinem Ausbildungsbetrieb dorthin delegiert. Das war nicht selbstverständlich. Zwar waren meine Leistungen recht gut, aber ich war seit meiner Jugend in der Evangelischen Kirche aktiv und verbrachte dort einen großen Teil meiner Freizeit.

Ich ließ mich taufen und konfirmieren und war fester Bestandteil in der Jungen Gemeinde und im Kirchenchor. Heute klingt das banal – damals war es ein Statement, denn nicht selten endete durch die Aktivitäten in der Kirche die berufliche Karriere, bevor sie begann.

Mein Ausbildungsbetrieb gab auch das Thema für die Ingenieurarbeit vor und ein Betriebsvertreter war bei der Verteidigung dabei. Zum Beginn des Studiums wurde mit dem Betrieb ein Absolventenvertrag geschlossen. Darin verpflichtete man sich, im Anschluss an das erfolgreiche Studium drei Jahre in diesem Betrieb zu bleiben.

Im September 1989 begann meine Tätigkeit als Ingenieur. Man setzte mich als Fertigungstechnologen ein. Zu meinen Aufgaben gehörte es hauptsächlich, Technologien beziehungsweise Arbeitsabläufe in der Produktion zu analysieren und zu optimieren, also Instandhaltungstechnologien für Motoren und Motorbaugruppen sowie Wiederaufarbeitungstechnologien für Einzelteile auszuarbeiten. Im Klartext hieß das, mit der Stoppuhr hinter den Kollegen zu stehen, die manchmal seit Jahrzehnten diese Arbeiten erledigten und sich natürlich nicht gern in die Karten schauen ließen, also die Abläufe aufbauschten beziehungsweise besonders langsam ausführten. Ich sollte den Prozess oder die Zeiten optimieren. Es war absurd.

Zum Glück kam in diesem Winter die Wende. Wer politisch interessiert war, hatte in den letzten Monaten, mindestens seit den Wahlen im Mai 1989, die sich andeutenden Veränderungen in der DDR wahrgenommen. Auch in Halle gab es ab Anfang Oktober Montagsdemonstrationen. Die Menschen versammelten sich zuerst in der Marktkirche und zogen dann meist gemeinsam zur Parteizentrale der SED (auch »Die Partei« genannt). Zu Beginn noch zaghaft.

Bei der ersten Demo schritten Polizei und Stasi ein, um die Aktion zu verhindern. Eine Woche später nahm auch ich teil. Es herrschte eine mulmige Stimmung. Wir waren ängstlich, zogen mit Kerzen los und riefen: »Wir sind das Volk!« Als die Polizei nicht aktiv wurde, fühlten wir uns immer mutiger. Jeden Montag versammelten wir uns nun. Anfang Dezember 1989 änderte sich die Stimmung und die ersten Rufe ertönten: »Wir sind *ein* Volk!« Zu diesem Zeitpunkt brach ich meine Demo-Teilnahme ab. Ich wollte keinen Anschluss an die Bundesrepublik Deutschland, ich wollte eine neue, ehrliche DDR, die nicht auf Kosten der Umwelt produzierte und Chemikalien in die Flüsse leitete, die zunehmend stinkenden Kloaken ähnelten. Dass heute wieder Fische munter in der Saale schwimmen, ist für mich ein kleines Wunder.

Was mich damals am meisten in der DDR gestört hat, waren nicht die wenigen eingeschränkten Reisemöglichkeiten. Es waren die Beschränkungen im Denken und der freien Meinungsäußerung.

Im März 1990 kündigte ich meinen Arbeitsvertrag, weil mich die Arbeit völlig frustrierte. Aber meine Vorgesetzten wollten mich erst nicht gehen lassen. Ich argumentierte, dass in meinem Arbeitsvertrag stehe, dass sich die Rechte und Pflichten des Werktätigen aus dem Arbeitsgesetzbuch der DDR ergeben und ich verpflichtet sei, die sozialistische Arbeitsdisziplin einzuhalten. Das sei mir jedoch nicht länger möglich, da der Sozialismus gerade am Zusammenbrechen wäre. Obwohl ich keinen Plan für die Zukunft hatte, fühlte ich mich in diesem Moment großartig.

Meine Freundin suchte gerade eine neue Stelle als OP-Schwester in einem Krankenhaus und erfuhr dort von der Oberin, dass man dringend noch einen Gärtner suche. Die Stelle des Gärtners war nicht ausgeschrieben. Warum ich sie dennoch bekam, wurde mir erst später klar, nachdem ich die Oberin näher kennenlernen durfte. Meiner Meinung nach hatte sie sich an dem Tag, als sie den Wunsch nach einem weiteren Gärtner äußerte, einfach nur über den damals angestellten Gärtner geärgert und war mit der Qualität seiner Arbeit nicht zufrieden. Beim Vorstellungsgespräch merkte ich sofort, dass die Chemie zwischen uns stimmte. Auch wenn ich bis dahin kaum gärtnerisch tätig war, so konnte ich mir diese Arbeit gut vorstellen. Ich war mit dem Lohnangebot von 600 DDR-Mark einverstanden. Meine einzige Forderung bestand darin, dass der Arbeitsbeginn nicht vor 7.30 Uhr sein sollte – angestellt wurde ich als Garten- und Lagerarbeiterin.

So begann ich am 2. Mai 1990 mit dieser Arbeit. Am zweiten Arbeitstag, als ich bei herrlichem Sonnenschein im Garten Unkraut jätete, wusste ich plötzlich: Hier werde ich glücklich und es lohnt sich, all meine Arbeitskraft in dieses Krankenhaus zu stecken. Heute, 28 Jahre später, arbeite ich immer noch gerne dort. Ich habe diesen Schritt nie bereut.

Während der ersten Jahre kam nachmittags eine alte Ordensschwester in den Garten, die etwas eigenwillig war. Sie ging sehr langsam an einer Krücke und versorgte die Katzen, die dann schon immer ganz aufgeregt um sie herum schnurrten. Meist sprach sie mich mit Sylvana an, und als ich ihr erklärte, dass das nicht mein Name sei, sagte sie nur, das wäre doch egal – meine Vorgängerin hätte so geheißen.

Meine Pausen verbrachte ich bei den Technikern des Hauses, und mit der Zeit übernahm ich neben den Garten- und Lagerarbeiten immer mehr handwerkliche Tätigkeiten. Bevor unser Klempner in Rente ging, zeigte er mir viele Kniffe und Tricks, die mir bis heute auch privat helfen.

Über Weihnachten 1990 und den Jahreswechsel ließ ich mich an der Pforte als Nachtdienst einsetzen. Hier kamen vor allem Schwangere, die kurz vor der Entbindung standen, und Patienten, die in die Notaufnahme wollten oder mussten. Auch hatte ich alle neu aufgenommenen Patienten und die Geburten des vergangenen Tages zu dokumentieren – und außerdem den Eingangsbereich zu wischen. Die Lagerarbeiten erledigte ich gemeinsam mit der Oberin. Hierzu zählte die wöchentliche Ausgabe des Stationsbedarfs wie Desinfektionsmittel, Schutzhandschuhe etc. Heute gibt es dafür eine eigenständige Abteilung mit einem breiten Spektrum an Aufgaben und hohen logistischen Anforderungen.

Im Jahr 1993 erhielt unser Krankenhaus eine neue computergestützte Heizungsanlage. Ich betreute diese und wurde gleichzeitig als stellvertretende technische Leiterin eingesetzt. Zu den Tätigkeiten unserer Abteilung gehören alle Wartungs- und Instandsetzungsarbeiten, die in solchen Häusern anfallen, sowie die Organisation der Grünflächenpflege und des Winterdienstes; sozusagen alles außer der Medizintechnik. Heute gern als Facility Management bezeichnet, sind unsere Aufgaben doch vielfältiger als das.

Noch kurz zu meiner Familie:

Mein Bruder ist etwas älter als ich. Auch er erlernte den Beruf des Motorenschlossers. Kurz vor der Wende ergab sich für ihn die Möglichkeit, als Heizer in der Strahlenklinik in Halle zu arbeiten. Hier verdiente er viel mehr Geld als vorher und die Arbeitszeiten und das Umfeld waren angenehmer. Später schulte er zum Pfleger um, arbeitete in Rheinland-Pfalz bei einem mobilen Pflegedienst und ließ sich dann als Dokumentationsassistent ausbilden.

Meine Mutter ist gelernter Versicherungskaufmann und war erst in der Staatlichen Versicherung tätig. Später wechselte sie als Sachbearbeiterin für Materialwirtschaft ins Landtechnische Instandsetzungswerk und wurde nach einem Fernstudium zum Diplom-Ökonomen Planungsleiterin für die Produktionsplanung. Nach der Wende musste sie den Betrieb mit abwickeln. Als die Arbeit rar wurde, schulte sie zur Sozialarbeiterin um und arbeitete bis zu ihrem Renteneintritt in der Schuldnerberatung eines paritätischen Wohlfahrtsverbandes.

Mein Vater erlernte den Beruf des Betriebsschlossers und besuchte dann die Meisterschule der Volkseigenen Industrie. Anschließend absolvierte er ein Diplom-Ingenieurstudium in der Fachrichtung Maschinenbau und arbeitete als Konstrukteur im VEB Waggonbau Ammendorf.

Es folgte ein Studium als Ingenieur für Schweißtechnik. Viele Jahre arbeitete er im Zentralinstitut für Schweißtechnik in Halle als Forschungsbeauftragter und war an der Entwicklung mehrerer Brennschneidmaschinen beteiligt, die auch patentiert wurden. Später wechselte er als Schweißverantwortlicher in den VEB Pumpenwerke Halle. Nach der Wende blieb er in diesem Betrieb, arbeitete im Vorschlagswesen und war mit für den Datenschutz verantwortlich.

Nun muss sich alles, alles wenden …

Oberassistentin am Fachbereich Ästhetik der Sektion Kultur- und Kunstwissenschaften an der Karl-Marx-Universität Leipzig, 47 Jahre

Frühlingsglaube

Die linden Lüfte sind erwacht,
Sie säuseln und weben Tag und Nacht,
Sie schaffen an allen Enden.
O frischer Duft, o neuer Klang!
Nun, armes Herze, sei nicht bang!
Nun muß sich alles, alles wenden.
Die Welt wird schöner mit jedem Tag,
Man weiß nicht, was noch werden mag,
Das Blühen will nicht enden …

Ludwig Uhland

Wenden in Natur und Gesellschaft unterscheiden sich offensichtlich voneinander, denn trotz des Versprechens »blühender Landschaften« und der Hoffnung vieler, dass das Leben besser und schöner werde, erwies sich unsere Wendezeit nicht als idyllisch. Die Winde wehten nicht lind, sondern stürmisch und manchmal eisig. Die Stimmung war nicht lyrisch, sondern dramatisch, von tragisch bis absurd. Die Gefühle waren selten positiv, sondern eher negativ, da durch Verluste ausgelöst. Nicht milder Frühling, sondern kalter Herbst, obwohl der Frühling durchaus als Metapher für gewünschte politische Veränderungen genutzt wurde und wird (Prager Frühling, Arabischer Frühling).

Angst und Wut, Demütigung und Verunsicherung, existenzielle Sorgen und Bedrohungen, aber auch Hoffnungen und neue Erfahrungen – das war in den Jahren 1989 bis 1991 der Gefühlsmix, mit dem wir umzugehen hatten und den ich aus meiner individuellen Erfahrung beschreiben möchte, wobei für mich in dieser Zeit die Verluste prägend waren; damit ist eingeräumt, dass es auch andere Erfahrungen und Perspektiven gibt.

Diese drei Jahre – für mich die eigentliche Wendezeit – waren zwar eine historisch kurze Zeit, aber einschneidend, denn sie bedrohten unsere Existenz und veränderten unser Leben. Auch wenn die Bedrohungen inzwischen vergangen sind, zeigen sich Nachwirkungen bis heute.

Ich erinnere mich, dass ich bereits bei den Montagsdemonstrationen Angst verspürte, weil ich nicht nur die Menschenmassen (Massen haben für mich immer auch einen bedrohlichen Aspekt) auf dem Leipziger Ring sah, sondern auch das Polizeiaufgebot hinter dem Seminargebäude der Universität, in dem ich nachmittags Unterricht hatte. Unsere Kinder waren zu dieser Zeit zu ihren Sportaktivitäten unterwegs und ich war stets in Sorge, ob sie unbeschadet wieder zu Hause ankamen. Ich gehörte wahrscheinlich zu den Menschen, die die Montagsdemos nicht mit Begeisterung, sondern mit Sorge betrachteten und ihnen auch deswegen fernblieben. Wir verfolgten sie aber im Fernsehen, soweit dies möglich war.

Mit der weiteren Entwicklung nahmen die Ängste zu und wurden existenzieller.

Im Mai 1989 hatte ich habilitiert und begonnen, mir im wissenschaftlichen Leben einen Platz zu erobern. Ich publizierte aus meinem Forschungsgebiet, nahm an Fachtagungen teil, entwickelte eigene Vorlesungen, eine Dozentur stand in Aussicht. Die mit der Wende eingeleitete Abwicklung im Jahr 1990 stellte diese mühsam und langwierig erkämpfte Entwicklung – Lehre, Berufstätigkeit, Studium, Forschungsstudium, Promotion, befristete und unbefristete Assistenz – infrage; daher war die Abwicklung für mich ein Absturz von einer gerade erst mühsam erreichten Höhe. Einen solchen hatte ich schon einmal erlebt: Nach einem guten Abitur musste ich 1961 nach dem Mauerbau die bereits erhaltene Zulassung zum Philosophiestudium zurückgeben. Nun war es der Mauerfall, der mich und meine Familie in Existenznöte brachte.

Mein Mann arbeitete als Projekt-Ingenieur im Kombinat TAKRAF, hatte gute Verbindungen zur Forschung im Maschinenbau der Sowjetunion, weil er am berühmten Bauman-Institut in Moskau (heute: Staatliche

Technische Universität Moskau namens Bauman) eine Aspirantur hatte und dort promoviert wurde. Daher verfügte er auch über ausgezeichnete russische Sprachkenntnisse. Er wurde nach der Übernahme des Kombinats durch die Treuhand 1990 in den vorzeitigen Vorruhestand versetzt.

Unsere Kinder – drei Mädchen – waren zu dieser Zeit zehn und elf Jahre alt; die Zwillinge besuchten eine Klasse mit erweitertem Russischunterricht, die ältere Schwester die normale Polytechnische Oberschule. Alle drei betrieben in ihrer Freizeit Sport (Schwimmen und Leichtathletik) und Musik (Klavier und Flöte). Dieses »normale« Familienleben geriet ins Schwanken, es wurde nicht revolutioniert, sondern bedroht und auch gewendet.

Diese Bemerkung erfolgt auch vor folgendem Hintergrund: Die begriffliche Charakterisierung der Zeit von 1989 bis 1991 ist umstritten – je nach Lager und Erfahrung. Bürgerrechtler zum Beispiel wehren sich vehement gegen die Bezeichnung »Wende« und verlangen, von »friedlicher Revolution« zu sprechen. Wikipedia behandelt Wende und friedliche Revolution zum Teil synonym. Umgangssprachlich ist »Wende« der vorherrschende Begriff. Ich denke, dass man die Akteure und die Möglichkeit wie den Zeitpunkt ihres Handelns im Blick haben muss, um diese Zäsur zu charakterisieren wie zu differenzieren. Die Entwicklung begann als Protest, der, nachdem er massenhaft geworden und auf die Straße getragen war, durchaus als eine friedliche Revolution bezeichnet werden kann. Die Losungen »Wir sind das Volk!« – also der deutliche Anspruch an die Herrschenden, auf diesen Akteur zu hören – und »Keine Gewalt!« – ein Appell an beide Seiten, der auch nur funktionierte, weil beide sich daran hielten – verweisen auf diese Möglichkeit. Die Aktionen zielten auf eine Veränderung, auf einen »Umbruch«, zunächst auf eine »bessere DDR«, dann jedoch auf die Vereinigung der beiden deutschen Staaten mit der Losung »Wir sind *ein* Volk!« Die Vereinigung kam, wurde aber nicht konsequent vollzogen, denn es gab weder eine andere Verfassung noch eine andere Hymne für das neue Staatsgebilde, sondern am 3. Oktober 1990 erfolgte der *Beitritt* der DDR zum Grundgesetz der alten Bundesrepublik. Wir freuten uns zwar über die Einheit, empfanden es aber auch als Herabwürdigung, dass wir offensichtlich einer neuen Verfassung nicht wert, unsere Interessen und Erfahrungen nicht gefragt, unsere Ideale suspekt waren und wir uns nur einzufügen hatten. Dieser Eindruck verstärkte sich durch das Überstülpen der politischen, rechtlichen, ökonomischen, kulturellen und sozialen Verhältnisse der alten Bundesrepublik auf uns. Und damit hatten wir die »Wende«, den Richtungswechsel, die radikale Veränderung aller Lebensumstände, allerdings »von oben«.[1]

Nun musste sich alles, alles wenden, und zwar gen Westen. Es gab nicht nur neues Geld, sondern auch neue Behörden und Gesetze; Einkaufen und Wohnen veränderten sich ebenso wie Autos, Bücher, Zeitschriften, Sprache, Kleidung, Gerüche etc. Einschneidend war die Tätigkeit der Treuhand, die im Osten zur Deindustrialisierung und Massenarbeitslosigkeit führte. Unsere Waren verschwanden aus der Kaufhalle, unsere Bücher landeten zum Teil auf dem Müll, berühmte Verlage gingen ein, die Theater blieben leer, unsere Kunst wurde diffamiert, entsorgt oder in Magazine und Depots verbannt.[2] Die Polikliniken lösten sich auf. Gegenüber der Schule unserer Kinder gab es nun einen Erotik-Shop. Ein Teil der Straßen – wie bei »Wenden« üblich – wurde umbenannt, Biografien und Karrieren gebrochen, die Eliten ausgetauscht etc. Hinzu kamen ständig Fragen, warum wir in der DDR geblieben seien (denn der Weggang aus der DDR galt als Widerstand), sowie fortwährende Versuche, uns zu erklären, wie wir gelebt hatten. Die Ostalgiewelle ab 1994 beziehungsweise erneut ab 2004 machte uns lächerlich – nach dem Motto: Wer den Schaden hat, braucht für den Spott nicht zu sorgen. Auch wenn die verwendeten Alltagsprodukte und -symbole auf DDR-Identität zielten und Ostalgie so auch als Protesthaltung gegen das Wenden gelesen werden kann und auch wurde, handelte es sich im Kern um eine Vermarktung und Inszenierung von DDR-bezogenen Gefühlen. Die Verluste wurden verlacht, verspottet und ironisiert. Ich habe dies durchaus so empfunden und mir blieb oft das Lachen im Hals stecken, auch wegen des mangelnden Niveaus der Beiträge. Sie waren oft einfach nur dumm.

Dieser massive Angriff auf alle Lebensbereiche – deren Veränderung oder Entsorgung – stellte unsere Biografien infrage, verweigerte unseren Lebensleistungen den Respekt, machte uns ein schlechtes Gewissen, entzog unserer

[1] Christa Wolf beispielsweise hatte in ihrer Rede auf dem Alexanderplatz den Begriff »Wende« noch ironisiert, weil ihr dieses Bild nicht auf die vielen Aktivitäten von unten zu passen schien.

[2] Immerhin wurden anlässlich des 200. Geburtstags von Karl Marx manche seiner Büsten wieder aus den Depots geholt, zum Beispiel die Marx-Büste vor der Jenaer Universität von Will Lammert oder die von Fritz Cremer, die in Rudolstadt eingelagert war. Ebenso trug der Dresdner Bilderstreit dazu bei, dass nach immerhin 30 Jahren DDR-Kunst wieder im Albertinum präsentiert wird. Vgl. Hendrik Lasch: Nach der Eruption. Neues Deutschland, 18. Juni 2018, S. 16.

Identität den Boden, nahm uns die Vergangenheit und beförderte gerade deswegen zugleich auch ostdeutsches Bewusstsein. »Folgerichtig wurden die Westdeutschen zu – gütigen oder weniger gütigen – Oberlehrern (wenn nicht gar zu Inquisitoren) und wir Ostdeutschen zu Schülern, zu Zöglingen, denen Nachhilfeunterricht in allen, auch den elementarsten Fragen der Gesellschaft und des Lebens zu erteilen war.«[1] Das banale Pendant zu dieser Entwicklung waren die Klischees von Ossi und Wessi beziehungsweise Jammer-Ossi und Besser-Wessi, die sich teilweise bis heute gehalten haben.

Zur Volkskammerwahl im März 1990 wählten rund 40 Prozent die CDU – die DDR-Bürger wollten den westlichen Wohlstand, gleichgesetzt mit Freiheit, was sich als Trugschluss erwies. Helmut Kohl wurde zum Heilsbringer stilisiert. Anlass für mich, öffentlich zu dieser Vorstellung etwas zu sagen. Ich schrieb einen Artikel *… und es würde kein Kenntlicher kommen«.*[2] Die Überschrift ist ein Zitat von Peter Weiss aus der *Ästhetik des Widerstandes*, das sich mit »sie müssten selber mächtig werden« fortsetzt. Ich verband darin Weiss' Warnung vor Heilsbringern mit dem aktuellen Geschehen – und bin heute noch erstaunt über meinen Mut, aber auch über meine Naivität, mit solcher Wortmeldung etwas bewegen zu wollen; ein paar Wochen später, im abgewickelten Zustand, wäre sie wahrscheinlich nicht mehr erfolgt. Das zeigt auch, dass Ohnmacht in den Wendejahren zunahm, obwohl wir Mut und Widerstandskraft brauchten, um in den Wendezeiten bestehen zu können und dies auch tapfer versuchten.

Unsere Familie erfuhr die existenziellen Folgen der Wende ganz unmittelbar. Meinen Mann traf es zuerst. Das Kombinat TAKRAF wurde am 1. Mai 1990 in die TAKRAF Schwermaschinenbau AG umgewandelt, die als Holding fungierte und der Treuhandanstalt angehörte. Die Bestandteile des Kombinats wurden ausgegliedert, privatisiert, verkauft, verschleudert und so ein Konkurrent auf dem Weltmarkt beseitigt; erlebbar für meinen Mann und seine Kollegen unter anderem dadurch, dass die vollen Auftragsbücher zuerst ihre Besitzer wechselten. Er selbst und einige andere auch wurden in den Vorruhestand geschickt, finanziell besser als arbeitslos, aber für einen Endfünfziger eine deutliche Verletzung seiner Erfahrungen, Kenntnisse und Würde, wenn man ihm bescheinigt, dass man ihn nicht mehr braucht und ihn ausgrenzt. Erschwerend kam hinzu, dass dies Leute taten, die weder ihn

[1] Cornelius Weiss: Risse in der Zeit. Ein Leben zwischen Ost und West. Reinbek bei Hamburg: Rowohlt 2012, S. 307 f.

[2] Neues Deutschland, 5. Dezember 1990.

noch seine Arbeit noch die des Betriebes kannten. Bei meinem Mann führte dies unter anderem zu Albträumen, die ein Kindheitstrauma revitalisierten: die Inschrift »Juden raus« an einer Mauer seines Geburtsortes bedrängte ihn in seinen nächtlichen Träumen (seine Mutter wurde von den Nazis als »Vierteljüdin« eingestuft, verbunden mit entsprechenden Ausgrenzungen für die Familie). Die Zerschlagung der ostdeutschen Industrie hatte Methode. Sie erfolgte durchaus nicht nur, weil die DDR-Wirtschaft am Ende war, wie man immer wieder lesen kann, trotz der inzwischen zahlreichen Gegendarstellungen von Fachleuten (unter anderen Edgar Most), sondern weil die bundesdeutsche Wirtschaft kein Interesse an den ostdeutschen Betrieben hatte, da sie Konkurrenz beseitigen und/oder lediglich die Konsumenten wollte.[1] Prägnantestes Beispiel: Bischofferode.

Im Dezember 1990 traf unsere Familie der nächste Schlag: Das Institut für Kulturwissenschaften, an dem ich studiert hatte und nun als Oberassistentin arbeitete, wurde abgewickelt. Damit drohte die Arbeitslosigkeit beider Eltern.

Wir Lehrenden und die Studierenden erfuhren von der Abwicklung aus den Medien. Die Gründe waren uns nicht bekannt, zumal Institut und paralleler Studiengang an der Humboldt-Universität zu Berlin nie abgewickelt, sondern nur umgestaltet wurden. Abwicklung bedeutete realiter die Auflösung der betroffenen Institute beziehungsweise Fachbereiche bei gleichzeitiger Sicherung der Möglichkeit für die Studierenden, ihr Studium fortzusetzen. Letzteres bekundete der Sächsische Staatsminister Meier ausdrücklich auf einer Versammlung im Dezember 1990 in Leipzig. Sie bedeutete für die Lehrenden das »Ruhen des Arbeitsverhältnisses«, und zwar mit Wirkung vom 1. Januar 1991. Ruhen hieß, dass die »Rechte und Pflichten aus dem Arbeitsverhältnis, insbesondere die Verpflichtung zur Arbeitsleistung einerseits und zur Vergütungszahlung andererseits, grundsätzlich

[1] Vgl. Christa Wolfs Hinweis auf einen Artikel, der im *Freitag* erschien: Kohl und Köhler. »Bei einem ›sorgfältig abgeschirmten Wahlkampfauftritt Kohls in Straußberg für die brandenburgische CDU‹ sagte der Kanzler der deutschen Einheit: Das mit den ›blühenden Landschaften‹ habe er doch nur in der Euphorie der Wendezeit gesagt. Und ferner: ›Es gab auch im Westen in führenden Industriepositionen Leute, die kein Interesse daran hatten, dass sich die Betriebe in der DDR entwickelten.‹ Stattdessen hätten manche Konzernlenker nur Interesse an den 17 Millionen Konsumenten in der Ex-DDR gehabt.« Christa Wolf: Ein Tag im Jahr im neuen Jahrhundert. 2001–2011. Hg. von Gerhard Wolf. Berlin: Suhrkamp 2013, S. 69.

ausgesetzt«[1] waren. Es gab ein Wartegeld (70 Prozent des Gehaltes). Das ruhende Arbeitsverhältnis ersparte einerseits die ordentliche Kündigung (und damit auch mögliche Klagen gegen sie) und ermöglichte andererseits eine Weiterführung des Lehrbetriebes und seine Umgestaltung in kleinen Zeitabschnitten, denn in der Warteschleife standen die bisherigen Mitarbeiter gewissermaßen »Gewehr bei Fuß« und waren zur Umgestaltung bereit, die ihnen auch offiziell angetragen wurde – also auch in unserem Falle eine bedingte finanzielle Absicherung bei gleichzeitiger Erhöhung des Druckes, Angriff auf unsere Qualifizierung, Verlust von Rechten, Beschädigung der Würde.

Trotz der Zusicherung des Ministers an die Studierenden, dass sie ihre Ausbildung fortsetzen könnten, gab es zur Jahreswende 1990/91 eine Besetzung des Rektoratsgebäudes durch eine Gruppe von Studierenden, die für den Erhalt ihres Studiums kämpften. Sie setzten unter anderem durch, »dass im Gegensatz zum ursprünglichen Abwicklungsbeschluss einige Fächer, zum Beispiel die Journalistik und die Kulturwissenschaft in Leipzig, durchaus wieder aufgebaut werden sollten.«[2] Wir hatten also die »Aufwicklung« und Neugründung unseres Instituts den protestierenden Studierenden mit zu verdanken.

Der Lehrbetrieb musste weitergehen. Die Folge waren befristete Arbeitsverträge zunächst für den größten Teil der Mitarbeiter, die unter »Aussetzen des Ruhens des bisherigen Beschäftigungsverhältnisses«[3] bis 31. März 1991 datiert waren und für das nächste Semester wiederum neu abgeschlossen wurden, mit der »Begründung einer besonderen Eignung für Abwicklungsaufgaben«.[4] Die befristeten Arbeitsverträge gaben Chancen für einen Neubeginn, brachten aber auch neue Demütigungen und Sorgen. Sie galten zunächst für ein Semester und man wusste nicht, ob man im nächsten Semester noch gebraucht wurde. Wenn der neue Arbeitsvertrag am Ende des Semesters nicht da war, musste man sich beim Arbeitsamt arbeitslos melden. Mein erster Gang zum Arbeitsamt, der nicht auf sich warten ließ, war eine bedrückende Erfahrung, verbunden mit Demütigung und Ängsten.

[1] Anlage zum Brief des Rektors vom 19. Dezember 1990 an die Mitarbeiter der abgewickelten Einrichtungen.

[2] Cornelius Weiss: Risse in der Zeit, S. 319.

[3] Schreiben vom Rektorat vom 17. Februar 1991 mit befristetem Arbeitsvertrag.

[4] Arbeitsvertrag 1992.

Nach der Abwicklung folgte von April bis September 1991 die politische und fachliche Evaluierung. Nicht alle Kollegen stellten sich dieser Überprüfung – einige zogen den Vorruhestand vor. Für diese Möglichkeit war ich aber noch zu jung und musste daher diese Prozedur mitmachen. Als erstes wurden Erklärungen über eine Nichtzusammenarbeit mit der Stasi gefordert. Danach folgte das Ausfüllen eines umfangreichen Fragebogens: wissenschaftlicher Werdegang, Publikationen, Qualifikationsarbeiten, Mitgliedschaften, Forschung, Betreuung wissenschaftlichen Nachwuchses, persönliche Bemerkungen zum politischen Verhalten in der Vergangenheit etc. Der Fragebogen machte auch deutlich, dass politische und fachliche Evaluierung miteinander gekoppelt waren. Das ist nüchtern betrachtet auch o.k., denn es ging ja um den Austausch der Eliten, auch wenn man uns diesen »Transformationsprozess« (ein beschönigendes Wort, ein Euphemismus) als »Erneuerung der Hochschulen« verkaufen wollte. Den Abschluss der Evaluierung bildete eine Befragung vor einer Evaluierungskommission, die aus ost- und westdeutschen Kollegen sowie einer Studentin bestand. Diese Befragung produzierte bei mir eine Art Prüfungsstress und ich praktizierte ein Verhalten, von dem ich den Studenten stets abgeraten hatte: ich war aufgeregt, wiederholte bis zum letzten Moment in Gedanken alles, was ich sagen wollte etc. Man fragte mich nach meinem Werdegang, meinen Absichten und meinem Verhältnis zum Marxismus. Ich antwortete sinngemäß, dass ich ihn nicht als ein Dogma ansähe, aber seine Potenziale in Bezug auf die Verbesserung der Lebensbedingungen der Unteren für brauchbar hielte und auch nicht über Bord werfen würde und könnte. Ich denke, dass das von den Beteiligten anerkannt wurde, denn auch im westdeutschen Universitäts-Betrieb gab und gibt es linke Positionen. Trotzdem waren diese Vorgänge äußerst belastend, denn es ging sowohl um meine berufliche Existenz als auch um die finanziellen Bedingungen meiner Familie. Ich überstand die Evaluierung, erhielt einen einjährigen befristeten Vertrag und eine Einstufung in den BAT-O.

Eine weitere Folge der Abwicklung war der Weggang vieler Kollegen und das Kommen der westdeutschen Kollegen, also »Wendungen« im Kollektiv beziehungsweise Team – wie das nun hieß. Wir hatten Glück, dieser Prozess lief ohne größere Konflikte ab und es begann eine gute und fruchtbare Zusammenarbeit.

Zu den »Wendungen« gehörten auch der Verlust des Universitäts-Hochhauses und die damit verbundenen Umzüge des Instituts.

Erfreulich waren die Studierenden. Bei ihnen spielte die Ossi-/Wessi-Herkunft kaum eine Rolle; sie nährten die Hoffnung, dass diese Generation die Spaltung überwinden werde – es gab die ersten Ost-West-Studenten-Liebes- und Ehepaare.

Inzwischen hatte sich eine Gründungskommission gebildet, zu der man mich mit Datum vom 13. August 1991 vom Sächsischen Staatsministerium für Wissenschaft und Kunst berief. Ich wurde somit für würdig befunden, an der »fachlichen und personellen Erneuerung der ideologisch besonders belasteten Fächer«[1] mitzuwirken. Das gab Sicherheit und Hoffnung, an der Gestaltung der künftigen Ausbildung mitwirken zu können und bedeutete den Beginn einer Wandlung vom »Opfer« der Wende zum partiellen Mitgestalter.

Die arbeitsrechtliche Unsicherheit bestand aber weiter. Hinzu kam der Druck, sich bewähren zu müssen, nachzuweisen, dass man »gut« ist. Ein Druck, der für uns umso höher war, weil unsere Kinder noch zur Schule gingen und mein Mann ohne Arbeit, wenn auch im Vorruhestand war. Er stieg dann bald in eine Lehrtätigkeit bei der IHK ein, die sich aus Umqualifizierungen von Handwerkern in einen anderen Beruf ergab: Er unterrichtete Dachdecker in Mathematik. Das Ganze war in der Vorbereitung sehr aufwendig, vermittelte aber ein Gefühl des Gebrauchtwerdens, denn ansonsten tendierte er immer mehr zum Hausmann (also eine Wende in den Familienrollen), was ihn – obwohl er das hervorragend meisterte und mir und den Kindern Freiräume verschaffte – nicht befriedigte.

Die Kinder hatten es einfacher, obwohl sie unsere Sorgen mitbekamen, denn am Abendbrottisch gab es auch schon mal Tränen. Sie gehörten auch nicht zur engeren Wendegeneration; diese ist 1973 geboren und unsere Kinder erst 1978 beziehungsweise 1979. Sie gingen in ihre Schulen und relativ bald und unkompliziert aufs Gymnasium: Gymnasien gab es seit August 1992 und unsere drei hatten keine Mühe, eine Empfehlung für diesen Bildungsweg zu bekommen.

Wir hatten auch hier wieder Glück: Unsere Kinder wurden nicht aus der Bahn geworfen. Sie sind jünger als die eigentliche »Wendegeneration« und waren daher auch nicht von der »stillen Wut« befallen, die für rechte oder andere obskure Ideologien anfällig machte, für Drogen und ähn-

[1] Informationen Bildung Wissenschaft 6/91, S. 74.

liche »Sinn-Suchen«, obwohl wir auch davor Angst hatten.[1] Dass solche Befürchtungen nicht eintraten, hatte wohl auch mit unserem Bemühen zu tun, ihnen eine gut strukturierte Freizeit zu ermöglichen und der Tatsache, dass sie das Angebot angenommen haben. Und wenn ich sie mir heute so anschaue, dann denke ich, dass die Sozialisierung in der DDR auch positive Ergebnisse gezeitigt hat: Sie sind bodenständig und kritisch gegenüber den »Segnungen« des neuen Systems, auch wenn sie gut integriert sind.

Ausblick

Mit der Neugründung des Instituts im Dezember 1993 normalisierte sich mein berufliches Leben, auch wenn die Unsicherheit eines befristeten Arbeitsvertrages bis zum Erhalt einer außerplanmäßigen Professur im Jahre 2000 weiter bestand. Ich konnte meine fachliche Entwicklung erweitern und war bei Studierenden und Kollegen anerkannt. Die Kinder machten ihr Abitur, studierten nach Zwischenstationen (Soziales Jahr, Au-pair, Sportfördergruppe), stehen im Beruf und haben längst ihre eigenen Familien gegründet und uns eine fröhliche Enkelschar beschert. Überhaupt war die Familie ein wichtiger Halt in den Wirren der Wende. Mein Mann und ich sind inzwischen Rentner; mein Mann allerdings mit Rentenabzügen, bedingt durch seine Aspirantur in der Sowjetunion und den vorzeitigen Ruhestand.

Die Wende hat uns viel Kraft und Ängste gekostet, aber nicht umgeblasen, und wir waren etwa Ende der 1990er-Jahre im »Westen« angekommen, d. h., wir hatten uns konsolidiert und kamen mit dem neuen Leben zurecht. Was uns allerdings entschieden störte, waren die ideologischen Diffamierungen, die uns fast täglich in den Medien begegneten, und das Benutzen der DDR als Symbol des Bösen und als Totschlagargument, was wir – besonders mein Mann – als persönlichen Angriff auf unser bisheriges Leben bewerteten, als fehlenden Respekt vor unseren Leistungen. Gestützt wurde dieses Empfinden durch die weitgehende Reduzierung der DDR-Geschichte auf die Staatssicherheit und die vehemente Forderung, die DDR als Unrechtsstaat zu begreifen oder die Erklärung der tendenziellen Zunahme des Rechtsradikalismus aus DDR-Bedingungen – mir noch immer als absurdes

[1] Vgl. Martin Hatzius: Ein Loch im Leben. »Eisenkinder« – Sabine Rennefanz, Uwe Mundlos und »Die stille Wut der Wendegeneration«. Neues Deutschland, 8. April 2013.

Argument in Erinnerung: die Erklärung von Ausländerhass und rechter Gewaltzunahme über den »Gruppenzwang« beim gemeinsamen Töpfen in den DDR-Krippen.[1] Solche bis heute wiederkehrenden Diffamierungsstrategien standen auch im Widerspruch zu sich entwickelnden Ost-West-Gemeinsamkeiten und fruchtbaren Beziehungen, wie ich sie vor allem am Institut erlebte. Das im Dezember 1993 neu gegründete Institut für Kulturwissenschaften hatte geplant etwa 14 Mitarbeiter, davon kamen vier aus dem alten Institut, der Rest aus dem Westen. Letztere hatten zwar das Sagen und entwickelten ihre Vorstellungen zur Gestaltung des Studiums. Aber man konnte sich einbringen. Und über die gemeinsame Arbeit bildeten sich kollegiale und freundschaftliche Beziehungen.

Generell: Es waren nach meiner Erfahrung in den seltensten Fällen konkrete Wessis, die uns herabwürdigten, sondern das kapitalistische System und die daraus resultierende Art und Weise der Vereinigung verhinderten, dass Artikel 1 des Grundgesetzes »Die Würde des Menschen ist unantastbar« auch für die ehemaligen DDR-Bürger in vollem Umfang galt. Dieser Befund macht mir auch deutlich, dass gemeinsame Arbeit im Großen und Ganzen sinnvoller sowie verlust- und schmerzärmer gewesen wäre als der generelle Umbau. Es musste sich *nicht* alles, alles wenden. Diese Feststellung wird auch durch die nun nach 30 Jahren einsetzende Korrektur und Wandlung des bisherigen Umgangs mit DDR-Kultur bestätigt, wobei deren Eigenständigkeit, Dialektik und Sinnhaftigkeit anerkannt wird. Aber nun ist auch eine andere Generation am Werke.

[1] Vgl. Christian Pfeiffer 1999 unter anderem in Kontraste, 18. März 1999.

Wende fast verpasst

Lehrer für maritimes Englisch an der Ingenieurhochschule für Seefahrt Warnemünde/Wustrow, 37 Jahre

Moin!

Soeben habe ich nach 66 Jahren und 119 Tagen meine Vergangenheit abgeschlossen. Da vermutlich auch ich im Leben einzig aus der Vergangenheit lernen kann, um Zukunft irgendwie mitzugestalten, ist es gut, mir über Vergangenes eben doch »einen Kopf zu machen«, sonst wird das Kommende wohl eher eine Lotterie – Ausgang: offen.

Von diesen bisherigen 66 Jahren habe ich mehr als die Hälfte mit und in der DDR verbracht – ohne ernsthafte Gedanken an ein Verlassen dieses Landes. Denn ich hätte ja spätestens während meiner Seefahrtzeit in den 1970ern »gefahrlos« wegbleiben können. Ja, ich wollte über den Tellerrand schauen, Anderes sehen, etwas erfahren und begreifen, vielleicht auch über mich – aber nicht weg. Weder wegen noch trotz dieses Landes … wie mir einige Zeitgenossen, nicht nur aus den westlichen Regionen der Republik, damals kopfschüttelnd und geradezu anklagend entgegneten. Mehr noch: Ich erlebte diese frühen 37 Jahre meistens als eine lebens- und liebenswerte Zeit mit allen Höhen und Tiefen eines Heranwachsenden und des späteren Erwachsenseins, mit jeder Menge Input für die »Herausforderung Leben« … in der DDR und auch für die Zeit danach. Heute sehe ich das natürlich deutlich differenzierter.

Um es gleich vorwegzunehmen: Nein, ich gehörte in der besagten ersten Hälfte meines Lebens nicht zu denjenigen, die ständig ein vereintes Schwarz-Rot-Gold anstrebten oder aktiv herbeiführen wollten. Es war für mich einfach nicht vorstellbar; noch nicht mal in den Zeiten, als »alle« schon wussten, dass da nun was zusammenwachsen soll, was zusammengehört. Mein Alltag war auch damals Alltag. Sommersonnentage voller Glück und eine wunderbare Familie gehörten ebenso zu meinem Dasein wie auch Zweifel, Wut, Ängste, Anstrengungen, Hinfallen, Aufstehen und (un)erfüllte Hoffnungen … in meinem gesellschaftlichen wie privaten Leben.

Und das ebenfalls noch vorab: Auch in der zweiten, neuen und anderen Hälfte meines Lebens bin ich step by step angekommen – erst etwas skeptisch und oft kopfschüttelnd, aber auch mit viel Engagement und Mut. Inzwischen ist es wohl nur »anders«, nicht einfach besser oder schlechter … und einfacher ohnehin nicht. Nun, es sind zweifellos Freiheiten dazu gekommen. Aber im gleichen Maße auch unglaubliche Ungerechtigkeiten und Gefahren, national wie international.

Wie und wo war ich also 1989?

Nach der Oberschule, einem abgebrochenen Studium, einigen Jahren Seefahrtzeit bei der Deutschen Seereederei (DSR) sowie einem Lehrer-Studium an der Rostocker Universität durfte ich 1980 als Lehrer für maritimes Englisch an der Ingenieurhochschule für Seefahrt (IHS) einsteigen. Es sollte der spannendste und befriedigendste Teil meines Berufslebens werden: herausfordernde Aufgaben mit einem tollen Team und in »meiner maritimen Welt«. Und so »nebenbei« lernte ich dort auch meine Frau kennen, mit der ich nun seit 31 Jahren verheiratet bin. Zu meinem Glück durfte ich auch gleich ihren 5-jährigen Sohn mitheiraten und kurz danach adoptieren.

Dann kommt der Herbst 89. Die Ereignisse überschlagen sich. Die Zeit ist politisch hoch spannend … und meine Frau hochschwanger. Am 4. November sind wir im Kreißsaal, aus dem Ärzte und Schwestern immer wieder verschwinden … Später erfahren wir, sie wollen *die* Demo auf dem Alexanderplatz im TV verfolgen. Wir aber haben gerade eine andere Aufgabe zu lösen.

Als dann am 9. November nach Schabowskis Pressekonferenz die Mauer fällt, kriegen wir selbst das erst am Folgetag mit. Wir sind nun zu viert und vorerst pausenlos mit uns selbst beschäftigt. Die politischen Nachrichten bestaunen wir nur und stellen uns jede Menge Fragen. Überall schwarzrot-goldener Jubel … offenbar und offiziell keine Bedenken mehr. Die kamen erst später.

Das Wort »Wende« hatte ich bis zu diesem Zeitpunkt noch nie mit politischen Ereignissen in Verbindung gebracht. Da kannte ich nur Revolutionen, Umstürze, Attentate, Kriegsfolgen. Ich verwendete diesen Begriff bis dato vor allem beim Segeln, wo die Wende eine Kursänderung bei Gegenwind ist (im Unterschied zur Halse, bei der der Kurs mit achterlichem, also Schiebe-Wind geändert wird; technisch anspruchsvoller – auch politisch). Eine Wende wird mit »Klar zur Wende« angekündigt und mit »Klar« bestätigt … sonst geht das schief – also ein wesentlich geplanteres Manöver als die erlebte politische Variante. Und die Segelwende bedeutet auch nicht unbedingt, dass man ein völlig neues Ziel anpeilt. Meist möchte man nur mit einem »Zickzackkurs« bei Gegenwind dem geplanten Ziel näherkommen. Wenn ein Boot so viele selbstherrliche Steuerleute und selbsternannte Kapitäne hätte, wie wir sie 1989ff erlebten, würde es niemals heil ankommen. Aber die meisten von uns hatten Glück – wir segeln noch immer, mit deutlichen Beulen im Rumpf, haben etliche Klippen haarscharf umschifft und sind ein gutes Stück weitergekommen. Aber die Mannschaft ist weniger einig denn je. Kann das gut gehen, wenn jeder an Bord meint: »Man darf ja wohl noch mal sagen …« Nun, hinter dem Horizont gehts ja bekanntlich weiter. Wohin? Das ist wohl keine Reise für Menschen, die Sicherheiten brauchen und ohne neue Ängste leben möchten; geht ja vielleicht auch gar nicht.

Sehr bald lernen wir das erste Wessi-Ehepaar kennen: Wuppertaler. Die beiden besuchen (ebenfalls erstmalig) Ostverwandtschaft und möchten nebenbei Segler der Region treffen – und das sind nun zufällig wir. Schon bald sitzen wir fast »in einem Boot«, vorerst eine ganze Nacht im Wohnzimmer unseres Plattenbaus, und klönen und trinken und planen und lachen und staunen: Irre, wir sprechen alle deutsch und verstehen doch so vieles nicht. Also verabreden wir uns erneut und dann immer wieder, bis heute. Wir treffen uns abwechselnd im Westen und im Osten, gehen in Holland und um Rügen segeln, in Potsdam und im alten Land fahren wir Rad, touren gemeinsam mit Womos an der Nordsee, feiern bei uns ein Gartenfest … und klönen immer wieder; verstehen einander stets besser und sind nicht gleich, aber wirklich zu echten Freunden geworden.

Zurück ins Jahr 1989. Die aktuellen Ereignisse holen natürlich auch uns sehr bald wieder ein und halten uns bis heute in Bewegung – mal intensiver und interessierter und dann wieder gelassener. Wir sind politisch denkende Menschen. Also immer wieder: Hoffnung, Zustimmung, Zufriedenheit, Zweifel, Enttäuschung, Wut, Anpacken und wieder Hoffnung. Über all diese Jahre. Normal. So ist das Leben – sagt man. Bleibt die Frage: Wessen Leben bleibt oder blieb normal?

Meines macht im Herbst 1991 einen ersten Schlenker. Ich bewerbe mich für einen Job in der Lehrerweiterbildung: Medienpädagogik reizt mich enorm – was Neues. Aber schon vor Ablauf eines halben Jahres bin ich draußen. Ich »passe irgendwie nicht ins politische Bild« und entfalte »zu viel Eigeninitiative«, ich »denke, bevor ich dazu aufgefordert werde«. Das macht man doch nicht in einer Einrichtung des Landes, nicht mal, wenn man sonst platzt. Nun, ich darf nach einer relativ kurzen Zeit der Arbeitslosigkeit (also nun auch ich – das sind aber nur blaue Flecken im Leben) an einer Beruflichen Schule meine »anerkannte Fachkompetenz« einbringen. Das tue ich dann auch: lange Zeit mit Lust, dann mit viel Krafteinsatz und schließlich mit zunehmendem Frust. Nach 14 Jahren ist Schluss: Kehlkopfkrebs – als Sprachenlehrer. Finito für den Job. Ich werde auch an anderer Stelle im Bildungssystem des Landes nicht mehr gebraucht. Aber ich darf weiterleben … und zwar ganz bewusst und ohne den Wunsch, mein Leben einzutauschen.

Auch nicht trotz eines anderen Schicksalsschlags in der Familie: Unsere Tochter erkrankt schon als Teenager nachhaltig und lebt nun – mit einem mich ständig unglaublich faszinierenden Optimismus und Lebenswillen, ja Lebenslust – nach jahrelangen Odysseen durch Kliniken in ganz Deutschland als körperlich schwerstbehinderte junge Frau selbstständig in ihrer Wohnung und ist wider jede Prognose dabei, ein Hochschulstudium zu Ende zu führen! Was für eine Energieleistung! Ich bin so unsagbar stolz auf sie! (Ich glaube, das hört sie nicht so gern …) Woher nimmt sie nur diese Kraft? Sie sagt: Es gibt keinen Weg zum Glück. Glücklich sein ist der Weg (habe ich übrigens noch immer nicht ganz begriffen …). Und sie sagt: Ich habe doch meine Familie und meine Freunde … Dazu gehört nämlich außer uns auch noch ihr älterer Bruder, der vor Jahren wie (viel zu) viele aus beruflichen Gründen auch den Weg »go west« genommen hat und nun in Hamburg arbeitet. Er ist immer ein toller und liebenswerter Kerl gewesen – und geblieben, besonders für seine Schwester. In ein paar Wochen machen seine Frau und er uns übrigens zum ersten Mal zu Großeltern. Mich – mit 66! Kann ich überhaupt »Opa«? Kann ich noch helfen, unsere übernächste Generation durch die aktuell so wahnsinnigen Zeiten zu begleiten? Bleibt mir genug Kraft und Optimismus … und Zeit?

Mich beschleicht zunehmend wieder so ein Gefühl der Ohnmacht vor politisch Handelnden. Scheinbar konzept-, mut- und kraftlos, zumindest aber plakativ uneinig, wird immer wieder versucht, mit alten Denkstrukturen und Erfahrungen, den absolut neuen Herausforderungen zu begegnen und dabei sein eigenes Ego gehörig ins rechte Licht zu rücken – zu viel Reaktion, zu wenig Aktion und Charisma, zu viel Blabla mit einer unerträglichen Tendenz nach rechts. Steht uns die nächste Wende bevor?

Haben wirklich zu viele Menschen zu wenig aus der Vergangenheit gelernt, um eine Zukunft ohne Stigmatisierungen, Hetze und Ausgrenzungen gestalten zu können!?!?

Apropos »gelernt«: Wenn ich mich mit eigenem Wissen und eigener Erfahrung bei aktuellen Diskursen auf ein Gebiet wage, dann auf das der Erziehung, Bildung und Ausbildung. Da wird seit Jahrzehnten meist panikartig an einzelnen Symptomen herumgedoktert, ohne mutige und nachhaltige Reformen und nicht nur Reförmchen anzugehen. Das betrifft unter anderem die längst fällige Abschaffung der föderalen und zum Teil diskriminierenden Strukturen bei der Ausbildung von Erziehern und Lehrern, eine grundlegende Neustrukturierung und Entschlackung der Curricula sowie der Ausbildungsformen bis hin zur Wertschätzung der durch diese Personengruppe zu leistenden Arbeit – zumal sie teils unter unwürdigen Zuständen und platter Kritik von allen Seiten stattfindet. Gravierende Ungleichheiten, wohin man schaut: Studenten und deren spätere Schüler dürfen nicht länger mit den aktuellen Quantitäten der Lehre und des Lernens (Masse ist nicht gleich Klasse) überfordert, sondern müssen auf zeitgemäße Anforderungen vorbereitet werden, was logischerweise auch klare Forderungen einschließt. Bei allem kann nicht der »höchste«, sondern ein »angemessener« Bildungsgrad das Ziel sein – und das gilt nun wirklich nicht nur für junge Menschen aus bildungsfernen Haushalten. Wenn es uns aber doch nicht gelingt, mit einer Mehrzahl unserer und zunehmend auch der legal immigrierten Jugend einen anderen Bildungszugang und andere Lernwege zu erreichen, Integration und Inklusion machbar zu gestalten und einen würdevollen Umgang miteinander anzustreben, wird unser aller Zukunft von Zufällen und (schlimmer noch) von Egozentrik und Bevormundung beeinflusst werden und damit zum Quell neuer Unvernunft, Spaltung oder gar Angst. Wohin das führt, sehen und hören wir aktuell jeden Tag.

Für detailliertere Anmerkungen und Vorschläge zu diesem Thema ist hier sicherlich nicht der geeignete Ort. Aber ich bleibe da streitbar. Das gilt aus meiner Sicht und mit gleicher Konsequenz für die Themenfelder Gesundheit/Pflege sowie Umweltschutz. Bis in jedes Parlament und Gremium agiert Industrie- und Gesundheitslobby profitgeil und ganz klar menschenverachtend. Aufmucken und den Mund aufmachen ist hier nun wirklich Bürgerpflicht – jeder mit seinen Mitteln. Der Satz: »Da kann ich doch gar nichts machen« gilt nicht mehr. Sonst haben wir die Folgen echt verdient. Leider auch diejenigen, die versucht haben gegenzusteuern.

Um jedoch einem eventuellen Irrtum vorzubeugen: Ich grantele und nörgele mich nun wirklich nicht als »alter Sack« durch jeden Tag – viel zu anstrengend. Nein, da war, ist und bleibt (hoffentlich) eine Menge Lust am Leben: mit Musik von Klassik bis Heavy Metal, neuerdings auch wieder auf Vinyl, und natürlich auf Konzerten; aktive Reisen lassen mich mit neuen Ein- und Ansichten zurückkommen … und natürlich mit Vergleichen. Dann sind da auch die vielen Stunden, Tage, Wochen auf Segelbooten und neuerdings auch mal auf einem (möglichst kleinen) Kreuzfahrtschiff in den Norden. Zudem werde ich weiter versuchen, im Fitnessbereich aktiv zu bleiben, um den Spaß an kürzeren und sehr langen Radtouren zu behalten. Der Schiffsmodellbau in der dunkleren Jahreszeit und der Skilanglauf im Oberhofer Winter gehören sowieso zu meinem Leben. Und dann ist da immer wieder und vor allem meine großartige Familie …

Nun, fast 30 Jahre nach der »Wende«, lebe ich mit meiner Frau durchaus friedlich und zufrieden, dennoch uns und unsere Umwelt ständig hinterfragend, vor den Toren Rostocks – in meiner vor fast 50 Jahren gewählten und nach wie vor geliebten Heimat an der Ostsee. Wir wohnen seit Mitte der 1990er in einem schön gelegenen Haus, das mittlerweile fast zu viel Platz bietet, seitdem unsere zwei Kinder ihre eigenen Wege gehen. Meine Frau arbeitet hier hoch engagiert als Psychotherapeutin in ihrer eigenen Praxis. Meine Hochachtung vor dieser anstrengenden Arbeit! Ich bin Rentner im wortwörtlichen Unruhestand, Vater, Ehemann, Hausmann, Handwerker, Gärtner, Koch … und manchmal schreibe ich Berichte wie diesen. Meine Fitnessuhr zeigt mir fast immer über 200 Prozent Tagesaktivität an – na ja.

Und sonst? Mein Herz ist weiter rot, zunehmend mit grünen Punkten. Es pocht oftmals altersgelassener als früher, aber dann auch wieder aufbegehrend und wild. Vielleicht muss die geballte Faust ab und zu mal aus der Tasche, um meinen Wünschen und Utopien mehr Ausdruck zu verleihen.

Zu meinem letzten Geburtstag schenkte man mir ein Schild. Text: »Ich habe jetzt genau das richtige Alter. Muss nur noch rauskriegen wofür.«

Na dann woll'n wir mal.

Irgendwie freue ich mich drauf.

Moin!

Risiken und Nebenwirkungen

Operationsschwester in der Universitätsklinik Halle, 33 Jahre

Mit einem sehr passablen Zeugnis wurde ich 1972 aus der Polytechnischen Oberschule entlassen. Da ich seit meinem 12. Lebensjahr den Wunsch hatte, Stomatologische Schwester zu werden, war es für mich nicht wichtig, ein Abitur zu machen, denn für diese Berufsausbildung brauchte man keines.

Während der zweiten Schuljahreshälfte der 9. Klasse erhielten wir eine Beratung zur Berufswahl. Zwei Mitarbeiter der Staatlichen Berufsberatung kamen in die Schule und erzählten über die Möglichkeiten, eine Berufsausbildung mit Abitur anzusteuern und darüber, welche Berufe besonders zukunftsträchtig seien. Außerdem bekamen wir eine Broschüre, in der alle Ausbildungsplätze und die entsprechenden Betriebe mit Ansprechpartnern aufgeführt waren. Der Lektüre entnahm ich, dass in meiner Heimatstadt vier Stomatologische Schwestern gesucht und die Ausbildungsplätze über das Gesundheitsamt vergeben wurden.

Mit meiner Mutter ging ich zum Gesundheitsamt – in der Tasche die kurze Bewerbung und das Abschlusszeugnis der 9. Klasse. Womit ich nicht gerechnet hatte – alle Stellen waren bereits vergeben! So stand ich ratlos neben meiner Mutter auf der Straße. Mutter meinte, dass ich mir doch einen anderen Beruf überlegen könnte, aber das war für mich undenkbar. Störrisch beharrte ich auf meinem Wunsch, was wiederum meine Mutter nervte, und sie sagte: »Na, dann gehen wir jetzt eben direkt in die Zahnklinik und fragen dort!«

Nach sieben Minuten Fußweg waren wir am Empfang, einer Pförtnerloge, und trugen unser Anliegen vor. Die ältere Dame, die in der kleinen Loge saß, telefonierte die Oberschwester des Hauses herbei. Klein und etwas älter, rundlich, aber absolut flink, kam diese kurz darauf in weißer Haube die Treppe herunter, begrüßte uns und stellte sich als Oberschwester vor. Erst hörte sie sich die Worte meiner Mutter an, wandte sich dann aber zu mir und ließ mich meinen Wunsch wiederholen. Sie musterte mich von oben bis unten – mit einem Blick, den ich damals nicht deuten konnte. Es war eine Art Aufmerksamkeit von 110 Prozent. Dem folgte die Erklärung, dass auch in diesem Haus die beiden Stellen, die sie hatten, bereits vergeben seien. Sie schlug ein A4-Buch auf und zeigte mir die Bewerbungen.

An dieser Stelle muss sich wohl mein Gesichtsausdruck von hoffnungsvoll in verzweifelt verändert habe, denn plötzlich sagte sie: »Na, wir können es ja mal versuchen, vielleicht macht die Kaderabteilung eine Ausnahme. Gehen Sie in die Kaderabteilung, sagen Sie, dass ich Sie schicke, und lassen Sie sich einen Personalbogen geben. Den füllen Sie zu Hause mit den Eltern gewissenhaft aus und kommen damit wieder zu mir. Übermorgen!« Zack – das war es. Sie drehte sich um und war weg.

Wir holten den Personalbogen, setzten uns daheim zusammen, lasen und füllten die fünf DIN-A4-Seiten aus. Der Personalbogen war so etwas wie eine erweiterte »Visitenkarte«, die auch über Eltern und deren Geschwister Auskunft gab – in jeder Hinsicht: Parteizugehörigkeiten, eventuelle Republikfluchten in der Verwandtschaft, Wohnverhältnisse etc. Mein Vater war zwar nicht parteilos, aber eben nur in der LDP (Liberaldemokratische Partei), einer Blockpartei. Sein Bruder, in den 1960ern abgehauen, lebte in Ulm. Ich war kein Pionier gewesen – und nun kein FDJ-Mitglied! All das kam in den Bogen, ebenso wie Konfirmationsdatum, Musikschulbesuch etc. Und hatte der Betreffende offengelegt, kein Mitglied in den Massenorganisationen des Staates zu sein, waren die Aussichten auf eine erfolgreiche Bewerbung gering. So hatte ich in meiner Akte alles Negative, was man nur haben konnte.

Trotzdem ging ich am angesagten Tag mit dem Bogen zur Oberschwester. Sie nahm ihn mir ab, schlug ihn auf und las die Seite, die Auskunft über Partei und FDJ gab – mein Herz klopfte wild und ein leichtes Zittern in den Knien begann. »Sie sind nicht in der FDJ?«, fragte sie forsch, ohne bestimmten Gesichtsausdruck, und: »Warum nicht?« Mit etwas trockenem Hals gab ich meine urehrliche Antwort: »Ich bin aktiv in der Jungen Gemeinde, und ich denke, man sollte sich entscheiden, was man wie tun möchte.« Dann versank für einen Augenblick die Welt um mich herum und ich erwartete eine Ablehnung oder Bedingungen, wenn ich dort arbeiten wollte. Aber sie klappte den Bogen zu, lächelte mich an und meinte:

»Sehen Sie, das habe ich Ihnen und Ihrer Mutter angesehen! Kommen Sie, Kindchen, jetzt gehen wir zum Oberarzt, und der soll eine Befürwortung unter Ihre Bewerbung setzen; das klappt dann schon!« Mir wurde gleich wieder seltsam zumute.

Mit immer noch weichen Knien folgte ich ihr in einen Behandlungssaal, der mich zusätzlich schockierte – kannte ich doch nur Sprechzimmer mit einem Arzt und einer Schwester. Hier standen 20 Behandlungsstühle und 20 Leute in Weiß behandelten 20 Patienten. Es surrten mehrere Turbinen, zischten Luftbläser, rauschte Wasser in Speibecken – dies war der studentische Ausbildungssaal! In dem ganzen Gewirr von Menschen und Geräten stand plötzlich ein schlanker Mann im weißen Vorderschließer, den die Oberschwester zu sich winkte: »Herr Oberarzt, hier ist unsere neue Schwesternschülerin. Wir sollten sie unbedingt noch annehmen. Eigentlich sind keine Stellen mehr frei, also schreiben Sie bitte ein paar Worte unter die Bewerbung!« Wieder wurde mir schummrig.

Ich kann mich nicht mehr erinnern, was dieser Herr geschrieben hatte. Aber die Bewerbung wurde angenommen, und so begann ich im September 1972 meine Ausbildung zur Stomatologischen Schwester – ein Beruf, den es heute so nicht mehr gibt. Nach der Wende ging man zurück auf alte Muster und nannte ihn Zahnarzthelferin[1], was für mich bis heute eine ungerechtfertigte Degradierung darstellt. Schließlich beinhaltete die Ausbildung eine Menge Wissen, das andere Schwestern nicht haben müssen, und Können, das sonst nirgends gefordert wird.

Am Anfang der Lehrzeit in der Medizinischen Fachschule Halle stand die feierliche Aufnahme. Man spielte ein Streichquartett von Mozart, und ein Obermedizinalrat und eine gestandene Schwester begrüßten im Auftrag des Gesundheitsministeriums alle Neulinge mit einer Rede. Aus jener Rede ist mir noch in Erinnerung, dass eigentlich auf uns junge Menschen alle warten, wir dringend gebraucht werden und uns ganz wunderbar aufgehoben fühlen sollten. »Machen Sie so viel wie möglich aus Ihrem Leben, wir bieten Ihnen alles Nötige dazu.«

Die Schule gab den theoretischen Fachunterricht im Wechsel mit Praxiseinsätzen. Alle Vierteljahre wechselte die Praxis. Mein erster Einsatz war die chirurgische Ambulanz. Hier wurde ambulant operiert, »kleine Sachen« – wie man es nennt, aber für eine neue Lernende doch eine Herausforderung,

[1] Im Jahr 2001 wurde diese Bezeichnung durch »Zahnmedizinische Fachangestellte« ersetzt.

denn die Schwestern und auch die Lehrschwestern waren die assistierenden Mitarbeiter: Haken halten und tupfen! Am ersten Tag kann das problematisch sein … und auch ich fiel um. Schnell kümmerte man sich um mich. Ich gab dafür ein Frühstück aus und blieb das nächste Mal stehen.

Neben der Konservierenden Stomatologie arbeiteten wir in der Prothetischen Stomatologie und in der Parodontologischen Abteilung ebenso wie in der Kieferorthopädie. Auch ein dreiwöchiger Einsatz im großen OP-Saal vermittelte mir erste Einblicke in die weite Welt der Behandlungsmöglichkeiten mit entsprechenden Instrumenten. Mir machte diese Arbeit sehr viel Freude, egal ob es um das Abwaschen der Instrumente, das Neupacken der Siebe oder die Saalarbeit der unsterilen Schwester ging. Da ich mich nicht dumm anstellte, blieb ich in guter Erinnerung und wurde zwei Jahre später, als es einen personellen Engpass gab, zur Aushilfe in den OP gerufen. Kurz darauf bekam ich eine feste Planstelle und wechselte für immer in den operativen Bereich.

Damit ich finanziell nicht benachteiligt wurde, delegierte mich die Universitätsklinik zur Weiterbildung: erst zur Krankenschwester und dann, wieder ein Jahr später, zur OP-Schwester. Das war damals ein normales Prozedere, nur ging es nicht immer so schnell hintereinander. Erforderlich waren mindestens zwei Jahre praktische Arbeit im OP. Ich hatte Glück und auch hier Befürworter.

Als ausgebildete OP-Schwester arbeitete ich bis 1988 im OP-Saal. Wir waren ein vergleichsweise kleines Team: zunächst vier Schwestern, später fünf. Unser Alltagsprogramm waren Fehlbildungen im Kiefer-Gesichts-Bereich, Unfallverletzungen jeder Art, Tumorerkrankungen sowie Entzündungen (Abszess-Geschehen im Kopf-Hals-Bereich). Auch kosmetische Operationen kamen vor, jedoch waren für solche Eingriffe die Zeit- und mitunter auch die Materialkapazitäten zu gering. Materialmangel war eine Grunderscheinung, weshalb wir unendlich sorgsam mit allen Materialien umgingen. Auch einfachste Mittel, wie Wischlappen, wurden rar am Ende der 1980er-Jahre! Trotzdem plante man so, dass keine OP abgesetzt werden musste.

Täglich war Improvisationstalent gefragt. Instrumente pflegten wir sehr gewissenhaft und prüften sie auf Funktionstüchtigkeit, ehe sie für den kommenden Eingriff neu sterilisiert wurden. Auch den Sterilisationsprozess bewerkstelligten wir im OP. Es gab Heißluftsterilisatoren und Autoklaven (Dampfsterilisation). In späteren Jahren kam ein Gassterilisator für Kunststoffartikel dazu. Diese Arbeiten erledigten wir für alle Abteilungen des Hauses. Es war ein großes Aufgabenfeld zu bewältigen. Das ging nur Hand in Hand. Für Streitigkeiten war da einfach kein Platz und auch keine Energie mehr.

Besonders schwierige, langwierige Operationen wurden am Tag davor mit allen Beteiligten ausgiebig besprochen. Das Team setzte sich zusammen und bedachte alle möglicherweise auftretenden Probleme der anstehenden Operation. Das ist eine sehr gute Variante der gemeinsamen Vorbereitung! Auch wurde nach solchen »Großaktionen« immer zusammen gegessen, ehe wir nach Hause gingen. Diese Abschlussrunden mochte ich nicht missen, sie waren ein Dank an alle und boten die Möglichkeit einer Nachbesprechung – jeder konnte sich äußern und die für ihn entstandenen Fragen stellen. Heute würde man das »Feedback« nennen.

Die Frühstückspause wurde flink zwischen den Operationen eingenommen – meist gab es Mitgebrachtes von daheim und ein Glas Schwarztee, den wir aufbrühten. Kein Operationsteam frühstückte ohne seine Schwester. Da wurde schon mal gerufen: »Wo bleiben Sie denn!?«, wenn man noch mit den Vorbereitungen für das nächste Projekt beschäftigt war. Mittags trafen sich alle Ärzte, Hospitanten und Schwestern in einem kleinen Raum, an einem Tisch. Eine enge Runde! Es gab drei Sitzgelegenheiten: zwei Stühle, einen Hocker und eine Art Wäschetruhe-Klappbank; da passten fünf Leute drauf. Notfalls holte man noch Hocker aus dem Saal. Daran habe ich unendlich schöne, lustige und frohe Erinnerungen. Es gab hier immer interessante Gespräche, fachliche, private und auch politische Witzeleien – eine vergnügliche Runde.

In diesem Rahmen wurden auch Geburtstage und Jubiläen gefeiert. Dann stand auf dem Tisch Essen aus dem Hotel in der Nähe, und jeder hatte einen Teller auf dem Schoß. Gläser für Sekt passten noch auf den kleinen Tisch.

Improvisation war auch wichtig, wenn es um den Bereitschaftsdienst ging. Da das Krankenhaus zu wenige Räume bot, gab es kein Bereitschaftszimmer für die OP-Schwestern. Wir gingen »auf Abruf« nach Hause. Wurden wir gebraucht, sandte uns die Klinik ein Taxi, das uns daheim abholte und zur Klinik brachte. Da es damals auch nicht für jedermann ein Telefon gab, kam das Taxi ohne Vorwarnung! Manchmal wurde ich nachts aus dem Schlaf gerissen und hatte beim raschen Anziehen, Zähneputzen etc. das wartende Taxi im Nacken. Da aber auch Taxis mitunter sehr knapp oder gar nicht zu bekommen waren, kam es nicht selten vor, dass der Chirurg mich mit seinem Auto abholte. Einmal stand ich mit frisch gewaschenen nassen Haaren da und musste erst noch schnell föhnen … Eine Tasse Kaffee für den

Chirurgen in der Zeit war kein Problem. Der tollste Moment war aber, als an einem klaren eiskalten Dezembermorgen um 5 Uhr ein Schmerzpatient mit dicker Wange vor der Haustür stand: »Sind Sie die Schwester aus der Klinik? Ich soll Sie holen, war kein Taxi da, der Doktor braucht Sie, ist beim Patienten geblieben, und ich kann erst behandelt werden, wenn Sie da sind! Machense hin, mein Moskwitsch kann ich nich ausmachen, hat Startprobleme!« Unten auf der Straße tuckerte ein Moskwitsch vor sich hin …

An einem 1. Mai der 1980er-Jahre wurde ich mit dem Streifenwagen abgeholt, da wegen der Maidemonstration keine Taxis oder andere Autos die Straßensperren durchfahren durften. Weil alle in unserem Umfeld wussten, dass meine Familie keine linientreue war, ging sofort das Gerücht um, dass man mich »abgeholt« habe. Am nächsten Tag wurde ich von den Nachbarn mit einer Menge Fragen belegt. Als sie aber erfuhren, dass es nur um die Arbeit ging, wirkten sie sehr enttäuscht.

Natürlich begaben sich unsere Ärzte auch zu Kongressen und Hospitationen in andere Länder, und unser Chef durfte hin und wieder in das nicht-sozialistische Ausland reisen. Wir bekamen hinterher die Reiseberichte: fachliche Informationen und »Weltwissen« sowie das Alltagsleben anderer Länder mischten sich hier.

In größeren Abständen hatten wir Gäste aus mehr oder weniger fernen Ländern. Besonders in Erinnerung blieb mir ein japanischer Professor, welcher drei Tage unsere Operationsarbeit studierte. Bei seiner Verabschiedung sagte er unserem Chef: »Sie haben Instrument wie in Steinzeit, aber was Sie damit machen, ist Weltspitze.« Natürlich erzählte uns das der Chef – er war stolz darauf; wir auch, aber die Lachsalve, die durch unseren OP brauste, war unvergleichlich.

Sehr gern denke ich an diese Zeit meines Lebens.

Im Jahr 1988 wechselte ich in den ambulanten Bereich einer städtischen Einrichtung und verließ die Universitätsklinik. Dies hatte mehrere Gründe: Zum einen forderte mir die zu knappe personelle Besetzung bis zu 14 Dienste pro Monat ab. Eine angemessene Pausenversorgung fehlte, und ebenso mangelte es an sanitären Einrichtungen – im OP gab es keine Toilette. So mussten wir immer die Abteilung verlassen, um die zwei Etagen höher gelegene Toilette aufzusuchen. Duschmöglichkeiten gab es gar nicht. Auch wünschte ich mir für andere Interessengebiete mehr Freiraum in meinem Leben. Zu jener Zeit war ich ehrenamtlich in der Kirchenmusik tätig und sang in einem Kammerchor. Zudem lockte mich die Möglichkeit eines externen Theologiestudiums.

In der Kirche war ich sehr aktiv, und wir hatten regelmäßig Besuch aus unserer Partnergemeinde in Holland. Dieser Gemeinde gelang es im Jahr 1989, Kontakt mit der DDR-Regierung in Berlin aufzunehmen und uns zu einem Besuch einzuladen. So geschah das »Wunder«: Eine Gruppe von neun Personen trat vom 1. bis 9. November diese Reise an.

Unsere Rückfahrt musste so geplant werden, dass wir bis 0.00 Uhr wieder auf DDR-Gebiet waren, und so beendeten wir unsere Reise am 9. November 1989 um 20.15 Uhr auf dem Hauptbahnhof Halle. Die Nachrichten waren vorbei, und wir hatten zu diesem Zeitpunkt keinerlei Informationen über irgendwelche besonderen Ereignisse. Natürlich waren zu Hause erstmal die unglaublichen Eindrücke der Reise dran, ehe ich in den Spätnachrichten von der Grenzöffnung erfuhr.

Richtig begriffen habe ich das erst am nächsten Morgen. Unter den Kollegen gab es Aufregung und Freude für einige Wochen: »Kommste mit nach Berlin, off den Ku'damm?« Peinlich empfand ich die zig Reisenden, die sich 100 D-Mark abholten. Bis heute ist das für mich nicht nachvollziehbar.

Da mich die Arbeit in der einer städtischen Einrichtung nicht ausfüllte, wechselte ich im Frühling 1990 in ein Krankenhaus mit chirurgischem Bereich, das unter konfessioneller Trägerschaft arbeitete. Neue Fachgebiete warteten auf mich. Die Einarbeitung fand ich schwierig. Es gab zwei Fachrichtungen, die mit meinem bisherigen Arbeitsfeld nichts zu tun hatten, so musste ich viel Neues lernen, theoretisch wie praktisch. Medizinische Geräte und Materialien waren zum großen Teil aus den Altbundesländern gespendet worden – also Materialmangel und ältere Technik kein Thema. So gab es keinen Bedarf an Eigeninitiative oder gar Improvisation. Wenn hier etwas fehlte, musste keiner der Operateure seinen Einfallsreichtum spielen lassen, sondern auf dem Weg der offiziellen Versorgung das Fehlende anfordern. Daraus resultierte ein reduzierter Ideenaustausch. Es wurde eher geplaudert oder nur abgefragt, ob alles in gewohnter Form vorhanden ist. Das kollegiale Zusammenspiel funktionierte ganz anders. Die Kluft zwischen Ärzten und Schwestern war groß, da das Haus seine Ärzte auf eine Weise unterstützte, die mir fremd war. Beispielsweise wurde für die Arzthaushalte die Wäsche gemacht – schrankfertig!, Frühstücksbrote belegt und wir – also auch ich – sollten sie aus der Küche (im Keller) holen, und dann auf dem Tisch unseres Aufenthaltsraumes servieren! – selber aber unser Brot im Flur stehend essen! WO WAR ICH HIER!? In welches Jahrhundert hatte es mich geschleudert?

Dann übernahm auch ich diese Arbeit, aß aber mit am Tisch der Ärzte. Natürlich gab es erstmal Ärger – übrigens seitens der schwesterlichen Leitung. Doch ein Anfang war gemacht, und so langsam löste sich das »Sonderkabinett« zum Frühstück auf.

Unterschiedliche Wertigkeiten des Personals musste ich jetzt auch kennenlernen. Da gab es OP-Teams, die nur bestimmte Schwestern an ihrem OP-Tisch sehen und haben wollten. Jede Neue wurde beargwöhnt und erstmal gewissermaßen in »die zweite Reihe« gestellt. Das war mir völlig fremd. Ich fand es unangemessen, ungerecht und diskriminierend, wusste mir aber keinen Rat, wie ich dagegen angehen sollte. Unsere Leitende Schwester unterstützte dieses System, indem sie ihre Einteilung der OP-Schwestern nach den Wünschen der Oberärztin vornahm. Also beobachtete ich das Gesamtgeschehen erstmal eine geraume Zeit und konnte feststellen, dass es sich mit den Assistenzärzten ähnlich verhielt. Die einen wurden für alle Arbeiten herangezogen, während andere dafür kämpfen mussten, ihre in der Facharztausbildung geforderten Operationen abarbeiten zu dürfen.

Einige Wochen später – es waren indessen drei weitere neue Schwestern dazu gekommen – wurde das Problem von den Neuen thematisiert. Dieses Gespräch bestätigte meine Beobachtung, dass unsere Leitung den Wünschen der leitenden Oberärztin folgte. Deren Wünsche bedurften keiner Begründung! Sie wurden als Arbeitsgrundlage angenommen. Also bestand mein Aufgabenfeld nur aus kleineren und mittleren Eingriffen. Die großen, mehrstündigen Operationen mit höherem Schwierigkeitsgrad und/oder Gefahrenpotenzial oblagen nur drei »auserwählten« Schwestern. Dieses Prinzip störte mich, aber da ich in meinem ersten Klinikum zur Genüge sechs- und achtstündige Operationen hinter mich gebracht hatte, fiel mir der Verzicht nicht schwer. Kurze Eingriffe schonen den physischen sowie psychischen Energieverbrauch und fördern die Regeneration am Ende des Tages. So arbeitete ich elf Jahre in »der zweiten Reihe«.

Erwähnt werden muss auch das Arbeitszeitgesetz. Bis in die Mitte der 1990er-Jahre war es üblich, einen Tagesdienst von 8 bis 16 Uhr zu leisten, anschließend bis 6 Uhr den Bereitschaftsdienst im Haus und von 6 bis 15 Uhr einen weiteren Tagesdienst zu absolvieren – von 8 Uhr morgens bis zum nächsten Tag 15 Uhr: also 31 Stunden Dauerdienst! Die erste Erleichterung kam in Form von drei Stunden weniger – die Arbeitszeit am zweiten Tag ging nur bis mittags 12 Uhr. Nach einer weiteren Entscheidung von Arbeitsgerichten und Politik wurde das Dienstsystem neu »gedacht«, und es brachte neue Zeiten. Jetzt wurde nur noch von 15 Uhr bis zum nächsten Morgen 8 Uhr gearbeitet. Das sind immer noch 17 Stunden, aber machbar. Die Wochenenden bleiben weiterhin menschen- und familienunwürdig – 12 oder 24 Stunden sind die Regel.

Nach diesen elf Jahren erlebte ich einen Zusammenschluss und Umzug zweier Kliniken in ein Haus. Auch hier gab es bereits chirurgische Abteilungen und die entsprechenden Operationssäle für drei Fachgebiete. Nun wurden fünf Fachgebiete in einer neu gebauten OP-Abteilung untergebracht. Auch das dazugehörende Personal fügte man aus beiden Häusern zusammen. Was hier so einfach klingt, war ein längerer Prozess, der einige Probleme barg. ALLE mussten sich aufeinander einlassen und miteinander arbeiten. Konkurrenz zwischen den Fachgebieten ist nur ein Stichwort. Bis heute gibt es Situationen, die an das frühere Einzeldasein der Fachgebiete erinnern. Die Leitenden Schwestern beider Häuser gingen in den Ruhestand und eine neue OP-Leitung übernahm die Arbeit in Form eines Gesamt-Managements. Allmählich gab es Tagesabläufe und Dienstpläne, die unserer Zeit entsprechen.

Waren die 1990er-Jahre von ruhigem Arbeiten gekennzeichnet, änderte sich das allmählich in den 2000ern. Betriebswirtschaftliche Problemlagen wurden nach und nach für alle sichtbar – zuerst als offizielle Informationen seitens der Geschäftsleitung in Form von Jahresrückblicken, Finanzsituation und Planung für das kommende Jahr.

Mit den gesundheitspolitischen Veränderungen der vergangenen Jahre verschärften sich die Arbeitsbedingungen. Konnten wir anfangs bewährtes Material bestellen, mit dem jeder Chirurg zufrieden war, wurde nun vorwiegend nach kostengünstigeren Varianten gesucht. Diese Produkt-Varianten sorgten nicht immer für Freude oder Zufriedenheit. Manchmal war »ein Schritt zurück« zu bewährten Artikeln möglich. Heute nicht mehr!

Inzwischen sind wir in einem deutschlandweiten Klinik-Verbund mit mehreren Häusern. Dieser Verbund regelt die Auswahl der Arbeitsmaterialien. Wir haben keinerlei Einfluss darauf. Was mich am meisten negativ stimmt, ist der Fakt, dass wir unsere Jahresleistung wieder planen müssen! Wie soll man denn Krankheiten und ihre mögliche Häufigkeit im Voraus planen? Nach diesen Planzahlen werden wir von den Kassen bezahlt. Planen wir zu wenig, bekommen wir für die darüber hinaus geleisteten Operationen kein Geld: Arbeit zum Nulltarif! Planen wir zu viel, und es kommen zu wenig entsprechende Operationen zustande, müssen wir Geld zurückzahlen und dürfen für das kommende Jahr geringere Zahlen planen.

Zu DDR-Zeiten mussten wir ebenfalls planen. Der allbekannte Fünfjahresplan galt auch für das Gesundheitswesen und seine Einrichtungen – und der »Westen« hat darüber gelacht. Heute sind wir »Westen« und müssen im Voraus planen! Wenn es nicht so traurig wäre, würde *ich* darüber lachen.

Aus sozialen Einrichtungen Wirtschaftsunternehmen zu generieren, war eine schlechte Idee unserer Politik. Orientiert hat man sich hier an den USA. Warum schaut niemand auf die nordischen Länder? Sie feiern Erfolge und wir Personalmangel!

Ich habe den Westen jeden Tag gesehen

Erzieherin im Kinderheim »Eva Laube« Potsdam-Babelsberg, 28 Jahre

Im Jahr 1989 lebte ich in einer Wohnung im Holländerviertel in Potsdam. Um zu einer eigenen Wohnung zu kommen, hatte ich bereits Jahre vorher bei der Stadtverwaltung einen Antrag auf eine Ausbauwohnung gestellt. Den Tipp bekam ich von einer Freundin. Da Ausbauwohnungen in sehr schlechtem baulichen Zustand waren, konnten sie nicht auf normalem Weg vermittelt werden. Bekam man die Wohnung, musste man sie selbst instand setzen. Mit meinen ständigen Nachfragen ging ich dem Mitarbeiter der Stadtverwaltung so auf die Nerven, dass er mir nach einem halben Jahr den Bezugsschein für eine 2-Zimmer-Wohnung gab. Diese lag im Hinterhof eines Hauses im Holländerviertel. Zu meinem Glück waren nur wenige Reparaturen notwendig. Ein Problem bekam ich erst, als im Winter die Toilette im Hausflur einfror.

In diesem Jahr arbeitete ich schon im Kinderheim »Eva Laube« in Potsdam-Babelsberg. Für eine Stelle in einem Heim hatte ich mich fünf Jahre zuvor beim Rat der Stadt, Abteilung Volksbildung, beworben. Der Wunsch, als Heimerzieherin zu arbeiten, entstand während meiner Tätigkeit als Kinderkrankenschwester. Zusätzlich zu den drei Ausbildungsjahren hatte ich auch drei Jahre in der Kinderklinik gearbeitet – dazu musste ich mich bei Ausbildungsbeginn verpflichten. Während dieser Zeit hatten wir oft Kinder auf Station, die auf einen Heimplatz warten mussten. Das Jugendamt hatte sie wegen Vernachlässigung aus der Familie genommen und wir pflegten und betreuten sie, bis sie einen Heimplatz bekamen.

Das Kinderheim lag im Grenzgebiet Griebnitzsee, das sich wie eine Blase in das Gebiet von Westberlin hineinschob. Da ich in Potsdam aufwuchs, waren für mich Grenzgebiete etwas ganz Normales. Spaziergänge beispielsweise im Park Babelsberg oder in Cecilienhof endeten am Grenzgebiet. Die Straße, die zum Kinderheim führte, war am Anfang durch Betonklötze versperrt, die die Durchfahrt für Autos einschränkten. Gelegentlich standen dort Grenzposten, die die Passierscheine kontrollierten. Am Grundstücksende befand sich ein großer Zaun, durch den wir auf die Grenzkontrollstraße, die Kontrolltürme und die Mauer sehen konnten. Dahinter lagen der Griebnitzsee und der gegenüberliegende Wald, der zu Westberlin gehörte.

In diesem Kinderheim betreuten wir fünfzehn Vorschulkinder ab drei Jahre sowie fünfzehn Mädchen und fünfzehn Jungen bis zum Alter von achtzehn Jahren. Weil die Kinder stark vernachlässigt und in ihrer Entwicklung gefährdet waren, hatte das Jugendamt sie aus den Familien genommen und prüfte in bestimmten Abständen die Lebensumstände. Wenn die Eltern sich bemühten, ihre Lebensumstände zu verändern und Hilfe durch das Jugendamt annahmen, konnten einige wenige Kinder zurück in ihre Familie. Außerdem gab es die Möglichkeit, Kinder zu adoptieren oder in Pflegefamilien aufnehmen zu lassen, wenn die Eltern das Sorgerecht an das Jugendamt abgetreten hatten.

Das Heim bestand (wie auch heute noch) aus zwei Villen. Die Kleinen und die Mädchen wohnten in einem Haus, die Jungen in dem anderen. In jeder Gruppe arbeiteten drei Erzieher, die die Kinder tagsüber betreuten. Für jedes Haus gab es Dauernachtwachen. Wir hatten zwei Wäscherinnen, wobei die älteren Jugendlichen angeleitet wurden, sich selbst um ihre Wäsche zu kümmern. Eine Haushaltshilfe sorgte für die Reinigung der Räume, aber die Schulkinder hatten auch kleine Dienste, um für das spätere Leben zu lernen. Zwei Köche kümmerten sich um das leibliche Wohl und am Abend und an den Wochenenden wurden die Kinder in die Küchentätigkeiten einbezogen.

Für alle Vorschulkinder hatten wir im nahe gelegenen Kindergarten einen Kindergartenplatz, sodass sie in den Gruppen gemeinsam mit Kindern, die in ihren Familien lebten und altersgerecht entwickelt waren, gefördert werden konnten. Die Schulkinder besuchten die Polytechnische Oberschule in der Nähe oder, wenn sie eine Lernbeeinträchtigung hatten, die Förderschule in Babelsberg.

Um 6 Uhr morgens begannen die Erzieher ihren Frühdienst, indem sie die Kinder für den Kindergarten- oder Schulbesuch vorbereiteten. Am Vormittag erledigten sie organisatorische Aufgaben und zum Beispiel auch Arztbesuche mit den Kindern. Mittags gab es eine Stunde lang Übergabe mit den Kollegen, und oft staunten die Kinder, wie gut wir informiert waren. Am Nachmittag holten wir die Kindergartenkinder ab, und wenn die Schulkinder ins Heim zurückkehrten, erledigten wir mit ihnen die Hausaufgaben. Oft beschäftigten sich auch die älteren Mädchen und Jungen mit den Kleinen und halfen am Abend beim Duschen, Zähneputzen und Zubettbringen. Der Spätdienst der Erzieher endete um 21 Uhr. Anschließend übernahmen die Nachtwachen den Dienst. An den Wochenenden wurden einige Kinder beurlaubt, um ihre Familie oder Angehörige zu besuchen. Für diese Urlaubstage mussten sich die Kinder anstrengen, das hieß: Regeln einhalten. Mit den im Heim verbliebenen Kindern unternahmen die Erzieher an den Wochenenden oft Ausflüge. Zur Bildung gehörte auch, die Umwelt kennenzulernen und Kultur zu erleben.

1989 bekamen wir einen dreijährigen Jungen, der große Entwicklungsrückstände hatte und chronisch krank war. Um ihn musste ich mich besonders kümmern, zum Beispiel regelmäßig mit ihm Fachärzte aufsuchen. Vor Weihnachten stellte unsere Heimleiterin fest, dass alle Kinder beurlaubt werden konnten, nur er nicht. Da erklärte ich mich bereit, ihn für diese Zeit zu mir zu nehmen. Im Januar führte ich mit der Heimleiterin ein Gespräch, da ich gern die Patenschaft für ihn übernehmen wollte. Nach dem Gespräch entschied ich mich, die Pflegschaft für diesen Jungen zu beantragen. In den folgenden Monaten konnte ich ihn an freien Tagen mit nach Hause nehmen und bekam die Pflegeerlaubnis durch das Jugendamt. Er konnte drei Jahre später ganz normal eingeschult werden, schaffte den Realschulabschluss und schloss eine Berufsausbildung ab. Bis zum 18. Lebensjahr lebte er in meiner Familie und wir haben heute noch ein gutes Verhältnis, das heißt, es ist Vertrauen gewachsen. Meine Einstellung zu Kindern beschreibt ein Leitsatz von Maria Montessori: »Hilf mir, es selbst zu tun.«

Nach der Kommunalwahl im Mai 1989 waren die Menschen empört und es wurde darüber gesprochen, dass sowohl die Zahl der Wahlbeteiligten als auch die Stimmenauszählung gefälscht war. Danach stieg die Zahl der Ausreiseanträge. Viele wollten die DDR verlassen und auch Freunde von mir überlegten, nach Prag in die Botschaft zu flüchten oder in Ungarn über die Grenze zu gehen. Ein geflügeltes Wort aus dieser Zeit wurde: »Der Letzte macht das Licht aus.«

Vor dem 7. Oktober, dem 40. Jahrestag der DDR, verreiste ich mit einer Freundin. Sie wollte auf keinen Fall in Berlin bleiben, da sie massive

Übergriffe der Sicherheitskräfte gegen Demonstranten befürchtete. Wir sahen dann im Fernsehen, wie brutal die Übergriffe waren. Gorbatschow sagte beim Staatsempfang: »Wer zu spät kommt, den bestraft das Leben.«

Einige Tage später wurde verkündet, dass Honecker als Staatsratsvorsitzender abgesetzt und Krenz an seine Stelle treten wird. Viele Menschen, so auch ich, empfanden das als Farce, da von Krenz, dem Ziehsohn der FDJ und später der SED, keine Erneuerung zu erwarten war.

Als Schabowski am 9. November die Reisefreiheit verkündete, war ich in einem FDGB-Ferienheim im Urlaub. Um einen Urlaubsplatz zu bekommen, beantragte man ihn beim Freien Deutschen Gewerkschaftsbund, der eigene Ferienheime betrieb. An dem Abend sprachen alle nur darüber, dass die Grenzen geöffnet waren. Viele Urlauber packten und reisten ab, um in Berlin über die Grenze zu gehen. Ich blieb, da es mir nicht liegt, in Menschenmassen mitzulaufen.

Seit einiger Zeit hatte ich mich bei der Vereinigten Linken engagiert. Ziel dieser Gruppe war es, linke Gruppierungen zusammenzubringen, um bei Wahlen stärker auftreten zu können. In Vorbereitung der letzten Kommunalwahl in der DDR im März 1990 grenzten sich jedoch Parteien und Gruppierungen stark voneinander ab. Als Gruppe verfolgten wir gemeinsam die Wahlergebnisse und waren entsetzt darüber, wie viele Menschen die CDU wählten. Sie wählten nicht die Ost-CDU, die in der DDR kaum Bedeutung hatte, sondern die West-CDU, um die Wiedervereinigung zu erreichen.

Griebnitzsee war nun kein Grenzgebiet mehr. Die Betonklötze an der Straße und die Grenzposten verschwanden. Wir konnten mit den Kindern des Kinderheims auch Spaziergänge in Kohlhasenbrück machen, das zu Westberlin gehörte. Toll war, dass die Bahnhöfe Babelsberg und Griebnitzsee wieder geöffnet wurden. Damit entfiel der 20-minütige Fußmarsch zum Heim.

Im Juni 1990, kurz vor der Währungsunion, schloss ich meine Ausbildung als Heimerzieherin ab. Zu diesem berufsbegleitenden Studium hatte ich mich mit Beginn meiner Tätigkeit im Heim verpflichtet. Zu den Prüfungen gehörte sogar noch die *ML*-Prüfung mit der Frage an mich: »Gibt es die soziale Marktwirtschaft?« Meine Antwort: »Marktwirtschaft und Soziales gehen nicht zusammen« wurde mit einer 1 bewertet.

Im Januar 1991 trat das bundesdeutsche Jugendschutzgesetz in Kraft. Nun stand das Elternrecht – nicht mehr das Kindeswohl – an erster Stelle. Das bedeutet, dass Kinder bis auf wenige Härtefälle nur mit der Einwilligung ihrer Eltern aus der Familie genommen werden dürfen. Aus diesem

Grund mussten wir die Kinder regelmäßig beurlauben, auch wenn sie ihre Aufgaben (zum Beispiel Zimmer aufräumen) und ihre Verpflichtungen (wie den Schulbesuch) nicht erfüllten. Wir Erzieher hatten bei einigen Familien echte Bauchschmerzen, weil wir um das Kindeswohl fürchteten. Vor allem die älteren Kinder wurden schwieriger, da sie meinten, wir hätten ihnen nicht mehr viel zu sagen.

Der Träger des Kinderheims, damals die Stadt Potsdam, bestand darauf, dass wir uns den bundesdeutschen Gegebenheiten anpassten und 25-Stunden-Dienste machten. Die Dauernachtwachen wurden gekündigt. Für jeden Erzieher der drei Gruppen begann der Dienst morgens ab 6 Uhr. Mittags erfolgte eine Stunde Übergabe mit der Kollegin, die dann Dienst bis 22 Uhr hatte. Die Nachtwachen waren unbezahlt. In der Folge gab es häufig krankheitsbedingte Ausfälle. Die Kollegen hatten nur noch dreimal pro Woche Dienst und die Zusammenarbeit war nicht mehr so intensiv. Dass es mit den Absprachen zwischen den Kollegen nicht mehr so gut klappte, nutzten die Kinder aus.

Als meine erste Tochter zur Welt kam, gab ich meine Tätigkeit im Kinderheim auf.

Gemeinsam mit Freunden gründeten wir in Mecklenburg eine Hofgemeinschaft. Dies war möglich, da wir mit der Gemeinde einen Erbpachtvertrag für das Gutshaus abschließen konnten. Unser Traum war, mit mehreren Menschen das Leben und den Alltag zu teilen. Zusammen bauten und gestalteten wir das Haus und das Grundstück.

Die Handwerker richteten sich verschiedene Werkstätten ein: Holzwerkstatt, Weberei, Lederei. Das Leben war inspirierend und wir lernten viel voneinander. Den Anfang machten wir mit einem Pärchen und einer Frau mit Tochter. Ich lebte dort mit meinem Sohn, meiner ersten Tochter und meinem Lebenspartner und – ich gebar noch eine Tochter. Doch jeder entscheidet für sich, und so gab es immer wieder Menschen, die ein Leben als Kleinfamilie vorzogen und die Gemeinschaft verließen. Aber es kamen neue Mitbewohner. Mit der Zeit stellte sich heraus, dass das weitere Zusammenleben mit meinem ehemaligen Lebenspartner nicht möglich war. Es fiel mir schwer, gemeinsam mit meinen Kindern das Gutshaus zu verlassen, aber mein Lebenspartner war nicht bereit zu gehen. Mit unserem Auszug endete auch die Wohngemeinschaft und weitere Bewohner verließen das Gutshaus.

Nach dem Erziehungsurlaub machte ich eine Ausbildung zur Kunstgewerblerin. Die zu Beginn der Ausbildung versprochenen Arbeitsplätze gab es dann jedoch nicht. Mich selbstständig zu machen, kam als Alleinstehende mit drei Kindern nicht infrage.

Arbeitsverträge, auch für Erzieher, waren befristet. Wer nach Meinung der Kollegen nicht ins Team passte, wurde nicht verlängert. Ich musste mir mehrmals neue Stellen suchen. An der Freien Schule wäre ich gern als Erzieherin geblieben. Dort gab es ein tolles Team und ein gutes Konzept. Allerdings konnten sie mich nur als Minijobberin anstellen. Für mich bedeutete das, mit Geld vom Jobcenter aufstocken zu müssen. Hier machte mir das Arbeitsamt Schwierigkeiten: Für die Behörde war ein Minijob kein Grund, eine befristete Vollzeitstelle für drei Monate abzulehnen, und ich bekam als Sanktion sechs Wochen keine Leistungen. Sie drohten mir mit weiteren Sanktionen und einem Leistungsentzug für zwölf Wochen. Deshalb nahm ich die nächste befristete Stelle als Erzieherin an.

Danach bemühte ich mich um eine Weiterbildung als Kreativitätspädagogin, aber auch hier gab es im Anschluss keine Arbeitsstelle. Die Stellen an der Freien Schule waren leider alle besetzt.

Eine gute, aber auch anstrengende Zeit war es, als ich auf Honorarbasis zwei Jahre lang zukünftige Erzieher in mehreren Fächern unterrichtete. Da die Honorare jedoch so niedrig waren, dass man nach Abzug der Steuern nicht davon leben konnte, musste ich letztlich eine feste Stelle als Erzieherin annehmen, die ich bis heute habe. Da nun Erziehermangel herrschte, konnte ich mir die passende Stelle selber aussuchen.

Es gab vieles, was ich mir zu DDR-Zeiten nicht vorstellen konnte: die Gründung einer Hofgemeinschaft, das Berufsbild einer Kunstgewerblerin oder eine Weiterbildung als Kreativitätspädagoge. Sowohl die Brüche als auch die Neuanfänge in meinem Leben haben mit der Wende zu tun.

Im Fahrstuhl stecken geblieben

Forschungsstudent an der Sektion Geschichte der Wilhelm-Pieck-Universität Rostock, 27 Jahre

Dreißig Jahre rückwärts denken! Nichts leichter als das, sagt sich der Kopf und beginnt bereits tatkräftig Geschichten und Erinnerungen zurechtzulegen. Denn schließlich stellten die Jahre 1989 und 1990 auch in meinem Leben so manches fest Geglaubte infrage. Doch Vorsicht: Das, was mein Gehirn in seinem Inneren als vermeintlich richtig abgespeichert hat, muss nicht immer der Wahrheit entsprechen. Denn wie jeder Mensch laufe auch ich aufgrund des späteren Lebensweges Gefahr, Dinge zu verklären, zu verdrängen oder gar wegzulassen. Und so bauen sich individuelle Erfahrungswelten und die eigene Sicht auf die Vergangenheit auf. Vor allem der spätere Entwicklungsweg, der Umgang mit der neuen Gesellschaft, die den Schreiber dieser Zeilen prägten, können den vermeintlich wahren Blick auf die Wende verzerren.

Im Sommer 1989 stand mein zukünftiger Lebensweg zumindest für die nächsten Jahre relativ fest: bis zum 31. Juli 1990 Ausarbeitung und Einreichung einer Dissertation über die Beschäftigung einheimischer und ausländischer saisonaler Arbeitskräfte in der mecklenburgischen Landwirtschaft des 19. Jahrhunderts. Daran sollten sich – so die Planungen – eine einjährige Assistenz im Bereich Mecklenburg-Geschichte an der Sektion Geschichte der Rostocker Universität und die Verteidigung der Dissertation anschließen.

Dann stand ein Scheideweg an, denn auch das Leben in der DDR war bei Weitem nicht so geradlinig vorgeplant, wie mancher heutzutage vielleicht glaubt. Der sogenannte Kaderentwicklungsplan sah im Frühjahr/Sommer 1991 die Entscheidung vor, ob ich eine wissenschaftliche Laufbahn einschlagen könnte oder ob ich als Lehrer für Geschichte, Deutsche

Sprache und Literatur an eine Erweiterte Oberschule (EOS) wechsele – zwei lukrative und interessante Möglichkeiten, wobei ich Erstere bevorzugt hätte. Doch die Entscheidung lag in starkem Maße in anderer Leute Hände. Allerdings sollten angesichts dessen, was die Jahre 1989 und 1990 etc. bereithielten, all diese Erwägungen, Gedanken und Hoffnungen wie eine Seifenblase zerplatzen.

Begeben wir uns also in dieses auch für mich so schicksalhafte Jahr 1989. In jenem Sommer war ich gerade 27 Jahre alt geworden. Damals erging es mir wie zuvor Millionen anderen Menschen, die Jahrzehnte oder Jahrhunderte vor mir Zeuge einschneidender Umwälzungen waren. Auch ich ahnte, dass wir inmitten einer ungewöhnlichen Zeit steckten, aber dass es sich dabei um ein weltgeschichtliches Ereignis handelte – zu dieser Erkenntnis sollte man erst Jahre, wenn nicht sogar Jahrzehnte später gelangen.

Und so stellte sich jenes Jahr 1989 auch für mich zunächst als ein weiteres, wenn auch zunehmend unruhiges Jahr im Lebenslauf der inzwischen 40-jährigen DDR dar. Es knirschte an allen Ecken und Enden: Glasnost und Perestroika hatten heftige Diskussionen und ungeahnte Veränderungen mit sich gebracht. Die Regierung der DDR sah die Entwicklung in der Sowjetunion mit Sorge und versuchte einen teilweise eigenen Weg zu gehen. Die Zahl der Ausreiseanträge stieg von Tag zu Tag, von Woche zu Woche. Ungarn hatte seine Grenzen nach Österreich geöffnet. Der Flüchtlingsstrom wuchs unaufhörlich.

Mitte 1989 nahm die politische Entwicklung weiter an Fahrt auf. Lähmungserscheinungen, vor allem im Bereich der Politik, wurden sichtbar. Als Historiker wusste ich, dass es in der Vergangenheit vor Umbrüchen oder Zusammenbrüchen ähnlich zugegangen war. Doch letztendlich ahnte auch ich nicht, dass wir bereits inmitten eines Prozesses von ungeheurer Dimension und Veränderung steckten.

Im August 1989 begann das dritte Jahr meines Forschungsstudiums. Ich erhöhte meine Anstrengungen, um den für die Einreichung einer Dissertation erforderlichen Nachweis in der englischen Sprache (Stufe II A) endlich unter Dach und Fach zu bringen. Woche für Woche stellten ich und auch unser liebenswürdiger Englischlehrer Herr Dr. Z. fest, dass meine fremdsprachliche Begabung äußerst spärlich ausgeprägt war. Nur dank eines unverhältnismäßig hohen Arbeitsaufwandes meinerseits und eines wohlwollenden Prüfers konnte ich diese hohe Hürde nehmen.

Mit erheblicher Verspätung begannen 1989 auch bei uns in Rostock die Montagsdemonstrationen, an denen ich mich relativ spät und mit erheblichen »Bauchschmerzen« beteiligte. Ansammlungen großer Menschenmengen, vor allem in einem aufgeheizten politischen Umfeld, waren noch nie mein Ding. Angst vor staatlicher Gewalt hatte ich weniger, vielmehr vor der Eskalation aus dem anonymen Umfeld der Masse heraus. Hautnah erfuhr ich den Frust vieler Menschen über die DDR und spürte ihren Wunsch nach Veränderung. Unzählige Plakate und Transparente brachten dies sehr deutlich zum Ausdruck.

Mit Westfernsehen groß geworden, war ich jedoch nicht ganz so euphorisch wie andere. Natürlich war auch für mich klar, dass es nicht wie bisher weitergehen konnte. Es bedurfte tief greifender Reformen und personeller Veränderungen in Politik und Gesellschaft. Die DDR musste grundlegend reformiert werden, um überleben zu können. Für mich, wie für viele andere auch, stand allerdings ein Anschluss der DDR an die BRD nicht auf der Tagesordnung.

So baute auch ich mir ein Transparent und bemalte es mit einem Spruch, der meine Zurückhaltung zum Ausdruck brachte. Auch ich wollte an den Demos teilnehmen, doch nicht mit dieser vorbehaltlosen Euphorie und Erwartungshaltung, die viele meiner Mitdemonstranten an den Tag legten. Vor diesem Hintergrund erklärte sich auch mein Plakat, auf dem zu lesen war: »Wir wollen nicht das Süditalien der BRD werden.« Ein Spruch, der auf den Demos teilweise Widerspruch erzeugte – denn die angekündigten »blühenden Landschaften« sah ich nicht. Wer bis 1989 intensiv die drei Westprogramme geschaut hatte, insbesondere Talkrunden und Dokumentationen, konnte – wenn er wollte – auch das andere Gesicht der Bundesrepublik erkennen.

Also wurde ich natürlich mehrfach, teilweise in einem vorwurfsvollen und aggressiven Ton angesprochen, wie mein Plakat-Text denn zu verstehen sei. Nachdem ich erklärte, dass wir die gleichen guten Lebensbedingungen wie die im Westen haben wollen und es keine Unterschiede zwischen Ost und West geben darf, wurde mir natürlich zugestimmt. Das wollten schließlich alle, auch wenn nicht wenige später andere Erfahrungen machen mussten.

Im September 1989 geriet die DDR dann allerdings völlig aus den Fugen. Die Herbstmonate kündigten sich an. Mein Heimatland begann zu zerbrechen. Noch heute erinnere ich mich recht genau an den 9. November 1989.

Wie schon viele Abende zuvor und danach verbrachte ich auch diesen im Internationalen Studentenklub (IC), einem Flachbau zwischen zwei elfstöckigen Studentenwohnheimen der Universität Rostock in der Erich-

Schlesinger-Straße – kurz »Zwischenbau« genannt. In gemütlicher Runde mit Freunden wurde dem Bier ordentlich zugesprochen und über Gott und die Welt geplaudert. Wichtigstes Thema – und das seit Wochen – waren die an Geschwindigkeit und Tragweite zunehmenden Veränderungen in der DDR. Erich Honecker war zurückgetreten. Egon Krenz, sein Nachfolger, versuchte das Ruder herumzureißen. Doch irgendwie hatte man das Gefühl, es ging auf einen Abgrund zu, ohne dass man wusste, wann er kommt oder wie er aussieht. Und ich selbst befand mich mittendrin, zerrissen zwischen der politischen Entwicklung und meinen Englischprüfungsanstrengungen und -ängsten.

Popmusik spielte im Hintergrund. Ein Fernseher oder Radio war nicht an, sodass ich an diesem Abend von der Maueröffnung nichts mitbekam. Ich kann mich auch nicht entsinnen, dass von draußen jemand hereinkam und die unglaubliche Botschaft verkündete. Denn an einen Aufschrei oder eine eruptive kollektive Entladung – daran würde ich mich erinnern. So wurde weiter Bier getrunken, diskutiert und kurz vor Mitternacht löste sich die Runde langsam auf. Ein jeder ging seiner Wege. Auch ich wollte wie immer per Fahrstuhl in die 11. Etage, wo sich mein Wohnheimzimmer befand. Doch die Fahrt mit dem Lift endete abrupt – da er stecken blieb. So hieß es ruhig bleiben und abwarten, bis man befreit wurde.

Die Nachricht über die Maueröffnung erfuhr ich am nächsten Morgen aus dem Radio, das jeden Morgen beim Frühstück dudelte. Die folgenden Tage waren von diesem Ereignis bestimmt, zumal die ersten Freunde und Kollegen einen Ausflug in den Westen unternahmen.

Später gab es das Begrüßungsgeld und die Menschen strömten in großen Scharen insbesondere in die nahe gelegenen Städte Lübeck und Hamburg. Meine Freundin und ich fuhren erst im Dezember nach Lübeck, da wir uns dem insbesondere an den Wochenenden herrschenden »Wahnsinn« auf den Straßen und in der Bahn nicht aussetzen wollten.

An unsere Fahrt per Zug von Bad Kleinen in die alte Hansestadt an der Trave kann ich mich noch heute gut erinnern. Zum einen, weil wir per Bahn über den Grenzübergang Herrnburg fuhren, wo ich sieben Jahre zuvor als Angehöriger der Grenztruppen unzählige Wachdienste zu schieben hatte, und zum anderen, weil man in den Lübecker Geschäften auf ein Angebot traf, dass in vielen DDR-Bürgern eine unglaubliche Sogkraft entwickelte.

Dank meines permanenten Westfernseh-Konsums von Kindesbeinen an erregten mich diese Dinge kaum. Prall gefüllte Schaufenster und Auslagen waren mir daher nicht unbekannt. »Ausgehebelt« hat es mich aber in einem großen Lübecker Buchladen. Seit der 5. Klasse liebte ich Bücher und legte erhebliche Mengen meines Taschengeldes und später des Stipendiums in Büchern an. Fast täglich besuchte ich während meines Studiums in Rostock die Universitätsbuchhandlung und das Antiquariat. Und nun dieses unglaubliche Angebot an Büchern!

Durch Zufall lauschte ich dem Gespräch einer Kundin mit einer Verkäuferin. Erstere wollte ein Buch haben, das sie leider nicht vorfand. Als die Verkäuferin darauf antwortete, sie könne das gesuchte Buch bestellen und es läge dann am kommenden Tag zur Abholung bereit ... – ich gebe zu: Das machte mich sprachlos. Der gut sortierte Buchladen bot so viele Bücher, von denen ich sofort Dutzende hätte kaufen wollen. Nach dem Ausschlussprinzip erwarb ich, in Absprache mit meiner Freundin, dann nur ein Buch – Stephan Heyms *Collin.*

Ende 1989 begann ich mit der Ausarbeitung meiner Dissertationsschrift. Ein Kraftakt!

Nach einer Phase der Materialsortierung und -wichtung in Form unzähliger Zettelhaufen, die mein Wohnheimzimmer wochenlang zierten, begann ich Ende Januar 1990 mit dem Verfassen der Dissertation. Am 30. April stand der Rohentwurf, der ausgiebig im bereits erwähnten IC begossen wurde. Die Schwierigkeit dieser Monate bestand vor allem darin, den Geist auf die Entwicklung der mecklenburgischen Landwirtschaft in der zweiten Hälfte des 19. Jahrhunderts zu richten. Dieser wurde immer wieder durch das rasante politische Tagesgeschehen abgelenkt. Jedes Mal, wenn ich in der Mittagspause den Fernseher einschaltete, hatte ich enorme Schwierigkeiten, nicht vor der Glotze hängen zu bleiben. Denn jeder Tag brachte Veränderungen, die auch mein zukünftiges Leben dramatisch beeinflussen sollten. Doch nach ein bis zwei Stunden musste ich mich wieder in die Sphären der Geschichte begeben.

Ende Juli 1990 reichte ich meine Dissertation pünktlich ein und trat am 1. August, wie geplant, meine einjährige Assistenz im Bereich Mecklenburg-Geschichte an. Fortan befasste ich mich ein Jahr lang mit der Geschichte des Ratzeburger Landes, eines Landstriches zwischen Grevesmühlen, Lübeck, Ratzeburg und Rehna, der im Gegensatz zum restlichen Mecklenburg von der Leibeigenschaft verschont blieb. Die »Hauptstadt« dieses Landesteils, in dem sich wohlhabende Bauern noch bis weit in das 19. Jahrhundert hinein mit einem Degen an der Seite trauen ließen, war Schönberg. Noch ahnte ich nicht, dass dieses kleine Städtchen für mich zur Schaltstelle meines Lebens werden sollte.

Wissenschaftlich betrachtet, war ich Teil eines großen Puzzles. Seit den 1980er-Jahren hatte die Sektion Geschichte erhebliche Anstrengungen auf das 1995 anstehende Jubiläum der urkundlichen Ersterwähnung Mecklenburgs gerichtet. Das Gros der Forschungen galt einer 1.000-seitigen Geschichte Mecklenburgs, die 1995 herausgegeben werden sollte. Doch erstens kommt es anders und zweitens als man denkt, so ein Sprichwort meiner Großeltern. Denn die Zukunft sah für mich einschneidende Veränderungen vor!

Im März 1991 verteidigte ich meine Dissertation A erfolgreich. Ein harter, aber wunderbarer Tag, der mit einer großen Feier endete, an der Dutzende Kollegen, Freunde und Bekannte teilnahmen. Doch die Rahmenbedingungen waren alles andere als wunderbar. Der Anschluss der DDR an die BRD führte unter anderem zu einer Übernahme des bundesdeutschen Hochschulsystems; mit all seinen Stärken, aber auch all seinen Schwächen. Im gesellschaftswissenschaftlichen Bereich, aber nicht nur dort, fand ein fast vollständiger Austausch der Hochschullehrer statt. In Anlehnung an westdeutsche Universitäten, die sich durch einen deutlich geringeren Anteil des Mittelbaus auszeichneten, wurde der Mittelbau auch in Rostock radikal eingedämmt. Mich erwischte es am 31. Juli 1991. An diesem Tag lief mein Assistentenvertrag aus und ich wurde arbeitslos.

Die nächsten Jahre waren hart, nicht selten entwürdigend. Allein die Montagsgänge zum Arbeitsamt, wo man als Nummer deklariert wurde und immer wieder erfuhr, dass man leider nichts machen könne, zerrten an den Nerven. Nicht selten endete der Tag mit fünf Flaschen Bier in der Tasche. Mehr passten nicht rein und das war letztendlich auch gut so! Am Nachmittag begann dann zu Hause die Frustbewältigung. Der Tag endete zumeist am frühen Abend. Ich ging schlafen, um mich am nächsten Tag als Stehaufmännchen wieder in die Spur zu begeben.

Häufig dachte ich in jener Zeit an den 9. November 1989 und meinen Versuch, per Fahrstuhl in die 11. Etage zu gelangen. Die Fahrt stockte! Es ging nicht mehr aufwärts. Die Gefahr des Abwärts stand vor der Tür. Welch ein Gleichnis, wenn ich an den Stand meiner beruflichen »Karriere« dachte.

»Qualifizierungsmaßnahmen« des Arbeitsamtes, wie zum Beispiel *Wie bewerbe ich mich richtig?*, wurden von mir eher als Belustigung betrachtet. Einen Sinn sah ich darin nicht, aber ein Fernbleiben hätte sofort das Arbeitsamt auf den Plan gerufen. Also fuhr ich täglich in die Südstadt, erklärte der Kursleiterin meinen Qualifizierungsstand und wurde in Ruhe gelassen.

Parallel dazu folgten verschiedene Versuche, im kapitalistischen Berufsleben Fuß zu fassen. Die beruflichen Träume wurden von Monat zu Monat kleiner und machten einer Realität Platz, die nichts mit meiner Ausbildung oder meinen Berufswünschen zu tun hatte. Die Angst vor dem Abstieg wuchs! Und nur so ist es zu verstehen, dass ich mich beispielsweise bei Ferrero als Gebietsleiter und bei der Deutschen Vermögensberatung als Versicherungsberater bewarb. Aus heutiger Sicht glücklicherweise erfolglos! Letztendlich baute ich mir 1992 eine ABM-Stelle im Volkskundemuseum Schönberg auf, sodass ich von Bad Kleinen, wo meine Eltern wohnten, per Zug nach Schönberg pendelte.

Doch nach einem Jahr war Schluss und eine Verlängerung wurde abgelehnt. Der Weg in die Arbeitslosenhilfe nahm reale Gestalt an. Das Geld wurde knapper, auch wenn die kleine Toitenwinkeler 1-Zimmer-Neubauwohnung, die ich mit meiner Freundin bewohnte, mit ihren 27,18 Quadratmetern noch relativ günstig war. Eine kleine Finanzspritze bildeten regelmäßig kleinere historische Artikel, die ich für die regionalgeschichtliche Beilage *Mecklenburg-Magazin* der *Schweriner Volkszeitung* schrieb. Dank dieser ständigen Beschäftigung mit Geschichte, einem konsequenten Arbeitsalltag, der Einbindung in einen großen Freundeskreis und in meinen Schachverein sowie der seelischen Stützung durch meine Lebensgefährtin blieb ich in der Spur. Nicht selten hatte mein Umfeld, meist aber erst nach dem dritten Bier, meinen trotzigen Spruch »Der Sozialismus hat mich zu gut ausgebildet, als dass mich der Kapitalismus unterkriegt!« zu ertragen.

Mag sein, dass da etwas dran war. Vor allem lag es aber auch an einer Portion Glück und meinem Lebensmotto, den Zufall zu maximieren. Angesichts dieser Maxime stellte ich mich breit auf. Neben historischen Themen wurde ich journalistisch tätig und brachte mich ein, wo immer es ging. Ich bewarb mich an Museen, hielt Vorträge und schulte angehende Tourismusmanager in der mecklenburgisch-vorpommerschen Geschichte. Vor allem meine Arbeiten über die Ratzeburger Bauern und meine Kontakte zum Schönberger Museum brachten den »Durchbruch«. Aus heutiger Sicht mag dieses Wort Berechtigung haben, aus damaliger Sicht war es für mich nur *ein* möglicher Weg, der sich auftat. Mehr nicht!

1993 beschloss die Stiftung Mecklenburg in Ratzeburg, dem Land Mecklenburg zu seinem 1000. Geburtstag ein Geschenk zu machen. Nach längeren Überlegungen entschied sich der Stiftungsrat, eine Publikation erarbeiten zu lassen. Da sich die Stiftung als Bindeglied zwischen den Bundesländern Schleswig-Holstein und Mecklenburg-Vorpommern sowie als Heimstatt aller »Butenmeckelnbörger« sah, sollte die Geschichte des Ratzeburger Landes querschnittsartig untersucht werden. Zwischen den beiden Bundesländern gelegen, bot sich das über Jahrhunderte durch einen freien, selbstbewussten Bauernstand geprägte Land geradezu idealtypisch an.

Und nun kam ich ins Spiel! Allerdings klemmte es zunächst an der Finanzierung. Die Stiftung war bereit, den Löwenanteil des auf zwei Jahre angelegten Projektes zu übernehmen. Doch das Land sollte sich wenigstens mit einer kleinen Summe beteiligen. Alles hing am seidenen Faden, da das Schweriner Kultusministerium partout nicht zu bewegen war mitzumachen. Und auch hier half der Zufall! Man kann auch Vitamin B (Beziehungen – d. A.) sagen! Prof. Dr. Dieter Schröder, der ehemalige Chef der Westberliner Staatskanzlei und mir bis dato völlig unbekannt, war Mitglied des in Schönberg ansässigen Heimatbundes Ratzeburg 1902 e.V. Ein Anruf Schröders, einst Lehrherr des inzwischen im Schweriner Kultusministerium beschäftigten Thomas de Maizière, öffnete 1993 den Weg.

Nunmehr konnte ich loslegen, allerdings unter einer Bedingung: Die Stiftung Mecklenburg bot mir einen Werkvertrag an. Diesen konnte ich jedoch nur annehmen, wenn ich freiberuflich arbeiten würde. Eine Festanstellung wollte sich die Stiftung nicht leisten. Für mich als »gelernten« DDR-Bürger bedeutete das im Mai 1993 schlaflose Nächte. Freiberuflichkeit hieß schließlich, sich um alles selber zu kümmern: Krankenkasse, Rente, Steuer etc. Ein Schritt, vor dem ich mehr als Respekt hatte. Doch die Situation ließ letztendlich keine Wahl zu: Auf der einen Seite stand das Arbeitsamt und der Bezug von Arbeitslosenhilfe, auf der anderen Seite ein regelmäßiges, wenn auch auf zwei Jahre begrenztes monatliches Einkommen.

Ich nahm die Offerte aus Ratzeburg an! Nun arbeite ich seit 25 Jahren als freiberuflicher wissenschaftlicher Autor, Historiker und Publizist. Da es mich noch gibt, kommt man nicht umhin zuzugeben, dass es für mich bisher recht gut gelaufen ist. Mit der mecklenburgischen und vorpommerschen Geschichte, aber auch mit unzähligen journalistischen Aufträgen konnte ich mir in unserem Bundesland einen festen Stand erarbeiten. Ein Postdoktoranden-Stipendium bei der Max-Planck-Gesellschaft in Potsdam und die Umsetzung eines dreijährigen Großprojektes der Robert-Bosch-Stiftung Stuttgart festigten meinen Stand als Wissenschaftler und Kulturmanager in M.-V. Dennoch machten und machen mir die Höhen und Tiefen der Freiberuflichkeit immer wieder zu schaffen. Kommt sozialer Druck in Form von Kindern hinzu, was bei mir nicht der Fall war, ist die Existenzsicherung auf Grundlage der Freiberuflichkeit kaum zu empfehlen.

Nunmehr sind 30 Jahre vergangen. Aus dem 27-jährigen Forschungsstudenten ist ein erfolgreicher 56-jähriger Freiberufler geworden – so werde ich zumindest von außen gesehen. »Ein anständiger Junge, auf den ich sooo stolz bin«, würde meine Mutter sagen. Doch ich habe nach wie vor mit diesem, meinem neuen Land namens Bundesrepublik Deutschland Schwierigkeiten. Dabei konnte ich mich »durchsetzen«: Ich schreibe Bücher, besitze ein Haus, ein Auto, fahre in den Urlaub, habe Freunde und kann auf eine inzwischen 30-jährige Beziehung in »wilder Ehe« zurückblicken. Doch angesichts des entfesselten globalen kapitalistischen Systems, angesichts der schon in wenigen Jahrzehnten einsetzenden dramatischen klimatischen Veränderungen, die die Kinder von heute auszubaden haben, wird mir mehr als bange. Das Experiment DDR wurde als politischer, wirtschaftlicher und leider auch als moralischer Gegenentwurf zur BRD ziemlich gegen den Baum gefahren. Doch denke ich an die jetzige Welt in der Nacht, so bin ich, um es in freier Abwandlung mit Heinrich Heine zu sagen, um den Schlaf gebracht.

Eine »glückliche« Nachricht[1]

Sachbearbeiter beim Rat der Stadt in der Nähe von Magdeburg, 26 Jahre

Jetzt finde ich endlich eine ruhige Minute. Meine Mutti ist im Bett und schläft selig – mit ihren immerhin 92 Jahren. Seit 1995 lebt sie mit in unserem Haus. Mit 79 Jahren bekam sie eine schwere Lungenentzündung und wurde danach zum Pflegefall. Wegen einer Augenerkrankung erblindete sie innerhalb kürzester Zeit fast vollständig, und zu allem Unglück erfolgte dann zehn Jahre später die Diagnose der Demenz. Seit dieser Zeit begleite ich meine Mutti Tag und Nacht. Eigentlich bin ich todmüde, so wie am 9. November 1989 – nur mit dem Unterschied, dass unsere beiden Großen damals zwei und drei Jahre alt waren und nach einem anstrengenden Tag in der Kindereinrichtung langsam zur Ruhe kamen.

Wir waren eine glückliche, kleine Familie. Mein Mann, 28 Jahre alt und als Ingenieur in einem ortsansässigen Betrieb der Nahrungsmittelindustrie beschäftigt, musste saisonbedingt von September bis Januar im durchgängigen Schichtsystem arbeiten, jeden Tag, auch am Wochenende. Ich war 26 Jahre und als Sachbearbeiterin beim Rat der Stadt angestellt. Unsere beiden Jungen gingen in die Kinderkrippe und den Kindergarten. Eine kleine Stadt im Bezirk Magdeburg, jetzt Sachsen-Anhalt, ist unsere Heimat.

Mein Mann war wie so oft, wenn etwas Wichtiges passierte, zur Spätschicht. Ich schaltete den Fernseher an – vor mir ein großer Berg Wäsche; mit einem Ohr bei der *Aktuellen Kamera*, die mich eigentlich kaum interessierte, mit dem anderen noch bei den Kindern. Aber was war das?

1 Diese Geschichte ist meiner Schwester gewidmet, die mir immer wieder Mut gemacht hat, nicht aufzugeben und aufzustehen, und die mich dazu ermuntert hat, diese Zeilen zu schreiben. Ich danke ihr für die unendliche Liebe!

Günter Schabowski gab bekannt, dass DDR-Bürgern die Ausreise gestattet wird. Sofort kamen, nach den schon unruhigen Wochen zuvor, in mir viele Fragen hoch: Was würde das für uns bedeuten? Was könnte das für Konsequenzen haben? Wie geht es in Zukunft weiter?

Am nächsten Tag schien auf Arbeit alles anders zu sein. Die Kollegen waren aufgeregt und an Arbeiten konnte keiner denken. Einige hatten sich schon in der Nacht auf den Weg nach Marienborn gemacht. Wir waren aufgewühlt und viele erzählten euphorisch von der Nacht an der Grenze.

Ich verstand die Welt nicht mehr – hatte sogar etwas Angst vor dem Ungewissen.

Was würde uns die Grenzöffnung bringen? Welche Konsequenzen könnte der Zusammenprall mit dem Kapitalismus für uns haben? Würden wir unsere Arbeit behalten? Was sollte uns die Zukunft ohne all die sozialen Sicherheiten bringen? Ich dachte an meine Schulzeit, den Geschichts- und Staatsbürgerkundeunterricht und die recht strenge Erziehung meiner Eltern, die uns zu guten DDR-Bürgern machte.

In den nächsten Tagen gaben viele ihre FDJ- und Parteiausweise ab. Die Ehemänner zweier Kolleginnen gingen gleich in den Westen und suchten sich dort Arbeit. Sie schwärmten von dem Luxus, von welchem ich keine Vorstellung hatte. Mir ging durch den Kopf, ob der Wohlstand im Westen wirklich besser sei als die soziale Sicherheit, in der wir bisher gelebt hatten. Wurden wir all die Jahre betrogen? Warum merkte ich das nicht?

Trotz aller Bedenken wollten wir uns das sogenannte Begrüßungsgeld holen. Da wir kein Auto hatten, fuhren wir an einem der wenigen freien Tage meines Mannes mit der Bahn nach Helmstedt, der nächstgrößeren Stadt in der BRD. Im Rathaus stand eine lange Tafel. Wir nahmen unser Geld entgegen – pfiffen auf unseren Stolz; unsere Kinder aber nicht. Sie gingen schüchtern an den Tischen mit den leckeren Süßigkeiten vorbei, ohne sich etwas zu nehmen. Keiner konnte es fassen, dass unsere Kinder den Versuchungen widerstanden. Im ersten Supermarkt angekommen, konnte ich nichts weiter als ein paar Matchbox-Autos für die Jungen kaufen. Der Überfluss an so vielen Waren, bunt und glitzernd, erschlug mich einfach.

Im Juni des Folgejahres holte uns die Wende dann »richtig« ein. Von heute auf morgen mussten leitende Mitarbeiter des Rates der Stadt, die in der falschen Partei waren, gehen. Hilflos sahen wir mit an, wie unsere Chefin, die wir sehr mochten und mit der wir über Probleme offen reden konnten, mit ein paar kleinen privaten Habseligkeiten das Rathaus verließ, und stellten uns die Frage, was wohl aus uns würde.

Die Nachfolger rückten auf die Schnelle nach und wir durften sie einarbeiten. In dieser unruhigen Zeit bekam ich auch noch von meiner Frauenärztin die »glückliche« Nachricht: Sie sind schwanger. Mein Mann und ich waren vollkommen schockiert und ich wusste nicht, ob ich lachen oder weinen sollte. Auf Arbeit wurde alles umgekrempelt, und mein Bauch wurde dicker und dicker. Im Januar 1991 brachte ich dann überglücklich unser drittes Söhnchen zur Welt. Viele unserer Bekannten meinten, dass wir verrückt seien. Aber wir bereuten die Entscheidung für unser Kind nie. Dann folgten für mich 18 wundervolle Monate zu Hause mit den Kindern. Leider verging diese Zeit viel zu schnell.

Wieder auf Arbeit, überrollte mich eine schreckliche neue Erfahrung: Ich wurde vor einen Computer gesetzt – und dieser machte mit mir, was er wollte. Bisher hatte ich ja noch nie an einem Computer gearbeitet. Hinzu kam, dass alle Abteilungen umorganisiert und die Aufgaben neu verteilt worden waren. Die Kollegen, mit denen ich früher zusammengearbeitet hatte, waren teilweise in anderen Abteilungen. Einige neu eingestellte Mitarbeiter aus verschiedenen (geschlossenen) Betrieben waren in ihrer Ausstrahlung für mich unerreichbar. Ich wurde als kleines Dummchen mit drei Kindern angesehen. Es war für mich eine sehr harte Zeit des Kämpfens und Durchhaltens.

Unser jüngster Sohn war oft krank; sogar die Krippenuntauglichkeit drohte. Durch die vielen Fehlzeiten hatte ich es noch schwerer auf Arbeit. Wir hatten keine Großeltern, die unsere Kinder betreuen konnten und meinem Mann war es aufgrund seiner prekären Arbeitssituation nicht möglich, zu Hause zu bleiben. So sah ich keinen anderen Ausweg, als ab September 1993 nur noch 20 Stunden zu arbeiten, um meine Arbeit wenigstens behalten zu können.

Dann kam der nächste Schlag für uns. Der Betrieb meines Mannes schloss zum 31. Dezember 1993, weil die Technik überaltert und zu unproduktiv war, und wurde ca. 45 Kilometer entfernt neu aufgebaut. Mein Mann erhielt eine Änderungskündigung und musste nun jeden Tag mit dem Auto, das wir uns gekauft hatten, zur Arbeit fahren. Er wurde vom Ingenieur zum Hilfsarbeiter degradiert. Aber er war gezwungen sich durchzubeißen, denn wir brauchten ja seinen Verdienst. Trotz vieler Erniedrigungen gab es kein Aufgeben. Ich musste dann zu Hause immer wieder Aufbauarbeit leisten und die Wogen glätten.

Im April 1994 kauften wir ein altes Haus. Wir wuchsen immer enger zusammen und mithilfe der Familie und unserer Freunde schufen wir uns ein schönes neues Zuhause. Stück für Stück bauten wir das Haus aus und versuchten, den riesigen Garten urbar zu machen.

Da meine Ausbildung aus DDR-Zeiten nichts mehr wert war, begann ich im April 1999 einen Angestellten-Lehrgang. Jeden Freitag und Samstag musste ich nach Magdeburg zur Schule fahren, neben der Arbeit. Oft war ich mit Familie, Arbeit und Schule vollkommen überfordert. Aber ich wollte meine Arbeit behalten und allen zeigen, dass ich mehr kann.

Im September 2000 erhielt ich dann die schockierende Nachricht, dass ich durch die Prüfung gefallen war. Die Welt ging für mich unter. Sollte alles umsonst gewesen sein? Aber Aufgeben gab es nicht für mich! Nun folgten für mich unendliche Stunden des Paukens – für die Kinder begann die Zeit des »Dosenfutters«. Dann trat ich im März 2001 noch mal zur Prüfung an und bestand. Wieder hatte ich eine schwere Etappe geschafft und mein Selbstbewusstsein damit gestärkt. Auch konnte ich jetzt die Probleme unserer Kinder in der Schule viel besser nachvollziehen und hatte viel mehr Verständnis für sie.

Nun kamen für uns schwere, aber auch schöne Jahre der Kindererziehung, sprich der Pubertät, unserer Jungen. Ich war oft blauäugig und vollkommen unvorbereitet gegenüber den Problemen dieser neuen Gesellschaft. Es folgte manchmal ein harter Kampf um unsere Kinder, die auf keinen Fall den leichtesten Weg wählten. Wir wurden mit politischen Problemen konfrontiert und lernten Stück für Stück, was die neue Freiheit bedeuten kann. Nicht nur einmal stieß ich fast ans Ende meiner Kräfte.

Ich war nie arbeitslos, habe immer gearbeitet, hatte aber auch nie eine Auszeit von all dem Stress. Das Leben hat sich für mich geändert. Die Menschen um mich herum haben sich verändert. Ich habe versucht, meinen Idealen treu zu bleiben, nicht so egoistisch zu werden und die anderen weiter zu achten, Toleranz zu üben.

Seit dem 1. Januar 2002 arbeitete ich dann wieder voll. Ich lernte die Probleme auf Arbeit zu meistern und entwickelte mich immer weiter. Mit meinen Kollegen kam ich viel besser zurecht und fühlte mich im Kollektiv wieder wohl.

2008 nahm mein Mann eine große Hürde: Endlich konnte er wieder als Meister arbeiten. Sein Studium, das er 1995 beendet hatte, wurde endlich anerkannt. Wir waren überglücklich. Doch kurz danach bekam er die bittere Diagnose, an einer chronischen Lungenerkrankung zu leiden. Trotz allem arbeitete er weiter und kämpfte noch mehr darum, alle Situationen zu meistern.

Nun wird es bald hell. Mein Mann ist schon lange von der Spätschicht zu Hause. Das Babyfon, das ich im Zimmer meiner Mutti aufgestellt habe, schweigt. Mutti schläft friedlich. Zum Glück ist es Sonntag und ich kann mich noch etwas ausruhen.

Ich habe das Pflegesystem von der Pike auf kennengelernt und alle Hürden genommen – trotz der Bürokratie. Seit dieser Zeit versuche ich, meiner Mutti jeden Tag so lebenswert wie nur möglich zu machen. Mit der Unterstützung des Pflegedienstes und der Tagespflege schaffte ich es, über mich hinauszuwachsen und erhielt in dieser ganzen Zeit viel Unterstützung von meiner Familie.

Das Leben ist für mich noch aus einer anderen Sicht lebenswert geworden. Über jedes Lächeln, jede liebe kleine Gestik meiner Mutti freue ich mich. Es ist unsagbar schön, so viel Liebe zu spüren und geben zu können. Ich hoffe, meine Mutti bis zu ihrem letzten Tag begleiten zu können.

Viele Fragen kommen in mir hoch: Habe ich alles richtig gemacht? Ist unser Leben nicht viel zu kurz, um alle Wünsche und Träume umzusetzen? Oft bin ich kaputt, aber auch unendlich glücklich.

Ich habe in den letzten Jahren so viel bewirkt und will noch vielen zeigen, dass das Leben trotz seiner Probleme und Schwierigkeiten schön und lebenswert ist.

Hinfallen und immer wieder aufstehen

Wirtschaftskaufmann Industrie in der Konsumgenossenschaft Bernau; Fernstudentin an der Fachschule für Ökonomie Berlin-Karlshorst, 30 Jahre

10. November 1989

Es war ein kühler Novembermorgen, an dem ich eilig zum S-Bahnhof lief. Ich musste nach Karlshorst, zur Fachschule für Ökonomie. Zu Hause hatte ich schnell noch Ordnung geschaffen, unsere drei Kinder mit Pausenbroten versorgt und besprochen, wann wir uns im Garten treffen wollten. Der Abend zuvor war lang geworden. Bei laufendem Fernseher legte ich erst Wäsche zusammen, danach bereitete ich mich auf den folgenden Studientag vor. Ich arbeitete in der Konsumgenossenschaft Bernau als Sachbearbeiter im Personalwesen und hatte wöchentlich zwei Studientage im Fernstudium. Nach dem Studium sollte ich als Personalleiter arbeiten.

Seit den Montagsdemos in Leipzig verfolgten wir aufmerksam politische Sendungen und Direktübertragungen von Tagungen des Politbüros der SED. Wir spürten schon längere Zeit eine Anspannung und waren auf Veränderungen gefasst. In der *Aktuellen Kamera* gegen 19.40 Uhr verfolgten wir die Live-Übertragung einer Pressekonferenz des ZK der SED. Günter Schabowski sagte, dass die Grenzen ins westliche Ausland mit sofortiger Wirkung offen seien. Ich fasste das so auf, dass jetzt alle DDR-Bürger ihre Verwandten im Westen unkompliziert besuchen durften, d.h. ohne Antrag und Genehmigung. Gegen 23 Uhr legte ich mich schlafen. Ich musste ja am nächsten Tag um 4.30 Uhr aufstehen.

Als ich in der S-Bahn saß, merkte ich, dass irgendetwas Besonderes passiert sein musste. Die Leute wirkten unruhig und redeten durcheinander. Ich hörte nicht genau, wovon sie sprachen und vertiefte mich in meine Studienunterlagen. Als die S-Bahn im Grenzbereich unter die Bornholmer Brücke fuhr, sah ich, dass Menschen auf den Brückengeländern saßen und winkten.

Über Ostkreuz fuhr ich nach Karlshorst zur Fachschule und traf meine Seminargruppe munter durcheinander plaudernd an. »Hast du schon gehört? Die Grenzen sind offen! Wir waren schon drüben in der Nacht!«, wurde ich empfangen. Der Unterricht an diesem Tag fiel aus. Einige fuhren nach Westberlin, andere schnell nach Hause – ein freier Tag!!!

Auf meiner Fahrt nach Hause gingen mir viele Gedanken durch den Kopf: Was würde auf uns zukommen? Von dem normalen Leben in der BRD wusste ich wenig. West-Verwandte hatten wir nicht. Deshalb war der Wunsch, in den Westen zu fahren, in meiner Familie nicht da.

Im Garten angekommen, verbrachten wir den Tag ganz normal. Wir gingen mit dem Hund spazieren und beschäftigten uns mit den Kindern (damals fünf, acht und neun Jahre alt).

Nach dem 10. November 1989

Die Studientage des Fernstudiums wurden von der Fachhochschule bis Ende 1989 gestrichen. Ab Januar 1990 ging das Studium mit Dozenten aus Westberlin weiter. Die ursprünglich drei Studienjahre wurden auf viereinhalb Jahre verlängert und der geplante Abschluss als Ökonom in »Staatlich geprüfte Betriebswirtin« geändert.

Grotesk war, dass unser Dozent, der *Politische Ökonomie des Kapitalismus* gelehrt hatte, vier Wochen vor dem Mauerfall in den Westen gegangen war. Gerade er, der uns den »bösen« Kapitalismus erklärt hatte, wurde nun vom Lauf der Geschichte überrollt. Unsere Seminargruppe hat nicht nur einmal darüber gelacht.

Die Arbeitstage waren angefüllt mit vielen Gesprächen über eine sehr unsichere Zukunft. Viele Verkaufsstellen arbeiteten ohne Gewinn oder sogar mit Verlusten. Wie sollte es weitergehen? Von den ca. 120 Geschäften und Gaststätten der Konsumgenossenschaft Bernau wurden in den Folgemonaten immer mehr geschlossen. Kurzarbeit, Entlassungen und ständige Angst waren die Regel.

In den Wintermonaten wurde mein Mann, von Beruf Maurer, regelmäßig arbeitslos. 1991 verlor er das erste Mal seine Arbeit. Sein monatliches Einkommen schrumpfte während dieser Zeit von 1.200 auf ca. 800 D-Mark. Diese finanziellen Einbußen zwangen uns immer wieder zu großer Sparsamkeit. Umso wichtiger war mein festes Einkommen für die Familie. Mein Mann und ich kämpften gemeinsam.

Ich engagierte mich im Betriebsrat. Nach kurzer Zeit sagte man mir, dass das mit meiner Arbeit in der Personalabteilung nicht vereinbar wäre. So arbeitete ich als Sachbearbeiter in der Rechtsabteilung weiter. Ein Jahr später wurde ich wieder zu einem Personalgespräch bestellt. Inzwischen war ca. die Hälfte aller Konsumverkaufsstellen geschlossen worden. Dementsprechend sollte die Anzahl der Beschäftigten in der Verwaltung verringert werden. Im Personalgespräch sagte man mir: »Du musst Verständnis haben, wir hätten einen Vorschlag. Du hast drei Kinder, deine Ausbildung an der Fachschule ist bald geschafft, und wir wollen eine Filiale für Kinderbekleidung in Bernau eröffnen. Dafür eignest du dich.« Meine Gedanken drehten sich wie ein Kettenkarussell. Vom Handel hatte ich nur theoretische Kenntnisse. Und nun sollte ich ein Geschäft organisieren und leiten! Aber ich sagte zu. Ich musste diese Arbeit annehmen! – Obwohl ich das persönlich als eine berufliche Vergewaltigung empfand.

Ab Herbst 1992 fuhr ich mit anderen Filialleitern zu Kaufring-Messen nach Düsseldorf und bestellte Waren für Frühjahr, Sommer und Herbst 1993. Oft war mir schwindelig beim Bestellen, da mir keiner sagen konnte, mit welchen Mengen, Größen und Preisen ich ausreichend Ware planen musste.

Jeden Abend saß ich mit den Ordnern der Bestellunterlagen zu Hause im Wohnzimmer, um einen Überblick zu bekommen oder fehlende Artikel zu erfassen. Meine Kinder können sich noch heute daran erinnern. Damals sagten sie öfter: »Oh, Mutti – schon wieder die Akten!«

Im Frühjahr 1993 bestand ich alle Prüfungen der Fachschule gut. Das Kinderbekleidungsgeschäft »Teeny Eck« wurde eröffnet und schrieb von Beginn an schwarze Zahlen.

Erholung fand unsere Familie immer wieder in unserem herrlichen Gartengrundstück von ca. 1.000 Quadratmetern. Wir hatten nie englischen Rasen und schafften den Bungalow, die Wege und einen Teich – immer Stück für Stück, gerade so wie Geld übrig war. Unsere grüne Oase war und ist häufiger Treffpunkt für unsere Familie, Freunde unserer Kinder und Gartennachbarn.

Den Garten erreichten wir gut zu Fuß. Alles, was wir brauchten, transportierten wir mit Fahrrad oder Fahrradanhänger. Unsere Kinder waren abends oft »badewannenreif« von der dunklen Erde unseres Grundstücks. Die drei wuchsen in einer Mischung von Stadtleben und »Natur pur« auf. In den Sommermonaten wohnten wir zeitweise im Garten. Die 40 Quadratmeter Bungalow waren ausreichend. Für die Kinder hatten wir erst ein selbstgebautes dreistöckiges Bett und später nutzten wir Couch und Liegen.

In den Sommerferien fuhr ich mehrmals mit den Kindern ohne meinen Mann in den Urlaub, weil er häufig in diesen Monaten nicht frei bekam.

1994 reiste ich mit meiner Schwester, einer Freundin und den insgesamt sieben Kindern von uns allen in die schöne Fränkische Schweiz. In Pottenstein bei Bayreuth verbrachten wir wunderschöne Tage. Als Großfamilie wanderte unsere lustige Truppe an der Püttlach entlang, zur Bärenlochhöhle. Während einer Nachtwanderung zur Hasenlochhöhle sahen wir Glühwürmchen. Es war eine wunderschöne Zeit ohne Auto und besonderen Luxus.

Nach diesem Urlaub begann bei unseren Mädchen die Pubertät mit all ihren Facetten. Bisher hatten Eigenschaften wie Ehrlichkeit, Zuverlässigkeit, Pünktlichkeit und Vertrauen eine große Bedeutung. Aber nun waren die Treffs mit den Kumpels und Discos wichtiger als Absprachen mit meinem Mann oder mir. Wir erlebten viele Enttäuschungen und Angst um die Kinder. Furcht vor Drogen oder frühzeitiger Schwangerschaft beschäftigten uns. Unsere Kinder konnten all ihre Freunde in die Wohnung oder den Garten mitbringen. So kannten wir wenigstens das Umfeld unserer Teenies.

Unsere zweite Tochter sollte im letzten Schuljahr ein Praktikum machen. Eine Freundin – wir hatten uns damals im Kindergarten unserer Kinder kennengelernt – nahm sie für diese Zeit mit in das Pflegeheim, wo sie arbeitete. Einige Wochen später traf ich die Freundin wieder. Wütend berichtete sie, dass meine »tolle« Tochter ab dem dritten Tag nicht mehr erschienen war. Ich war ahnungslos. Sie warf mir vor, schuld zu sein, und unsere Freundschaft war damit beendet.

Seit unserer Hochzeit im Jahr 1979 gab es eine Devise unserer Familie: Niemals Langeweile! Gemeinsame Unternehmungen und häufiges gemütliches Beisammensein sowie Gespräche und lebhafte Diskussionen halfen uns über schwierige Situationen hinweg – beispielsweise brauchten die Mädchen einige Zeit, um sich beruflich zurechtzufinden. Das ging von Schule schwänzen bis Lehre abbrechen. Trotzdem hielten wir alle zueinander und fanden irgendeine Lösung.

Die Finanzlage in der Konsumgenossenschaft Bernau wurde immer schlechter. Der Konsum war zwar reich, konnte aber Grundstücke und Immobilien nicht schnell genug verkaufen. Im Februar 1997 wurde Konkurs angemeldet. Wir erhielten ein halbes Monatsgehalt und arbeiteten unter der Führung des Konkursverwalters weiter.

Im Januar 1997 kauften wir unser erstes Auto. Mein Mann, der auch wieder Arbeit hatte, erhielt aber ab März 1997 wegen Zahlungsschwierigkeiten keinen Lohn mehr. Die Fahrerlaubnis hatten wir schon lange. Mehr als 17 Jahre waren wir ohne Auto ausgekommen. Gleich nach der Wende trauten wir uns nicht, einen Kredit aufzunehmen. Nun hatten wir den Salat. Für uns beide gab es bis Ende April 1997 keinen Lohn! Wir kündigten unseren Bausparvertrag und die Lebensversicherungen, um über die Runden zu kommen.

Unsere zweite Tochter wollte am ersten Maiwochenende 1997 Jugendweihe feiern. Einige Tage davor ging ich am Abend zur Telefonzelle unweit unseres Neubaublocks, rief weinend meine Mutti in Thüringen an und bat sie, mir Geld zu leihen. Ich schämte mich sehr. Aber was sollte ich tun?! Unser Konto war leer. Mithilfe unserer Mutti wurde die Jugendweihe wunderschön. Niemand wusste von unseren Schwierigkeiten.

Am Nachmittag der Jugendweihe sah ich nach unserem Kontostand. Das Geld vom Konkursverwalter war da! So konnte ich das Geliehene schnell zurückgeben. Übrigens waren wir zur Feier 32 Personen. Unsere Kinder hatten die Wahl, entweder zu feiern oder eine Reise als Geschenk anzunehmen. Die Jugendweihen sind bis heute unvergessen.

Mein Mann fand neue Arbeit. Im Konsum war eine Massenentlassung geplant und damit das Bangen um die Zukunft unser täglicher Wegbegleiter. Mein »Teeny Eck« wurde als vorletzter Laden des Konsums in Bernau geschlossen. Es fand sich sofort ein privater Händler, der es weiterführte. Der jährliche Reingewinn von über 60.000 D-Mark war mir bekannt. Wer aber hätte mir einen Kredit gegeben, wenn ich das »Teeny Eck« hätte privat übernehmen wollen?

Nachdem ich ein halbes Jahr arbeitslos war, machte ich 1998 bis 1999 eine Ausbildung zur Fachkraft für Personal- und Rechnungswesen. Arbeit fand ich in diesem Bereich danach nicht. Entweder wurde mir ein Hungerlohn angeboten oder eine Tätigkeit mit 20 Stunden wöchentlich.

Im November 1999 bekam ich von der Bundesagentur für Arbeit eine Trainingsmaßnahme in der Theaterkasse am U-Bahnhof Zoologischer Garten. Innerhalb weniger Tage erlernte ich den Umgang mit vier Ticketsystemen. Auf der Hin- und Rückfahrt zur Arbeit prägte ich mir sämtliche Theater und kleine Bühnen von ganz Berlin ein. Sehr bald wurde ich an der Kasse allein gelassen. Ich kämpfte mich so durch. Schwierig, wenn Touristen Englisch sprachen. Ich hatte in der Schule Russisch und Französisch gelernt. Ab Januar 2000 bekam ich vom Chef der Theaterkasse einen

Arbeitsvertrag »vom Feinsten«: zwei Tage Kündigungsfrist, Bezahlen von Kassendifferenzen aus eigener Tasche etc. Die Arbeitsbedingungen will ich nicht näher schildern. In zwei Monaten nahm ich fünf Kilo ab. Abends fiel ich quasi halbverhungert auf eine Bank in der U-Bahn und genoss eine trockene Schrippe.

Zufällig unterhielt ich mich mit einer Freundin, die bei Plus beschäftigt war. Sie fragte dort nach Arbeitsmöglichkeiten für mich. Ich konnte bei der Theaterkasse kündigen und fing im März 2000 in der Plus-Filiale am Leopoldplatz in Berlin als Lebensmittelverkäuferin an. Nun lernte ich in der S-Bahn PLU-Zahlen, die für Gemüse in die Kasse getippt werden mussten. In meiner Schicht bestückte ich die Backwarenregale, sortierte Milchprodukte ein, stapelte Getränke, und irgendwann musste ich an die Kasse. Es war für mich Stress pur. Ich hatte Angst, Fehler zu machen. Immer wieder hörte ich den Satz: »Sie sind zu langsam. Sie müssen schneller werden!« Nach sechs Wochen war ich relativ fit und hatte ein besseres Gefühl.

Am Gründonnerstag 2000 lag Post von einem Pflegeheim in der Nähe Bernaus im Briefkasten. Ich hatte mich 1997 in den unterschiedlichsten Firmen beworben, so als wäre es mein gewünschter Traumjob. In dem Schreiben wurde mir eine Stelle als Altenpflegehelferin angeboten. Schlagartig hatte ich ein mulmiges Gefühl. Was sollte ich tun? Die nächsten Nächte lag ich wach … Ich beriet mich mit meinem Mann, unseren Kindern und Freundinnen. Alle sagten: »Du musst selber wissen, was du willst. Geeignet bist du dafür.«

Ich ging zum Gespräch mit der Heimleiterin und spürte Neugier, wieder mehr mit Menschen zu arbeiten, nicht nur an der Kasse und in der Warenbewegung! Wie aber sollte ich meine Entscheidung der Bereichsleiterin von Plus erklären? Sie hatte mich kurzfristig und ohne Vorbehalt eingestellt! In einem Telefonat erzählte ich ihr ehrlich, wie es zu meiner Umorientierung kam. Sie hatte Verständnis. Ich versicherte ihr, dass ich bis 31. Mai kraftvoll weiterarbeiten würde und unterschrieb den Aufhebungsvertrag.

Als Schülerin war ich ca. acht Jahre Sanitäter beim DRK. Viele Kenntnisse über Erste Hilfe wurden vermittelt und bei Kreisausscheiden geprüft. Bei der Erziehung unserer Kinder fiel Geduld und besonnenes Handeln bei kleinen Verletzungen und das Versorgen mit Verbänden in mein Ressort. Ruhe, Wärme und liebevoller Umgang waren dabei sehr wichtig.

Im Juni 2000 begann ein neues Kapitel in meinem Leben. Vor dem ersten Tag in der Pflege hatte ich ordentlich Bammel. Mit der Wohnbereichsleiterin wusch ich zusammen das erste Mal eine Heimbewohnerin, um die ich mich zu kümmern hatte. In den letzten Wochen hatte ich mich über die Grundpflege von Bettlägerigen belesen. Die nächste ältere Frau durfte ich allein versorgen. Ich kam ganz gut zurecht, allerdings war ich zu langsam.

Die Wohnbereiche im Seniorenheim »Waldfrieden« hatten zwei Etagen. Den nächsten Tag war ich in der anderen Etage. Ich pflegte viel selbstständig. Die Zeit verging in den Diensten sehr schnell. Dann war da noch der Küchendienst: Frühstück für 36 Personen zubereiten ... Brötchen, Brot, Toastbrot, Häppchen oder nicht, Belag, pürierte Kost oder nicht ... Nur gut, dass ich eine schnelle Auffassungsgabe habe, und mit Notizen funktionierte es.

Ein neuer Termin bei der Heimleiterin stand an. Hatte ich etwas falsch gemacht? Ich war ja noch in der Probezeit. »Wir haben ein Problem!«, hieß es. »Unsere Waschfrau ist langzeitkrank. Könnten Sie sich vorstellen, sie einige Zeit zu vertreten?« Schon wieder war dieses unangenehme Gefühl der totalen Unsicherheit da. Ich stimmte zu und fand mich am nächsten Tag in der Wäscherei im Keller wieder. Tolle Karriere, dachte ich. Heute schmunzle ich darüber. Bügeln mochte ich nie, aber nun musste ich ran.

Nach ca. vier Monaten kam die Heimleiterin zu mir in die Wäscherei und fragte mich: »Möchten Sie diese Arbeit vielleicht weitermachen? Es hat alles so gut geklappt und alle waren sehr zufrieden.« Ich aber wollte in der Altenpflege arbeiten, Fachkraft werden, lehnte ab und ging zurück in den Wohnbereich. Immer besser lernte ich, die alten Menschen gut zu versorgen. Prima Kollegen und Spaß bei der Arbeit gaben mir das Gefühl, zu Hause zu sein.

2001, ich hatte meinen zweiten befristeten Vertrag im Pflegeheim, wurde ich krank und hatte eine OP. Ich rief an und teilte mit, dass ich ab 1. November wieder gesund sei. Mir wurde gesagt: »Du bist dann nicht mehr hier. Ab 1. November bist du in Bernau.« Tränen flossen und meine Gedanken überschlugen sich. Was hatte ich getan? Warum gab es eine Umsetzung ohne persönliches Gespräch oder einen Anruf?

Mein Mann war gerade wieder arbeitslos geworden. Für mich gab es keine Wahl. Also wurde ich im neuen Heimbereich mit 36 neuen Bewohnern und neuen Kollegen schnell vertraut. Mein Wunsch, eine Ausbildung als Altenpfleger zu beginnen, wuchs weiter. Mithilfe der Bundesagentur für Arbeit bekam ich 2004 die Möglichkeit, berufsgleitend Altenpflegerin zu werden. Ab September hatte ich immer zwei Tage Schule und die restlichen Tage Dienst im Heim. Der Unterricht machte mir meistens viel Spaß. Oft mussten wir Präsentationen vortragen. Dabei entwickelten sich Freundschaften.

Wir feierten im gleichen Jahr unsere Silberhochzeit. Das erste Mal hatten wir eine Flugreise gebucht. Auf Kreta erlebten wir einen tollen Urlaub. Endlich Zweisamkeit! Und nur relaxen und genießen! Unsere Kinder hatten feste Arbeitsverträge und wurden tüchtige und selbstbewusste starke Menschen. Unsere große Tochter sagte einmal zu mir: »Na, Mutti, ihr habt uns doch als Stehaufmännchen erzogen und lebt selbst so!«

Immer wieder trafen wir uns im Garten. Unsere Freunde, die wir seit 1987 kannten, kamen zum Erzählen und Grillen. Fast jeder hatte seit dem Mauerfall seine Arbeit wechseln oder in einer Umschulung einen neuen Beruf erlernen müssen. In meiner Familie sah es ähnlich aus: Nur drei von uns sechs Geschwistern und ihren Partnern behielten ihre Arbeit. Wir halfen uns in vielen Fragen, erzählten uns ohne Scham von unseren Erlebnissen. Das gab uns Kraft und das Gefühl, mit den vielen neuen Problemen nicht allein zu sein.

Im März 2008 bekam ich das Zeugnis als »Staatlich examinierte Altenpflegerin«. Nach wochenlangem Büffeln und Treffen zum Lernen hatte es unsere ganze Klasse geschafft. So ein toller Tag!

Am nächsten Tag erwartete mich im Pflegeheim das Gespräch mit der Geschäftsführerin und einer Personalmitarbeiterin. Nachdem ich einen riesigen Blumenstrauß überreicht bekam, gab es Kaffee und Kuchen sowie Small Talk. Anschließend wurde mir der Arbeitsvertrag als Fachkraft vorgelegt: Ganze 50 EUR mehr als vorher für die Pflegehelfertätigkeit! Ich versuchte, meine Tränen zu unterdrücken und bat um wenigstens 100 EUR mehr. Zu Hause fiel ich meinem Mann in die Arme und heulte wie ein Schlosshund. So eine Enttäuschung und fehlende Wertschätzung!

Am nächsten Tag unterschrieb ich den Vertrag mit den mir dann doch gewährten 100 EUR mehr. Ein erneuter Wechsel oder die tägliche Fahrerei nach Berlin kamen für mich nicht infrage.

Die Zeit als Altenpflegerin begann für mich in einem anderen Wohnbereich. Am ersten Tag sah ich auf dem für alle einsehbaren Schreibtisch mein Zeugnis mit fast nur Einsen liegen. Ich bat den Wohnbereichsleiter, es wegzulegen. Den Ruf, eine Streberin zu sein, hatte ich nun. Mit 48 Jahren musste ich erneut gegen Vorurteile ankämpfen und beweisen, dass ich gute Arbeit leisten konnte. Zum Glück begleitete mich mein Ruf von den acht Jahren als Pflegehelferin in anderen Wohnbereichen. Die für mich neuen Bewohner lernte ich schnell kennen. Es machte mir ungeheuer viel Spaß, die Senioren zu versorgen.

Unser erster Enkel wurde im Jahr 2000 geboren, und ich war dabei. Mit meiner Tochter »verhechelte« ich im Duett die Wehen. Dann kam das Köpfchen: blonde Haare, gemischt mit grünlichem Fruchtwasser. »Du bekommst ein Marsmännchen!«, rief ich. 2007 und 2008 kamen noch zwei Enkelinnen. Nach wie vor gab es keine Langeweile.

Ein weiteres Familienglück holten wir uns 2005 aus Mirow bei Rostock. Aus einem 300-Gramm-Wollknäuel wurde nach drei Jahren ein prachtvoller Neufundländer mit 90 Kilogramm. Unser Big Foot war ein friedlicher Familienhund, der uns über elf Jahre begleitete. Er und Arnold, unser Kater, bewachten das Grundstück.

Mein Mann und ich flogen 2009 und 2011 nach Hurghada in Ägypten – Urlaub, der zu DDR-Zeiten nicht möglich war. Das Rote Meer, eine Quadfahrt durch die Wüste, ein tolles Hotel, Stadtrundfahrt, Glasbodenbootsfahrt, Kamel-Reiten und die Zweisamkeit waren für uns unvergesslich schön. Wir schwärmen noch heute davon.

Das nächste Jahr begann mit einer schlechten Nachricht: Meine Schwiegermutter hatte einen Aortenriss und wurde in Jena operiert. Die Ärzte gaben ihr noch ein halbes Jahr zu leben. Abwechselnd fuhren wir nach Thüringen, um für sie da zu sein. Die lange Strecke von 300 Kilometern so oft zu fahren, machte uns dauermüde und erschöpfte uns.

Am 31. März 2012 unterschrieb ich einen Aufhebungsvertrag. Ich zog nach Thüringen, um meiner Schwiegermutter eine würdige letzte Zeit zu bereiten. Sie hatte immer eine recht negative Lebenseinstellung und ihr Leben war durch Arbeit und Pflichterfüllung bestimmt. Bis zum 80. Geburtstag lebte sie selbstständig. Nun lag sie im Bett. Nur zum Frühstück saß sie im Rollstuhl. Mehr ließ sie nicht zu. Mit meiner Pflege konnte ich sie in ihrem Zuhause gut hinbekommen. Bis heute kann sie selbstständig essen und sich bewegen.

Mir selber ging es jedoch seltsam, seit ich bei ihr war. Immer öfter fiel ich hin. Mein linkes Bein wurde schwer wie Blei. Jedes zweite Wochenende kam mein Mann. Unsere kurze gemeinsame Zeit war von vielen Arbeiten geprägt. Das Haus der Schwiegermutter war 1934 erbaut worden. Küche und Speisekammer bauten wir zur gemütlichen Wohnküche um. Abwechselnd kamen unsere Kinder mit unseren Enkeln. Dann gab es Leben und Lachen im Haus.

Im Juli 2013 nahm ich eine Arbeit als Dauernachtwache in einem Heim auf. Am 1. Oktober zog meine Schwiegermutter in ein Pflegeheim in Thüringen, wo ich sie regelmäßig mit ihren Freundinnen besuchte. Sie sagte, sie wolle nicht mehr, aß aber regelmäßig, konnte im Rollstuhl sitzen, lesen, fernsehen, Rätsel raten, telefonieren und alle Gliedmaßen bewegen. Das ist bis heute so, aber das alles macht sie nicht zufrieden. Inzwischen lebt sie in einem Bernauer Heim, nahe bei uns.

Ich fiel immer öfter hin und hinkte auffallend. Das befristete Arbeitsverhältnis als Dauernachtwache wurde beendet. Nun erfolgten viele Untersuchungen, um meinen Beschwerden auf den Grund zu gehen. Ich konnte Ende 2014 selbst mit zwei Gehhilfen kaum noch laufen. Im Dezember bekam ich den ersten Rollstuhl. Tränen liefen. Es wurde immer schlimmer.

Die Diagnose ALS erhielt ich im März 2015. Seitdem kämpfe ich mit meinem Mann um ein einigermaßen normales Leben. Durch unsere Kinder und ihre Partner haben wir Hilfe und Halt. Besonders unsere Enkel geben mir Glück und die Kraft weiterzuleben. Meine Geschwister und gute Freundinnen halten zu uns und helfen.

Der Mauerfall brachte ungewollte Veränderungen. Viele verloren unverschuldet ihre Arbeit und damit ihre wirtschaftliche Lebensgrundlage. Nicht alle waren stark genug für die Umgestaltungen. Meinen Eltern bin ich dankbar für die positive Lebenseinstellung und die Kraft zu kämpfen. Es ist schade, dass der Versuch, ein neues System zu schaffen, das nicht nur an Gewinn orientiert ist, scheiterte. Positiv sind die neuen Möglichkeiten zu reisen.

Unser schöner Garten steht in sattem Grün. Ich schaue in die Baumwipfel, im Rolli sitzend, Arme und Beine gelähmt. Unsere Kinder und Enkel kommen zum Tor herein. Es gibt Kaffee und Kuchen. Wir albern und lachen … Das ist unser Glück …

Ost-West-Collage

Außerplanmäßige Aspirantin am Fachbereich Deutsch-Didaktik der Sektion Sprach- und Literaturwissenschaften an der Wilhelm-Pieck-Universität Rostock, 37 Jahre

Was wäre, wenn die Mauer fallen würde?

Im Gutshaus von Puchow bei Neustrelitz studierten Mitarbeiter der Kultureinrichtungen und Kulturoffiziere der Nationalen Volksarmee. Ich stellte dieses Thema als Erörterung im Deutschunterricht: Was wäre, wenn …?

Eine Antwort lautete: »Helmut Schmidt reicht Erich Honecker die Hand.«

Das war 1980. Ein utopisches Thema.

An den Abend der Grenzöffnung kann ich mich nicht mehr erinnern

Mein Lebenspartner war wie immer unterwegs. Das weiß ich noch. W. machte Musik in Mannheim. Mit einem offiziellen Ausreisevisum. Ich arbeitete an der Dissertation zum Kreativen Schreiben mit Kindern. Mit dem Marxismus-Leninismus-Teil kam ich einfach nicht weiter. Um genau zu sein, seit acht Jahren.

Ich saß in unserer kleinen modernen Wohnung in Rostock. W. war als Sänger und Liedermacher Kulturpreisträger. Dieser Titel verschaffte uns diese Neubauwohnung.

Schlangen vor Telefonzellen gehörten zur DDR-Wirklichkeit. Vom 5. Stock hatte man einen hervorragenden Blick auf die Telefonzellen am Anfang und am Ende der Majakowskistraße. So konnte man sich – je nach Länge der Schlange – aussuchen, von welcher wir telefonisch die Petition der Künstler gegen Gewalt bei friedlichen Demonstrationen im Frühjahr 1989 unterschreiben wollten.

Es braute sich etwas zusammen. Und ich schrieb immer noch an der ML-Arbeit.

Meine Zeit in der DDR

Sie begann, als meine Eltern sich trennten und meine Mutter mit mir Ende der 1950er-Jahre von Hamburg nach Stralsund zog, um hier als Lehrerin arbeiten zu können. Meine Zeit in der DDR endete 1989 mit Enthusiasmus und Neugier auf neue Möglichkeiten im Berufs- und Privatleben – selbst als erfahrene Lehrerin.

Dazwischen lagen viele verschiedene Lebensabschnitte: Lehrerin auf dem Dorf, in der Kleinstadt, in Bulgarien, wieder in der DDR; lustvoller und kreativer Unterricht; Arbeitsgemeinschaften im künstlerischen Gestalten, im Kreativen Schreiben, im Theaterspielen; Ausbildung von jungen Lehrern, Fort- und Weiterbildung von Lehrern und Erziehern und der Beginn des Zusammenlebens mit einem Berufskünstler, Liedermacher und Sänger. Mein Leben fühlte sich gut an.

Mein Vater, Volkswirtschaftler, blieb in Hamburg und alle meine Verwandten, Oma, Tanten, Onkel, Cousinen und Cousins sowie meine jüngere Halbschwester, auch. Ab 1961 war die Grenze dicht. Aber der Westen war immer präsent, mit allen politischen Verhältnissen. Mir fehlte nur die Weite der Welt, und mir fehlten die Gespräche mit meinem Vater.

Am Anfang wohnten wir mit einer älteren Dame zusammen in einer Wohnung unterm Dach und hatten ein Nordzimmer, eine gemeinsame Toilette und Küche, wuschen uns in Schüssel und Ausguss. Meine Mutter ging mit mir zum Telefonieren ins Postgebäude auf den Markt. Das Telefongespräch musste dort angemeldet werden. Wir warteten dann sechs Stunden. So kam ich zum Sprechen mit meinem Vater.

In meiner Kindheit konnte ich meine kulturellen Interessen ausbilden und das Abitur und Studium mit Erfolg abschließen. Jeder Abschnitt war immer der beste in meinem Leben, so dachte ich.

Als junge Lehrerin lebte ich auf dem Land in der Nähe der mecklenburgischen Kleinstadt Feldberg. Ich hatte eine 1-Zimmer-Neubauwohnung, den Dorfkonsum, den Schulbus zum Reisen und das Telefon bei der Gemeindeschwester. Telefongespräche in den Westen waren nicht möglich. Die Möbelträger fragten mich beim Einzug, ob sie wirklich auspacken sollten.

Nein, eine andere Chance hatte ich nicht. Mit einem Ehemann hätte ich mir den Schulort aussuchen können.

Die Einfachheit des Lebens forderte meine Kreativität. Und ich konzentrierte mich ganz auf meine Schüler und nutzte, was da war: See und Wiese für den Sportunterricht, Teiche, Tiere und Wälder für die Heimatkunde. Wir hatten unsere Freiheiten. Für die Methodik konnte ich meinen Freiraum ausnutzen. Meine Ansätze waren ungewöhnlich. Die Schüler hatten Freude an der Schule. Das Ganzheitliche und Schöpferische zeigte Wirkung.

Mein später-früher Westbesuch

Als ich Anfang der Achtziger für drei Jahre in Bulgarien an einem Fremdsprachengymnasium arbeitete, musste der Kontakt zu meinem Vater abgebrochen werden. Danach wurde er schwer krank und ich durfte ihn besuchen fahren. Von der Volksbildung, meinem Arbeitgeber, begleiteten mich die Worte: »Aber denken Sie nicht, dass Sie zur Beerdigung noch mal fahren dürfen!« Vor der Reise wurde der Hauswart befragt, ob ich mich in der Hausgemeinschaft auch im Sinne des Staates verhalten hatte.

Da man bei der Polizei den Antrag stellen musste, wurde die Staatssicherheit ebenso eingeschaltet. Sie wollte hinterher wissen, wie denn meine Erlaubnis von den Bundesbürgern angesehen wurde.

Dieser erste Besuch in meinem Vaterhaus bei meinem Vater nach 26 Jahren war ein Schritt über die Mauer. Zwei Jahre vor der Wende.

Meine Mutter durfte als Rentnerin nach Hamburg. Sie suchte ihre Schule, auf die sie als Schülerin gegangen war: an der Christuskirche. Dort befand sich das Fortbildungsinstitut für die Lehrer der Stadt Hamburg. Durch sie entstand schon mein Kontakt zu einem Fortbildner und seinen Vorhaben – zehn Jahre vor der Wende.

Einerseits hatte ich es, getrennt vom Vater und den Familienwurzeln, schwerer in der DDR-Zeit. Andererseits gab es Fäden nach »drüben«, die Energie gaben und Wissen über die realen Verhältnisse im Westen.

Das Abenteuer Neustrelitz

Meine Wohnung lag in der Thomas-Müntzer-Straße, neben dem Russenlazarett und drei Minuten von der Schule entfernt. Ich unterrichtete an der Polytechnischen Oberschule »Wladimir Komarow« die normalen und

R-Klassenschüler[1] von der 5. bis zur 10. Klasse. Das Leistungsniveau unterschied sich.

Auch hier hatten sich Schüler von zehn bis zwölf Jahren in einer Arbeitsgemeinschaft zusammengefunden. Die Schreibenden Schüler trafen sich in meiner Wohnung, einem Bodenkammersystem, in dem sich jeder einen Platz suchte, um zu schreiben. Dann kamen sie im Zimmer zusammen und lobten und verrissen das Geschriebene. Die DEFA hatte vor meiner Arbeit in Bulgarien den Film *Poesie und Rhabarber* über diese Anfänge der Poetenbewegung gedreht. Aufbauend auf den Erfahrungen in der Dorfschule begann ich eine Dissertation zum Kreativen Schreiben mit Schülern.

Ich lebte auf dem Dachboden, der als Zimmer mit zwei kleinen Kämmerchen abgeteilt war. Übereck konnte man die Wäscheleinen zum schräg Gegenüber ziehen. Manchmal zog die Nachbarin unter mir in der Nacht ihre Leinen mit der Wäsche quer über den Hof. Ungünstig war es, wenn die alte Frau von Gegenüber ihre Wäsche zu mir rüberzog, bis zu meinen zwei Fenstern von 30 × 40 Zentimetern. Große Unterhosen versperrten dann die Sicht über die Dächer der Kleinstadt.

Die Teerdächer hatten ihre Eigenart. Die Fernseh-Antennen wackelten und lösten Dachteile. Ich musste selbst auf das Dach und teeren. Die Patenbrigade meiner Schulklasse, Eisenbahner, packte mit an, kochte den Teer auf dem Hof. Irgendwie hielt es eine Weile – bis mein Mann zu mir zog. Morgens, wir lagen im Bett, wurde über uns ein Loch ins Dach gehackt. Facharbeiter waren am Werk. Ich kletterte aufs Dach. Mein Protest wurde abgewiesen: »Meinen Sie, uns macht das Spaß, bei dieser Hitze hier oben zu arbeiten?« Keine Chance.

In der kleinen Küche gab es einen Gasherd, ein kleines Regal für Geschirr, einen rotgestrichenen runden Tisch mit zwei rotgestrichenen Stühlen, einen rotgestrichenen Kühlschrank und eine Abwäsche, daneben einen Ausguss. Unsere Standduschkabine hatte einen Plastevorhang mit Blumenmotiv auf rosafarbenem Grund. Den russischgrünen Ölsockel an der Wand wollten wir unbedingt entfernen; was nicht vollständig gelang. Der neue Anstrich perlte einfach ab.

Als ich mich in der Geschirrabwäsche wusch, bewegte sich neben mir das dicke Rohr der Abflussbelüftung nach oben. Es wurde rausgezogen, bis ich in den Himmel sehen konnte. Da wir in den Urlaub fahren wollten, stellten wir einfach einen Eimer unter das Loch im Dach.

[1] R-Schüler lernten ab dem 3. Schuljahr Russisch.

Die Toilette hatten wir mit dem *Neuen Deutschland* tapeziert. Vier Parteien nutzten sie gleichzeitig. Es gab keine Alternativwohnung, nur ein Vier-Familienhaus außerhalb der Kleinstadt. Dort wohnten eine Pionierleiterin und ein Gefängniswärter in Unterhemd, Hosenträgern, Armeehosen und gelbkarierten Hauspantoffeln. Da wollten wir keinesfalls wohnen.

Wir blieben in unseren Kammern. Es war ein Abenteuer.

In meinen Personalakten, die mir zur Wende ausgehändigt wurden, stand, dass ich mit dieser Wohnung anspruchslos leben konnte und auch mein Dach mithilfe der Patenbrigade geteert hatte. Ich war nicht erpressbar.

Kurz vor der Wende bekamen wir in Rostock eine Wohnung unter der Bedingung, dass wir heiraten würden.

Eine aufregende Zeit

Während sich um mich herum alles veränderte, blieb mein Leben in seiner Ausgerichtetheit gleich. Meine Kreativität hatte mich vielfach gerettet und den Sinn finden und leben lassen.

Meine Schreibenden Schüler hatten sich zu Oppositionellen entwickelt, und ich versuchte im Rahmen des Möglichen zu verändern – auch mit verrückten Ideen. Irgendwie rutschte ich durch die gefährlichen Situationen, ohne mich verbiegen zu müssen, beispielsweise als die Staatssicherheit mich als Aushorcher benutzen wollte. Ich lehnte ab, ich würde immer alles weitererzählen. Was ich dann auch tat.

Manches Mal hat meine Mutter mich gerettet, zum Beispiel, wenn ich des Zeltplatzes im Grenzgebiet verwiesen wurde, weil ich zur Sonnenwende am Lagerfeuer Reinhard-Mey-Lieder zur Gitarre gesungen hatte, und keine Arbeiterlieder. Sie berief sich auf ihre politische Vergangenheit.

Der kritische Liedermacher Stephan Krawczyk gab im evangelischen Borwin-Heim in Neustrelitz ein Konzert. Dort war ich mit meinen Schreibenden Schülern. Und da saßen jene, die wir noch nie zu Kulturveranstaltungen gesehen hatten, mit ihren Aktentaschen. Auf dem Weg nach Hause spürten wir die sichere Begleitung.

Am Tag darauf ging ich in die Offensive und zur Volksbildungsdienststelle. Meine Schulrätin war über meine verschiedenen Aktivitäten informiert. Ich habe der Volksbildung die Begründung abgegeben, warum es mir wichtig war, mit meinen Schülern zu Veranstaltungen wie dieser zu gehen: freies politisches Denken. Meine Volksbildungsvorgesetzte sollte Offizier der Staatssicherheit gewesen sein. Geahnt hatte man es schon. Vieles hatte man geahnt und verhielt sich danach. Klug handeln und das eigene Rückgrat behalten und keine Angst haben. Es forderte heraus und war spannend. Die Grenzen ausloten und die eigenen Ziele verfolgen, das konnte ich als Lehrerin durchhalten – auch ohne in die Partei einzutreten.

»Prometheus unter uns«

1987 erbte ich die politischen Bücher meines Vaters. Mein späterer Mann und meine Mutter schmuggelten die Bücher von Hamburg über die Grenze. Ich stellte Solschenizyn, Leonard und andere Autoren mit den Buchrücken zur Wand in mein Bücherregal. Die waren verboten. Meine Schreibenden Schüler konnten sie sich heimlich ausleihen.

»Prometheus unter uns« war das Leitthema für Interpretationsaufsätze. Die Schüler schrieben (auszugsweise):

> *»Auch ist es schwer, in der heutigen Zeit etwas ändern zu wollen (entscheidende Dinge). In dieser Beziehung kann es keinen ›Prometheus‹ mehr geben, weil dieses Verhalten eines Menschen gleich unterdrückt wird.«*
>
> Bernd, 16 Jahre

> *»Aber sobald etwas gefährlicher wird, ducken sie. So richtig haben wir es ja auch nie gelernt. Man wird ja so erzogen, daß man gleich von Anfang an lernt, sich zu ducken. [...] Dieser Prometheus (Goethes) ist mutig, auch gegen den Höchsten. Er muss ja auch nur an sich denken. Mein Vater hat noch eine ganze Familie, an die er denken muss, wenn er ›promethisch‹ werden will. Ich finde es schade, daß in dieser Gesellschaft jeder Prometheus runtergehalten wird. In dieser Schule ist es ganz doll zu merken.«*
>
> Ulrike, 16 Jahre

> *»Wir sind alle mehr oder weniger von etwas abhängig. Doch machen wir selbst etwas, um uns von unseren Abhängigkeiten zu lösen? Ich selbst bin zu träge geworden. Wenn man nur allein verändern will, scheitert man am Widerstand oder der Gleichgültigkeit der Anderen. Ich glaube nicht, daß man allein etwas Großes ändern kann (wie Prometheus). Man kann nur sich selbst ändern.«*
>
> Christoph, 16 Jahre

Ich denke, einengende Bedingungen führten einerseits zu Anpassung, Resignation oder Aggressivität, aber sie brachten andererseits auch den Wunsch nach Auseinandersetzungen, Diskussionen im öffentlichen Rahmen. So entwickelte sich eine besondere Art unserer künstlerischen Gestaltung. Wenn das Gespräch nicht direkt möglich war, dann führte es über die Verschlüsselung hinein in Dichtung und Theater und damit wieder zur Erweiterung der künstlerischen Ausdrucksformen.

Einer meiner Schreibenden Schüler, S., schrieb 12-jährig an eine Wand neben der Schule: »Schwerter zu Pflugscharen«. Das hatte Folgen. Die Staatssicherheit versuchte später, den angehenden Abiturienten zu erpressen. Er hat sich darauf nicht eingelassen.

In solchen Situationen dachte ich darüber nach, ob mein Einfluss meine Schüler in Opposition und damit in Schwierigkeiten gebracht hatte. Ich selbst konnte mich retten, aber sie sich auch?

Sie konnten es. Das erfuhr ich bei einem Abiturtreffen nach 30 Jahren.

Dann kam die Wende. Die politischen Schranken in der DDR wandelten sich nach einem Aufschwung in eine Freiheit der Möglichkeiten für mich. Später, nach der Wende, in ein bürokratisches Netz.

Die Wende mit meinen neuen Schülern

Ausgehend von der Philosophie der Aufklärung, Lessing, der Theaterentwicklung und *Emilia Galotti* stellten die Schüler der 11. Klasse die Schuldfrage im Mauerschützenprozess. Die Aufarbeitung der Wende in vielen Themen mit produktiven projektorientierten Methoden im Deutschunterricht verstand ich als eine der ersten Aufgaben in meinen Klassen.

Ich hatte die Dissertation an der Universität Rostock aufgegeben und an einem Gymnasium in Sanitz als Deutsch- und Sportlehrerin angefangen.

Können wir auch den Schulleiter absetzen jetzt? Das war meine Frage an den Schulrat bei der Zusammenstellung des Lehrerkollegiums. Wir waren sieben Lehrer am ersten Westgymnasium in dieser Kleinstadt nach der Wende. Als Schulleiter wurden gern Lehrer aus den Naturwissenschaften eingesetzt, das erschien politisch neutral. Dieser Schulleiter wollte einen Cola-Dosen-Automaten in der Schule aufstellen. Für Geld hätte er einen Mercedes-Stern auf das Schuldach gesetzt, sagte er.

Mit den Schülern schrieben wir Märchen zum Cola-Dosen-Automaten mit einem unpassenden Wort aus dem Osten – das war »Volkskammerabgeordneter«. Daraus gingen Märchen hervor, die wir an eine Westklasse schickten, die mit gleichen Wörtern ihre Märchen schrieb. Es entstand Verständnis für den unbekannten Jugendlichen auf der anderen Seite. Und es kam zu Kontakten zwischen denen, deren Märchen für den Einzelnen interessant waren.

Uns wurde auch in Mecklenburg eine Presse aufgedrückt, mit *BILD*-Zeitungscharakter. Die Schüler lernten zu interviewen und mit der Zeitung zusammenzuarbeiten – sie schrieben über die neuartigen Verhältnisse nach der Wende. Die Zeitung manipulierte die Texte. Wir schrieben Gegendarstellungen und lernten den Westen kennen.

Durch meine Kontakte zu Hamburger Lehrern fuhr ich mit einem Kollegen per Kleintransporter an eine Hamburger Schule. Wir kamen mit Büchern für unsere Schüler zurück.

Da ich Lust auf die Verbindung von Theorie und Praxis hatte, bewarb ich mich 1991 am Landesinstitut für Schule und Ausbildung in Schwerin. Beim Aufnahmegespräch fragte man mich, ob ich Anna Seghers noch behandeln würde. Da konnte ich wieder gut in die Offensive gehen und wurde angenommen. Ich bildete Lehrer berufsbegleitend im Fach *Darstellendes Spiel* aus, lernte selbst weiter an der Universität der Künste Berlin und fuhr durch Mecklenburg-Vorpommern, um an den Schulen Lehrer weiterzubilden und diese Methoden auf Symposien im Westen vorzustellen. Die Redaktion der Fachzeitschrift *Praxis Deutsch* bat mich um einen Aufsatz zum Thema »Schreiben zu Bildern«. Als Antwort auf meinen Beitrag schickten mir die Herausgeber einen Brief: Worte aus den Schüler-Gedichten wie »ich habe einen Pullermatz, Busenlutscher, die Frauen mit den Busen, die sitzen da und schmusen« könne man den Westlehrern nicht zumuten, sie seien zu drastisch. Aber toll, wie die Kinder zu dem Zilleplakat *Am Badestrand* Gedichte und Texte geschrieben hätten.

Als ich über »Historisches Verstehen« auf dem Symposion für Deutsch-Didaktik in Zürich einen Vortrag hielt, mit Unterrichtsbeispielen aus der unmittelbaren Nachwendezeit, stellte ich auch bei den Herausgebern der *Praxis Deutsch* die Frage: Wie gehen wir eigentlich mit den »Drastologismen« aus dem Osten um? Daraus ergab sich dann, dass die Herausgeber der Zeitschrift *Diskussion Deutsch* mir die Mitarbeit anboten. Ich erfüllte wohl die Quote: Frau, Osten und aus der Schulpraxis mit innovativen Gedanken. So flog ich von Mecklenburg nach Frankfurt am Main und brachte den Gedanken der Praxisnähe in die stärker theoretisch ausgerichtete Zeitschrift.

Meine Nachwendeschüler sind nicht abgestürzt, in den Westen. Auch meine Schüler aus Neustrelitz nicht, die bei der Wende 18 waren. Das rechte Abgleiten allerdings haben manche erst nach Jahren überwunden. Aber die Dorfschüler meiner ersten Tätigkeiten waren Ende 20 und es gelang nicht allen, in der neuen Welt anzukommen: Alkohol, Blindheit, falsche Erwartungen, Egoismus …

Für mich und viele meiner Schüler war es kein Neuanfang, eher ein Weitergehen, Ausprobieren von Neuem, solange es im Anfangs-Chaos möglich war.

Es war eine energievolle, ideenreiche Zeit! Wir haben bis in die Nacht hinein in der Dienststelle zur Referendar-Ausbildung gearbeitet, Unterricht an der Schule gegeben und die Lehrer in ganz Mecklenburg in alten und neuen Methoden fortgebildet. Ich konnte Texte und Lieder offen und frei wählen. Die Einschränkungen vorher hatten meine Kreativität herausgefordert. Mit den freien Möglichkeiten konnte sie sich weiterentfalten.

Kurz bevor ich das *Darstellende Spiel* mit von mir entworfenem Lehrplan, Kultusministerkonferenz-Unterstützung und einheitlichen Prüfungsanforderungen zur fachlichen Anerkennung gebracht hatte, kam PISA. Alles wurde untersagt: *Darstellendes Spiel* gab es nicht mehr als Fach, als Fortbildung oder Ausbildung. Statt musischer Öffnung kam die Sachtext-Analyse. Darin hatte ich nun in Großaktionen die Lehrer zu schulen, und weil man wusste, dass ich in den Veranstaltungen etwas anders machen würde als das Verlangte, bekam ich höchste Kontroll-Chefs mit reingesetzt …

Immer wenn ich mich über die neuen Chefs aufregte, sagte mein Mann: »Dann mach du es doch!« Aber ich finde, man muss wissen, für welche Arbeit man geeignet ist – so balancierte ich weiter auf dem »bürokratischen Netz«.[1]

Heute nutze ich wieder meine Freiräume. Ich habe es in der DDR gelernt.

Ich lasse mich fragen, warum ich nie verbittert war. Ich hatte Freunde: meine Schüler, Kollegen und Referendare. Im Osten, im Westen, im Ausland, im Ost-Westen.

[1] Als ich aus dem Bildungsministerium verabschiedet wurde, fragte ich, wann ich denn die Dienstgeheimnisse an die Welt weitergeben dürfe … Die Zeit ist noch nicht gekommen. Schade.

Die Wende mit meinem zukünftigen Mann

Aus 37 Jahren Zusammenleben und auch Zusammenarbeit und Ehe mit einem Berufskünstler, Liedermacher und Sänger bleibt in dieser besonderen Zeit für mich die gegenseitige kreative Unterstützung prägend und für ihn der Mut, einen Neubeginn als Künstler in der kapitalistischen Selbstständigkeit zu finden.

Ich fühlte mich nicht entwurzelt und konnte ihn einbeziehen in gemeinsame Seminare und Workshops. Ich begleitete seine Tätigkeit mit Fotos, Ideen für Kinderprogramme, Korrekturen der Texte. Und war seine beste Zuhörerin.

Sein Gesangspartner wechselte in seinen Beruf als Nervenarzt, es gab viel zu tun. Mein Mann wollte bei der Musik bleiben und fing ganz von vorn an. Vertreter, Arbeitslosigkeit, lernte in Computerkursen und suchte sich eine gestandene Westmusikgruppe für acht Jahre. Wir heirateten und waren mit mir finanziell abgesichert.

Die Liebe zu ihm in diesen ungewöhnlichen Zeiten war meine Sicherheit.

Im April 1990 schrieb er auch für uns das Lied:

An A.

Mien Diern, wat bringt de Sommer?
De Harwst wier doch so heit.
De Winter höll den Atem an,
wüßt nich, wat he nu weit.

Es endet optimistisch:

Mi dücht, de Aust hett rieklich Kuurn,
wull ok för di un mi?

Aus dem Russenlazarett ist wieder ein Gymnasium geworden. Die Russen sind noch ein paar Jahre geblieben und dann abgezogen.

Die Bodenwohnung wurde ausgebaut, nachdem wir ausgezogen sind.

Mein Mann hat seinen Status als kulturpreistragender Liedermacher wieder.

Und ich treffe meine Schüler und gebe ihnen ihre Diktate nach 35 Jahren zurück, spreche mit ihnen auf Augenhöhe.

»Es gibt kein Richtig und kein Falsch«, sagt S., der Ayurveda-Spezialist in England geworden ist.

Und ich suche die Herausforderung im nächsten Abschnitt, der Selbstständigkeit.

Neugierig.

Nicht die Mächtigsten schaffen Werte, sondern der arbeitende Bürger

Facharbeiter für Schreibtechnik im VEB Carl Zeiss Jena, Abt. ZTT3 – Betrieb für Zulieferung, Technologie für Großteilefertigung, 43 Jahre

Als Sekretärin arbeitete ich seit 1982 beim VEB Carl Zeiss Jena in der Abteilung Technologie für Zulieferung in der Großteilefertigung mit zwölf Mitarbeitern, für die ich alle anfallenden Schreibarbeiten zu erledigen hatte. Mein Mann war als Ingenieur ebenfalls bei Carl Zeiss Jena tätig und bearbeitete Wirtschaftsverträge im gleichen Betriebsteil.

In meinem Arbeitsbereich hatte ich vorrangig Programme für den Fertigungsbereich zu schreiben (möglichst fehlerfrei für die entsprechende Maschine) – anfangs mit dem Org-Automaten (Organisationsautomat) auf Lochstreifen und später mit PC. Die Programme wurden handschriftlich von den Technologen und Ingenieuren vorbereitet und mir übergeben. So bekam ich auch technischen Sachverstand. Die reguläre Arbeitszeit ging von 7 bis 16 Uhr. Bei erhöhtem Arbeitsaufkommen machte ich Überstunden. Ich wohnte nur 15 Gehminuten vom Betrieb entfernt. Alles war einvernehmlich und gut organisiert. Pausen waren vormittags 15 Minuten am Arbeitsplatz und mittags 30 Minuten. Warmes Mittagessen gab es mit Essenmarke günstig in der Betriebskantine. Die ganze Abteilung ging gemeinsam zum Essen. Ich kann nur von einem guten Arbeitsklima sprechen. Ohne das wären manche Situationen nicht zu meistern gewesen.

Unsere Kinder hatten zur Schule ein paar Minuten Fußweg und später ihre Ausbildung vor Ort. Der Sohn lernte Koch beim VEB Carl Zeiss und die Tochter Bibliotheksfacharbeiter in der Ernst-Abbe-Bücherei. Danach studierte sie in Leipzig. Zur Zeit der Wende waren unsere beiden Kinder schon erwachsen und arbeiteten in ihren Berufen. Sie hatten geheiratet und ihre eigenen Familien. Es gab bereits zwei Enkel.

Wir besaßen schon länger ein eigenes Gartengrundstück mit Häuschen und vielen Blumen und vor allem Gemüse, was uns die Versorgung mit raren Dingen ermöglichte. Dieses Wochenend-Hobby beschäftigte uns mit Lust und Laune. Viele nette Leute und Verwandte konnten mit uns dort glückliche Stunden genießen. In den Gesprächsrunden redete man über politische Situationen und vor allem über Engpässe und Einschränkungen. Trotzdem wurde nicht gejammert. Man war mit dem, was geschaffen wurde, doch zufrieden. In der Freizeit gab es gute Veranstaltungen, in denen es zum größten Teil fröhlich zuging. Man half sich in der Familie, der Nachbarschaft, unter Bekannten und Freunden. Urlaube mit den Kindern und später zu zweit wurden jedes Jahr realisiert und waren mit nachhaltigen Erlebnissen verbunden. Der Betrieb hatte mehrere Betriebsferienheime und Urlaubsunterkünfte, die sehr preiswert waren. Einen Platz in gewünschter Zeit und am gewünschten Ort zu bekommen, war allerdings schwierig und auch Glückssache – manchmal auch Abenteuer pur.

Alles war für die Familie eine gute Lösung. Ich konnte unbesorgt meiner Arbeit nachgehen. Mein Mann, gelernter Dreher bei Zeiss, absolvierte in der betrieblichen Weiterbildung am Wochenende ein Ingenieurstudium für Feinwerktechnik. Eingesetzt wurde er als Meister, weil keine geeignete Stelle frei war. Umbesetzungen waren ständig an der Tagesordnung – nicht immer zum Vorteil. Die letzte Tätigkeit verschaffte ihm auch einen Einblick darüber, was sich so langsam in unserem Land entwickelte.

Mein damaliger Chef wurde im Zeitraum 1989 oft für wichtige Besprechungen in die obere Chef-Etage abberufen. In den Medien kündigte sich schon an, dass das Neue Forum, eine von Regierungs-Gegnern gegründete Partei, demonstrativ Treffen veranstaltete. Diesen Leuten schlossen sich Umweltbewusste, Künstler und einige andere Menschen an, die was verändern wollten. Im Zeiss-Betrieb versuchte man, alles geheim zu halten.

Viele Menschen hatten sich schon auf den Weg nach Ungarn gemacht und harrten unter schwierigen Bedingungen teils in der deutschen Botschaft aus, um ihre Ausreise zu erzwingen, die meist schon lange geplant war. Die größte Sensation war der 30. September 1989, als Hans-Dietrich Genscher auf dem Balkon der Prager Botschaft die Grenzöffnung verkündete. Alle wollten nur noch weg. Diese Szenen sehe ich noch vor mir.

Als dann am 9. November 1989 die Mauer fiel, war das unfassbar und noch unwirklich in meinem Erinnerungsgefühl. Immer wieder schauten ich und meine Familie diese Situation im Fernsehen an. Es kamen Anrufe von lieben Verwandten und Freunden, mit denen wir Kontakt im anderen Teil Deutschlands hatten, und erste Einladungen für einen Besuch folgten.

Am nächsten Morgen im Betrieb – einer hatte ein Kofferradio mit – waren alle aus der Abteilung fassungslos und es herrschte nur dies als Gesprächsthema. Die bange Frage, was nun auf uns zukommen würde, bewegte unsere Gemüter. Unsicherheit machte sich breit. Bei mir kam keine Euphorie auf, auch kein Verlangen, alles zu verändern und in den Westen zu reisen.

Mein Mann war Parteimitglied, hatte seinem Vorgesetzten sein Parteibuch noch vor dem Mauerfall abgegeben und sich damit unbeliebt gemacht. Man einigte sich auf einen Aufhebungsvertrag und er begann, seine eigene Firma aufzubauen. Eine schwere Entscheidung, die mich und ihn finanziell vor große Probleme stellte. Ich behielt meinen Arbeitsplatz, musste aber erkennen, dass ich unter besonderer Kontrolle der oberen Chef-Etage stand. Im September 1991 bekam ich in unwürdiger Form die Kündigung. Ich war fassungslos.

Zunächst arbeitete ich stundenweise in der von meinem Mann gegründeten Firma für Glas- und Gebäudereinigung als Reinigungskraft. Durch Informationen einer Bekannten erfuhr ich von einer freien Stelle als Büroangestellte im Empfangsbereich einer Sanitär- und Heizungsfirma. Ich bewarb mich und bekam die Stelle noch vor Ablauf der Kündigungsfrist bei Zeiss. Ein Glücksfall!

Aber ich erlebte noch den radikalen Abbau im Maschinenbau bei Zeiss mit, als man Maschinen und Zubehör verschrottete oder ins Nirgendwo abtransportieren ließ. Mitarbeiter nahmen aus der Firma einfach Werkzeug und Sonstiges für den Eigenbedarf mit. Sogar kleine Maschinen gingen in Privatbesitz über. Ein schreckliches Erlebnis! Ohne Sinn und Verstand ging man vor, um das Neue zu erleben, was ja leider nicht den ursprünglichen Vorstellungen gerecht wurde. Es machten sich Ungerechtigkeit und Neid sowie Enttäuschung breit.

Als der neue Betriebs-Chef Lothar Späth, das »Cleverle« genannt, die Firma umkrempelte, wurden Massenentlassungen zum Albtraum und wir gingen auf die Straße zur Demo. Genützt hat es nichts. Viele Schicksale hat er auf dem Gewissen. Allerdings entwickelte sich in bestimmten Arbeitsbereichen auch vieles zum Positiven, was mich aber nicht mehr betraf. Meine Technologie-Abteilung bekam eine neue Wirkungsstätte. Nur wenige wurden weiterbeschäftigt. Frühverrentung war eine Alternative: für manche gut, aber andere hatten es schwer, eine neue Arbeit zu finden.

Arbeitslos zu sein war wie ein Gespenst. Manche hatten ihr halbes Leben im Zeiss-Betrieb verbracht.

Was bei der radikalen Veränderung auch erfolgte, war unter anderem der Abriss alter Zeiss-Gebäude. Im Stadtzentrum von Jena entstand dabei die Goethe-Galerie mit vielen Geschäften. Der Ernst-Abbe-Platz ist heute mit seinem Campus für Studierende eine wichtige Anlaufstelle und Treffpunkt. Einige Ärzte-Zentren und andere Firmen, auch aus der Forschung, haben sich in den umgebauten Gebäuden angesiedelt.

Als eine schlimme Erfahrung bleibt mir im Gedächtnis, wie die Treuhand mit ihren brutalen Machenschaften Betriebe in unserem Land einfach abwickelte und sogar Kunst- und Bauwerke an angebliche Super-Investoren veräußerte – für ein Trinkgeld! Es hat sich später erwiesen, dass alles Lug und Trug war. Vielen Menschen wurde eine Existenz zerstört; manche leiden noch heute.

Mein weiterer Berufsweg ging durch Höhen und Tiefen. Vier Jahre hatte ich Arbeit in der Sanitär- und Heizungsfirma – dann wurde mir unrechtmäßig gekündigt. Eine Weiterbildung für Buchhaltung und Englisch folgte. Durch eine ABM (Arbeitsbeschaffungsmaßnahme) bekam ich eine Beschäftigung als Betreuerin von Senioren und deren Freizeitgestaltung. Im Anschluss daran bewarb ich mich in einem Call-Center und bekam die Stelle eines Agenten. Mit 50 Jahren hieß es, neun Stunden im Drei-Schicht-System zu arbeiten. Dazu möchte ich nur sagen, dass die Arbeit mit viel Stress und teilweise erniedrigenden Arbeitsmethoden verbunden war. Durch diese Schichtarbeit verlor ich teilweise auch meinen Freundeskreis. Nach der Insolvenz dieser Mainzer Firma konnte ich ihn wieder aufbauen.

Mit viel Fleiß und Energie führte mein Mann seine Firma für Glas- und Gebäudereinigung so gut, dass er im Laufe der Jahre in Jena Ansehen erlangte und im Handwerkerverzeichnis in einem großen ausgehängten Buch im Eingang des Rathauses verewigt wurde. Er hatte sich bei der Reinigung von Lüftungen einen Namen gemacht. Unser Sohn, zwischenzeitlich Angestellter in der Firma, absolvierte bei ihm seinen Meister und führt heute eine eigene Firma in dieser Branche.

Auch andere schöne Erlebnisse nach der Wende blieben mir im Gedächtnis: In meinem ursprünglich erlernten Beruf als Damenschneiderin nahm ich am Aenne-Burda-Wettbewerb teil und bekam mit meinem selbstgenähten Kleidungsstück sogar den Publikumspreis. Die Preisverleihung fand im Volkshaus in Jena statt. Ein weiterer besonderer Höhepunkt kündigte sich später an, als mein Idol Udo Jürgens in Erfurt ein Konzert gab und ich ganz nah als Fan dabei sein konnte.

All das waren Wünsche, die nun in Erfüllung gingen. Mein Mann und ich hatten jetzt auch das Bedürfnis zu reisen. Erst lockte uns die Bergwelt in Bayern und Österreich, aber bald wollten wir fernere Länder bereisen und deren Schönheiten und Menschen kennenlernen. Ziele waren Griechenland, Zypern, Madeira, Mallorca und die Algarve. Traumhafte Erlebnisse waren das, und mein Mann hielt alles in Fotos fest und gestaltete später Fotobücher davon.

Die Wende hat für die Konsumenten und Reisenden eine unwahrscheinlich große Bereicherung gebracht – uns allerdings auch in vielen Dingen die Augen geöffnet in Punkto Gewinn und Verlust.

Wir besaßen inzwischen ein Mehrfamilienhaus, welches wir total renovieren mussten. Um Sanierungs- und Renovierungskosten zu decken, hatte ich mir darin eine Pension aufgebaut. Viele Menschen aus mehreren Ländern konnte ich als Gäste unterbringen.

Eine Ausreise nach dem Westen stand nie zur Debatte. Mein Freundeskreis und die Verwandten aus dem anderen Teil Deutschlands luden uns ein, sodass der Kontakt nie abriss. Eben echte Freundschaften!

Ich ließ mich durch kurzzeitige Arbeitslosigkeit nicht entmutigen und ging mit 63 Jahren in Rente, arbeitete noch stundenweise als Reinigungskraft und pflegte meine hilfebedürftigen Eltern.

In dieser Zeit eignete ich mir mein schönstes Hobby an: 2001 begann ich damit, mich in unterschiedlichen Malkursen und mit den verschiedenen Maltechniken weiterzubilden, um mein Hobby, das Malen, zu perfektionieren. In diversen Ausstellungen konnte ich meine Werke einer breiten Öffentlichkeit zeigen und mir so ein gewisses Ansehen in den Jenaer Hobby-Malkreisen erwerben. So ein interessantes Hobby schafft Kraft für die Seele, und ich lernte sehr nette Menschen kennen, die ehemals in vielen verschiedenen Berufen gearbeitet und durch das Malen einen neuen Sinn gefunden haben.

Mein Fazit zur Wende

Die Öffnung der Grenzen ist ideal, wenn sie nicht für kriminelle Taten genutzt wird.

Politiker sollten bessere Kontakte zu den Menschen finden und auch den Ruf jener Leute wahrnehmen, die Mahnungen verkünden.

Nicht die Mächtigsten schaffen Werte, sondern der arbeitende Bürger.

Wissenschaftler und Forscher setzen Signale, und Ärzte können damit vielen Menschen helfen.

Der Ruf nach Bildung sollte nicht auf taube Ohren stoßen.

Die Tatsache, dass die Armut immer mehr um sich greift, sollte nicht außer Acht gelassen werden. Reichtum macht nicht glücklich, sondern schafft Hass und Neid.

Die Anerkennung der Arbeit – egal welchen Berufes – ist unabdingbar.

Berührungsängste sollten abgebaut und keine neuen Mauern aufgebaut werden.

Freundschaften pflegen ist wichtig. Einmal im Monat treffe ich mich mit ehemaligen Zeiss-Kollegen zum gemeinsamen Mittagessen und Plaudern.

Aus meinen Kindern und Enkeln sind kluge und fleißige Menschen geworden, denen wir Vorbild waren. Ich hoffe, uns bleibt eine friedliche Zukunft beschert.

Immer wieder Neuanfänge

Dekorateur im Sozialistischen Handelsbetrieb Möbel in der Nähe von Schwerin, 30 Jahre

In den Jahren vor der Wende opponierten wir gegen die Staatsmacht auch in meinem Freundeskreis. Die einen stellten Ausreiseanträge, die anderen wollten bleiben und etwas verändern: zu ihnen gehörte ich. Als sichtbares Zeichen meiner Identifizierung mit dem Friedenskreis trug ich auf meiner Tasche einen Aufkleber mit dem Motto »Schwerter zu Pflugscharen«. Von der Stasi bin ich trotz meiner Kontakte zu vermeintlichen Staatsfeinden und Ausreisewilligen nicht behelligt worden. Die Ereignisse im Wendeherbst beobachtete ich nicht ohne Sorge und rechnete immer mit dem Eingreifen der Armee. Am Fernseher verfolgte ich ungläubig und fassungslos die Grenzöffnung. Dem massenhaften Besucherstrom in den Westen wollte ich mich nicht anschließen.

Wenn ich heute auf die vergangenen 30 Jahre zurückschaue, liegt beruflich gesehen ein holpriger Weg in der freien Wirtschaft hinter mir, begleitet von Firmenabwicklungen, beruflicher Neuorientierung, Selbstständigkeit, Insolvenz eines Arbeitgebers und befristeten Arbeitsverträgen. Die meisten Jobs waren mit immensem Leistungsdruck und minimaler Bezahlung verbunden. Zwischenzeitlich gab es auch Arbeitslosigkeit, während der ich Weiterbildungen absolvierte.

Im Möbelhaus unserer Stadt war ich seit den 1980er-Jahren als Dekorateur beschäftigt. So stand es zumindest im Arbeitsvertrag. Kam eine Lieferung Möbel, beispielsweise die Schrankwand *Modell Bützow*, wurden die Einzelteile im Gang des Möbelhauses abgestellt. Die Nachricht von der neuen Lieferung verbreitete sich schnell, denn der Lieferwagen vor der

Eingangstür verriet den neuen Wareneingang, und da das Möbelhaus in der Geschäftsstraße unserer Stadt lag, blieb diese Neuigkeit nicht lange verborgen. Als nach dem Abladen die Tür wieder geöffnet wurde, strömten die Kunden herein, stiegen über die Einzelteile und zeigten auf das, was sie begehrten. Am Ende blieben ein paar Reste übrig, die sich schlecht kombinieren ließen. Wer braucht schon drei Bar-Teile!? Also mit Dekorieren war da nicht viel. Immerhin gehörte ich zum positiven Kern der Mitarbeiter, so hieß es von der Betriebsleitung der Handelsorganisation (HO) auf einer Versammlung. Wir sollten auf unliebsame Mitarbeiter einwirken, die in anderen Läden der HO »lange Finger« gemacht oder ein Alkoholproblem hatten und ins Möbelhaus abgeschoben wurden. Schließlich gab es keine Entlassungen in unserem Land.

Der Zustand in unserem Möbelhaus änderte sich vier Jahre vor dem Mauerfall mit der Übergabe des Hauses an den Sozialistischen Handelsbetrieb Möbel Schwerin. Nicht alle Mitarbeiter wurden übernommen. Die Unliebsamen blieben bei der HO. Fortan zog Niveau in unser Haus. In den Verkaufskojen wurden Musteranbauwände und Musterschlafraummöbel aufgestellt. Ich bekam Dekomaterial gestellt, beispielsweise in Form von Dederon-Stoffen, aus denen ich dann auf meiner alten Singer-Nähmaschine Überwurfdecken und Kissenhüllen nähte. Die waren immerhin so gut, dass es Kaufanfragen gab. Die Möbel wurden nun angemessen präsentiert, zweimal im Jahr gaben die Kunden Bestellungen zu unseren avisierten Möbellieferungen ab. Der Bedarf an hochwertigen Möbeln, die auch in den Export gingen, konnte aber nicht gedeckt werden. Kunden, denen es gelungen war, solche Möbel zu erwerben, zeigten sich oft überglücklich und schenkten den Verkäuferinnen zum Dank ein Stück Fa-Seife oder eine Nylon-Strumpfhose aus dem Westen.

Blicke ich auf die Monate zwischen Mauerfall, Währungsunion und Wiedervereinigung zurück, sehe ich eine wilde Zeit, die so einige Blüten trieb. Eine Episode aus jener Zeit beschreibt die grenzenlose Gutgläubigkeit und Naivität einer ehemaligen DDR-Bürgerin, nämlich meiner Person, als sie erste Erfahrungen mit dem Kapitalismus machte.

Nach dem Mauerfall fand sich eine Möbelkette aus dem Westen, die das Möbelhaus und einige Angestellte übernahm. Ziel war es, am Tag der Währungsunion das Haus wiederzueröffnen. Wir Mitarbeiter hatten in kürzester Zeit das Haus zu entrümpeln, zu renovieren, zu putzen und mit neuen Möbeln zu bestücken. Das war nur mit Überstunden möglich, die mit 5 Mark pro Stunde bezahlt werden sollten. Wir gingen hoch motiviert an unsere Leistungsgrenzen, um an jenem Tag das Haus öffnen zu können. Die Wände bekamen frische Farbe, die Böden wurden mit mintfarbigem Teppichbelag ausgelegt und darauf die Möbel gestellt, von denen der DDR-Bürger schon immer geträumt hatte. Am Tag der Wiedereröffnung des Möbelhauses strömte eine große Menschenmenge durchs Haus. Die Treppe in den ersten Stock gab nach und wir konnten die Besucher nur noch einzeln hinauflassen. Es wurden unglaublich zahlreiche Kaufverträge abgeschlossen und die Wartezeit für Möbel verschob sich auf viele Monate nach hinten – traumhafte Zustände für Möbelhersteller aus dem Westen, insbesondere für jene, die schon kurz vor dem Aufgeben waren. Mit einem schönen Samtbezug wurden auch die unmodernsten Polstermöbel noch gut verkauft.

Dann kam der Tag der Auszahlung unserer geleisteten Überstunden. Wir mussten feststellen, dass auf unserem Gehaltszettel unsere Leistung nur noch 2,50 D-Mark pro Stunde wert war. Die Begründung dafür war, dass die Überstunden noch vor der Währungsunion geleistet und mit dem Wechselkurs 1:2 berechnet wurden. Nicht mit uns! Wir schlossen spontan den Laden; selbst unser Hausleiter trug diese Entscheidung mit. Meine Kollegin und ich sammelten in der Belegschaft erstes Westgeld für ein Beratungsgespräch bei einem Anwalt, der sich auf der anderen Straßenseite ein Büro eingerichtet hatte. Er hatte auch gleich Zeit für uns und erklärte, dass wir ohne Mitgliedschaft in einer Gewerkschaft nicht einfach streiken könnten und dass wir mit berechtigten Konsequenzen seitens unseres Arbeitgebers zu rechnen hätten. Das beeindruckte uns nicht sehr – wir fühlten uns im Recht und der Laden blieb zu. Nach drei Stunden traf die Geschäftsleitung ein. Wir wurden zur Rede gestellt und mündlich verwarnt. Folgen hatte dieser Streik für uns nicht. Die Geschäftsleitung wollte offenbar keine schlechte Publicity. Später erfuhren wir, dass jener Anwalt auf Arbeitsrecht für Arbeitgeber spezialisiert war. Der dürfte sich über unsere Einfältigkeit prächtig amüsiert haben. Fortan war der Geschäftsleitung der Zusammenhalt unter den Kollegen nicht recht. Dieser begann dann auch zu bröckeln, nachdem der Kauf-Boom vorbei war und die Provision für Verkäufer eingeführt wurde. Damit bekam der Begriff »Ellenbogengesellschaft« ein Gesicht für uns. Nach zwei Jahren war der Rahm abgeschöpft und das Möbelhaus wurde abgewickelt.

Nach kurzer Arbeitslosigkeit hatte ich das Glück, eine Umschulung zur Grafikdesign-Assistentin zu absolvieren. Mit dieser Maßnahme sollten die entlassenen Dekorateure von Konsum und HO aufgefangen werden. Im Anschluss an diese Ausbildung gab es eine Episode, die beweist, dass die ehemalige DDR-Bürgerin lernfähig ist. Der Prokurist des Bildungsunternehmens, ein Wessi, wollte sich ein zweites Standbein aufbauen und gründete eine Werbeagentur, bei der eine Absolventin der Umschulung und ich eine Anstellung fanden. In unserem neuen schicken Büro standen hochwertige Rechner, die auf der Rückseite den Aufkleber des Bildungsträgers trugen. Das hatte unser neuer Chef wohl übersehen. Wir hingegen taten ahnungslos. Gedacht war, dass unser Chef Werbeaufträge akquirieren wollte, die wir dann umzusetzen hätten. Das lief aber nicht gut. Eines Tages holte er einen Freund ins Boot, einen jener Glücksritter aus dem Westen, die mit fragwürdigen Beratertätigkeiten einen Fuß in die Tür kriegen wollten. Der hatte ihm den Floh ins Ohr gesetzt, uns als Promoter für Produkte Auftrag gebender Firmen auf Festbühnen und Veranstaltungen zu schicken. So hatten wir nicht gewettet! Da wir nicht einfach kündigen konnten, ohne dass uns eine Sperre des Arbeitslosengeldes drohte, verwiesen wir auf die dubiose Herkunft der Computer und forderten eine sofortige betriebsbedingte Kündigung. Mit Erfolg! Ein paar Monate später gründeten wir unsere eigene Werbeagentur.

Nach dem Experiment Selbstständigkeit, das fünf Jahre währte, folgten weitere Jobs. Einer davon in einer modernen Druckerei, die nach der Wiedervereinigung von einem Ossi neu gebaut wurde. Als ich dort anfing, war das Unternehmen trotz guter Auftragslage schon am Schlingern. Papierhersteller lieferten nicht mehr. Auf kostenintensive Wartungsarbeiten an den Maschinen wurde schon lange verzichtet. Es gab immer wieder Verzögerungen bei der Überweisung der Gehälter, bis die Bank den Kreditrahmen erweiterte und die Gehälter nachgezahlt wurden. Aber irgendwann drehte die Bank den Geldhahn zu. Einige Kollegen hatten zu diesem Zeitpunkt schon fünf Monate kein Gehalt gesehen. Bei mir waren es nur drei. Das erste Mal in meinem Leben, dass ich mit meinem Konto ins Minus rutschte! Ich kündigte. Kurz darauf hörte ich dann von der Insolvenz der Druckerei. Meine ausstehenden Gehälter bekam ich nachgezahlt. Die Verzögerung des Insolvenzantrages seitens des Inhabers hatte einen tragischen Hintergrund, wie ich später erfuhr. Seine Eltern hatten mit Haus und Hof für die Kredite gebürgt und nun alles verloren.

Eine erhellende Erfahrung war die Begegnung mit dem Adel. Auch in der DDR kannte ich Leute, die ein »von« im Namen trugen, davon aber kein Aufhebens machten und ganz normale Bürger waren. Bekanntlich hatte der Adel in Deutschland nach dem Ende der Monarchie seine politische Macht vollständig verloren. Politische und gesellschaftliche Privilegien entfielen, lediglich die Titel durften als Namensbestandteil weitergeführt werden. Dass der Adel heute weit davon entfernt ist, ein historisches Relikt zu sein, erfuhr ich bei einem Job als Marketingberaterin in einem Gutshaus, welches als Gästehaus für gehobene Ansprüche diente. Der neue Besitzer sanierte das Haus aufwendig, seine Frau richtete es teuer und geschmackvoll im englischen Stil ein. Gewünscht waren insbesondere Gäste von Adel, mit denen sich die Frau meines Chefs gerne identifizierte, obwohl sie ärgerlicherweise nicht einmal ein »von« in ihrem Namen trug. Zu den privaten Gesellschaftsjagden fanden sich Blaublütige ein – vom Grafen bis zur Prinzessin. Ich erkannte sie schon am Kleidungsstil. Bei den Herren waren es überwiegend Cordhosen und Tweed-Sakkos mit ledernem Ellenbogenbesatz. Und falls noch reichlich vorhanden, trug »Mann« das Haar gescheitelt mit seitlicher Tolle. Die Damen erschienen oft in Gehrock, Hosen im Reiterstil und Stiefeln. Solche illustren Veranstaltungen waren immer eine nette Abwechslung für mich und meine Kollegin, die ich beim Bewirten der Gäste unterstützte.

Die Gesprächsfetzen, die wir manchmal auffingen, sorgten oft für Erheiterung bei uns: Worte voller Dünkel im pikierten Tonfall. Beispielsweise fachsimpelten Gäste über das Leben in der DDR, ohne je dagewesen zu sein. Eine Feststellung war, dass sich schon viel geändert hätte und die Menschen heute nicht mehr ihren Müll in die Vorgärten werfen würden. Ein Freund des Hauses, der ein Alkoholproblem hatte, was man ihm aufgrund seines Titels gerne nachsah, beklagte, dass die Ossis nichts von Etikette verstünden, sie hätten in der DDR keinen Anstand gelernt. Anstand ist offenbar ein dehnbarer Begriff, denn ich sah diesen Herrn später neben einem Supermarkt in die Büsche urinieren.

So könnte ich meinen Bericht mit Ereignissen aus der Arbeitswelt fortsetzen. Erst im letzten Drittel meines Berufslebens fand ich über ein Jobportal eine Arbeit, bei der alles passte. Ich bin heute als Museumsmitarbeiterin tätig, kann hier meine Fähigkeiten und meine über Jahre gesammelten Erfahrungen einbringen. Meine Arbeit findet Wertschätzung und die Bezahlung erfolgt nach Tarif. Am Ende wird es aber nur für die Mindestrente reichen. Dieser Umstand macht mir keine großen Sorgen, da ich durch meinen Mann finanziell abgesichert bin.

Familiär gesehen hatte die Wende nur geringen Einfluss auf die Ereignisse und Veränderungen in unserem Leben. Lediglich durch Umstrukturierungsmaßnahmen in der Firma meines Mannes kam es mehrfach zu Umzügen in andere Orte, was auch ein Grund für meine häufigen Jobwechsel war.

Ich bin auch heute politisch interessiert, hinterfrage kritisch, diskutiere gern und sehe mich links. Aus heutiger Sicht finde ich es gut, dass ich Gelegenheit hatte, in beiden Systemen meine Erfahrungen machen zu können.

Im Chaos der Abwicklung

Studentin am Fachbereich Philosophie der Sektion Marxismus/Leninismus an der Karl-Marx-Universität Leipzig, 21 Jahre

Im Herbst 1989 studierte ich an der Karl-Marx-Universität Leipzig Philosophie. Gerade hatte für mich das dritte Semester begonnen. Das Studium sollte insgesamt zehn Semester dauern, also fünf Studienjahre. Mein Fachbereich bildete eigentlich Lehrer aus, die später an Universitäten, Hoch- oder Fachschulen Philosophie unterrichten sollten. Ich wollte jedoch nicht Philosophielehrerin werden, sondern Journalistin. Aber die Studienplätze dafür waren sehr begrenzt, und so hatte mich die *Ostsee-Zeitung* Rostock, bei der ich vor dem Studium ein einjähriges Volontariat absolviert hatte, zu diesem Studium delegiert. Geplant war, nach dem Studium zur Zeitung zurückzukehren. Eine Freundin und ich hatten uns für diesen Weg entschieden. Immerhin hatten wir am Ende des zweiten Semesters mit dem für Ausbildung verantwortlichen Fachbereichsmitarbeiter festgelegt, dass wir zwei im 4. Studienjahr nicht wie vorgesehen ein Pädagogikpraktikum machen würden, sondern dieses halbe Jahr bei unserer Zeitung arbeiten könnten. Dafür wären wir nach dem Studium nicht Diplomlehrer für Philosophie, sondern Diplomphilosophen geworden. Ich war also auf einem guten Weg hin zum Journalismus, wenn es auch ein kleiner Umweg war.

Das Studium beinhaltete in den ersten beiden Studienjahren eine umfassende Ausbildung in Marxismus-Leninismus, also *Dialektischer Materialismus, Wissenschaftlicher Kommunismus, Geschichte der deutschen Arbeiterbewegung* und *Politische Ökonomie.* Außerdem zog sich das Fach *Geschichte der Philosophie* durch das gesamte Studium. Begonnen hatten wir im 1. Studienjahr mit der griechischen Antike. In den weiteren Semestern würden wir uns durch die Jahrhunderte und Epochen bis zur Gegenwart arbeiten. Während meines gesamten Studiums habe ich mich allerdings nie als Philosophin gesehen, vor der Wende nicht und danach auch nicht. Ich sah das Studium nur als Mittel zum Zweck, Journalistin zu werden. Es war ein bisschen wie Pflicht, so wie Schule auch Pflicht gewesen war. Da musste ich halt durch.

Tatsächlich erinnerte die Organisation des Studiums auch ein bisschen an die Schule. Alles war fest geplant und durchorganisiert. Wir hatten einen geregelten Stundenplan. Es gab eigentlich keine Wahlmöglichkeiten für Vorlesungen oder Seminare, alles stand fest, lediglich den Sportkurs konnten wir aus fünf Angeboten aussuchen. Aber da wir das nicht anders kannten, war es o.k. Zu Beginn des Studiums hatte ein Professor sogar geraten: »Wenn Sie Nachwuchs planen, dann ist das 3. Studienjahr am besten dafür, ab dann haben Sie nachmittags Unterricht.« Dieser Rat kam uns zwar erst einmal etwas seltsam vor, denn ans Kinderkriegen dachte zum Anfang ja noch niemand, aber so ein bisschen Planwirtschaft konnte auch im Studium nicht schaden. Immerhin war Familienplanung in der DDR sehr wichtig und viele Studenten und Studentinnen wollten das Thema nicht auf die Zeit nach dem Studium verschieben. Der Plan sah auch vor, dass man sich seinen Arbeitsplatz zunächst nicht selbst suchte. Jeder Student musste eine Erklärung unterschreiben, dass er drei Jahre lang dort arbeitete, wo er gebraucht wurde. Das konnte unschön sein, wenn man in irgendeinem kleinen Nest am anderen Ende der Republik landete, aber es hatte den Vorteil, dass wir uns um die Zukunft keine Sorgen machten mussten – Arbeitslosigkeit erwartete uns nicht.

Mein Studium hatte im September 1988 begonnen. Nach einer Woche Hineinschnuppern in den Universitätsalltag und organisatorischen Dingen ging es erst einmal für drei Wochen ins Erntelager, wir halfen bei der Kartoffelernte. Niemand von uns empfand das als schlimm oder gar als »Zwangsarbeit«. Es war im sozialistischen Gefüge einfach so, dass Studenten hier mitanpackten. Außerdem war es für uns eine gute Möglichkeit, die anderen Mitstreiter der Seminargruppe besser kennenzulernen. Die Seminargruppe war wie eine Schulklasse. In diesem Verbund hatten wir all unsere Seminare und Vorlesungen. Es gab auch einen Seminargruppenleiter, so eine Art Tutor, der uns durch das gesamte Studium begleiten sollte. Meine Gruppe bestand aus ca. 20 Leuten, keiner kam direkt von der Schule an die Universität. Sie hatten vorher beim Deutschen Turn- und Sportbund gearbeitet, ihren Armeedienst geleistet oder eine Unterstufenlehrerausbildung absolviert, einer war sogar Schließer im Gefängnis gewesen. Zwei Kommilitonen kamen aus Laos. In der Parallelseminargruppe gab es einen Studenten aus Afghanistan und zwei aus Vietnam.

Viele von uns wohnten im Studentenwohnheim, zum Anfang meist in Viererzimmern mit je zwei Doppelstockbetten. Einen Wohnheimplatz bekam jeder, der ihn brauchte. Dafür wurden uns von den 200 Mark, die jeder Student monatlich als Stipendium erhielt, 10 Mark abgezogen. Wir hatten im Wohnheim einen eigenen Studentenklub und ein kleines Café, beides wurde von den Studenten selbst betrieben und war immer ganz gut besucht, allerdings nicht täglich geöffnet. In das Wohnheim kam man nur mit einem Hausausweis oder als Gast eines Bewohners. Kontrollieren mussten wir das selbst, jeder hatte mal Dienst.

Der Studentenalltag sah in der Regel so aus: vormittags Vorlesungen und Seminare, meist drei Doppelstunden von 7.30 Uhr bis 12.30 Uhr, Mittagessen in der Mensa, nachmittags Lesen und Lernen, vor allem in der Bibliothek, der Universitätsbibliothek oder in der Deutschen Bücherei. Da es gerade die Bücher, die wir für *Geschichte der Philosophie* lesen mussten, nicht zu kaufen gab, saßen wir damals viel in der Bibliothek und schrieben ganze Absätze ab. Kopierer hatten wir keine. Auch wenn jemand krank war, bat er einen Kommilitonen, in der Vorlesung »mitzuschreiben«. Das hieß, Blaupapier benutzen, und der Kranke bekam den Durchschlag. An den Abenden tranken wir gerne mal ein Bier oder ein Glas Wein in einem der vielen Studentenklubs, am liebsten im Zentralen Studentenklub »Moritzbastei«, einem alten Kellergewölbe gleich neben der Uni. Dort fanden auch Konzerte oder Discos statt, für die man oft einige Tage vorher schon die begehrten Karten erwerben musste. Gern habe ich auch die Länderabende besucht, die es manchmal samstags in einer Mensa gab. Sie wurden von ausländischen Studenten organisiert, die mit landestypischem Essen, Diavorträgen und der passenden Musik ihre Heimat vorstellten.

Alle vier bis fünf Wochen fuhr ich nach Hause. Das war immer ein riesiger Aufwand. Die Zugfahrt von Leipzig nach Rostock mit dem D-Zug dauerte sechs Stunden, dann noch einmal fast zwei Stunden Bummelzugfahrt bis in meine kleine Heimatstadt. Bei Zugverspätungen war ich auch gerne mal neun bis zehn Stunden unterwegs.

In den Semesterferien zwischen dem 1. und 2. Studienjahr, also im Sommer 1989, arbeitete ich während des »Studentensommers« drei Wochen in Bulgarien. Auch das war, ähnlich wie das Erntelager, eine Pflichtveranstaltung. Jeder Student wurde drei Wochen in der sozialistischen Produktion eingesetzt, häufig auf einer Baustelle, mit Glück in der Hauptstadt Berlin, denn dort wollte jeder gerne hin. Mit noch mehr Glück oder wenn man schon zwei- bis dreimal so einen »Studentensommer« im Inland mitgemacht hatte, durfte man mit einer »Interbrigade« ins sozialistische Ausland. Ich hatte ein bisschen Glück und durfte gleich beim ersten Mal ins Ausland. Drei Wochen saß ich mit neun weiteren Studenten aus Leipzig an einem Fließband in einer Fabrik in Plovdiv und zog aus vorgedämpften Paprikaschoten die Stängel heraus, damit die Schoten anschließend zu Letscho verarbeitet werden konnten. An den Fließbändern neben uns saßen Studenten aus Moldawien, Bulgarien und der Tschechoslowakei. Nach den drei Wochen fuhren wir alle gemeinsam noch zehn Tage durchs Land, waren in Gabrovo, der alten Hauptstadt Bulgariens, Varna und Sofia und konnten ein wenig Land und Leute kennenlernen. Das gehörte zum internationalen »Studentensommer« dazu und machte natürlich den Reiz dieser Aktion aus. Hin- und Rückreise fanden nicht etwa per Flugzeug statt, sondern mit dem Zug – über 40 Stunden zu acht im Abteil, Schlafen also nur im Sitzen. Die Fahrt führte uns durch die ČSSR, Ungarn und Rumänien. Auf der Rückreise, Ende August 1989, stieg keiner von uns in Budapest aus, um über die inzwischen offene österreichisch-ungarische Grenze die DDR zu verlassen, wie es viele unserer Mitbürger taten. Wir fuhren zurück, um weiterzustudieren.

Zu Beginn meines 2. Studienjahres, September/Oktober 1989, wurde an der Uni viel diskutiert: über die Veränderungen in der DDR, über die Menschen, die »abgehauen« waren, über die Montagsdemonstrationen in Leipzig, an denen von Montag zu Montag mehr Menschen teilnahmen. Zu Beginn der Montagsdemos traute ich mich dort nicht hin. Man hörte, dass Demonstranten festgenommen wurden. Außerdem war ich ein »Kind der DDR«, war hier aufgewachsen, hatte die typische sozialistische Schulbildung genossen und war überzeugt, dass unser System das bessere Gesellschaftssystem war. Dennoch war auch ich der Meinung, dass es Veränderungen geben musste, dass wir mehr Reisefreiheit brauchten, dass sich politisch und ökonomisch etwas tun musste.

Dann kam der 9. November 1989. An diesen Tag habe ich keine konkreten Erinnerungen mehr. Irgendjemand im Wohnheim erzählte, dass die Mauer offen sei und dass die DDR-Bürger in Berlin ganz unbehelligt die Grenze nach Westberlin übertreten durften. Ich hatte im Wohnheim keinen Fernseher, konnte die Bilder von den Grenzübergängen nicht sehen, nur Nachrichten im Radio hören. Aber ich spürte in mir in dieser Zeit nicht wirklich Freude, sondern eher Irritation und auch ein wenig Angst vor dem, was eventuell kommen könnte, vor einer ungewissen Zukunft.

Am ersten Wochenende nach der Maueröffnung reiste ich nach Hause. Am Leipziger Hauptbahnhof stand auch ein Zug, der nach Berlin fuhr.

Er war proppenvoll, die Leute wollten alle nach Westberlin – wenn auch nicht für immer, dann doch wenigstens mal gucken. Eine Durchsage auf dem Bahnsteig appellierte an die wartenden Menschen, nicht mehr in den Zug einzusteigen, es würde in Kürze ein weiterer Zug nach Berlin eingesetzt. Aber niemand stieg aus dem überfüllten Zug aus. Im Gegenteil, einige Menschen stiegen sogar durch die Fenster noch ein. Ich dachte, die Leute seien verrückt geworden, sollten sie doch den nächsten Zug nehmen. Aber wahrscheinlich wollten sie alle so schnell wie möglich den »goldenen« Westen angucken. Denn es wusste ja niemand, ob die Grenze nicht doch wieder geschlossen würde. Mich zog es erst einmal nicht hinüber. Mein erster Besuch in Westberlin war erst Anfang Dezember 1989.

An der Universität begann nun eine Zeit des Umbruchs, der eher einem Chaos glich. Unsere marxistisch-leninistischen Studienfächer wurden umgewandelt: aus *Wissenschaftlichem Kommunismus* wurde *Politikwissenschaft*, aus *Politischer Ökonomie Volkswirtschaftslehre*. In letzterem Fach saßen wir manchmal im Seminar, und der Seminarleiter war auf dem gleichen Wissensstand wie wir. Einmal musste ihm einer der Studenten sogar etwas erklären. Auch für ihn war Volkswirtschaftslehre Neuland. Die ersten meiner Kommilitonen brachen das Studium ab. Und auch bei mir begann nun die Zeit des Zweifelns. Sollte ich weiterstudieren? Wollte ich noch Journalistin werden? Oder was sonst? Nach der Maueröffnung erschallten nun die Rufe »Wir sind ein Volk« auf den Montagsdemos. Die Wiedervereinigung wollte ich nicht. Ich wollte eine bessere, gerechtere, offene DDR, aber keinen Kapitalismus.

1990 stand dann das Wort »Abwicklung« im Raum. Keiner von uns wusste, was das wirklich bedeutete. Wir dachten, dass unsere und die anderen gesellschaftswissenschaftlichen Fachbereiche dicht gemacht werden sollten. Also besetzten die Studenten zwei Tage ihre Universität, ließen niemanden in den »Weisheitszahn«, das markante Verwaltungsgebäude, in dem die meisten Fachbereiche ihre Büros hatten. Ich saß mit anderen Kommilitonen im Keller und passte auf, dass kein Professor oder Mitarbeiter ins Haus kam. Im Nachhinein erscheint mir die Aktion fast etwas albern, aber wir waren verunsichert und wollten unsere Studienplätze nicht verlieren. Abgewickelt wurden viele Bereiche dann doch, was hieß: Sie wurden umstrukturiert und man stellte neue Professoren ein – im Bereich Philosophie alle aus dem Westen.

Vorher sollten Evaluierungskommissionen einschätzen, was die Wissenschaftler aus dem Osten leisten konnten, welche Fähigkeiten sie hatten, und damit, wer an der Universität bleiben durfte. In diesen Kommissionen saßen auch Studentenvertreter, und da ich im Herbst 1990 in den Studentenrat meines Fachbereichs gewählt wurde, war ich Mitglied dieser Kommission. Allerdings hatten wir Studenten hier nicht wirklich etwas zu bestimmen; wir durften lediglich zuhören und am Ende unsere Meinung sagen. Es wurden Gespräche mit allen wissenschaftlichen Mitarbeitern geführt, nicht nur mit Professoren. Sie wurden nach ihren Themengebieten gefragt, welche Vorlesungen und Seminare sie anbieten könnten, wozu sie geforscht hatten. Einige wurden ernsthaft gefragt, warum sie bisher nicht mehr publiziert hätten. Als ob das eine Frage des Wollens war. Das ging ganz oft einfach nicht, weil das Papierkontingent der Verlage in der DDR begrenzt war. Ich habe diese Gespräche teilweise als regelrecht demütigend für die Befragten empfunden. Da saß ein gestandener Professor vor mir und zitterte wie in einer Prüfung – so wie wir sonst vor ihm gesessen hätten. Und auch wenn ich diesen Professor nicht sonderlich mochte – eine Befragung dieser Art hatte niemand verdient. Abwicklung hätte sicher menschlicher ablaufen können. Zumal ich das Gefühl hatte, dass unsere Philosophieprofessoren und auch die meisten der wissenschaftlichen Mitarbeiter gar keine Chance hatten. Wer marxistisch-leninistische Philosophie unterrichtet hatte, war als systemtreu abgestempelt und damit im neuen Universitätsbetrieb nicht zu gebrauchen.

Diese Umbruchzeit war andererseits aber auch eine Zeit der großen Angebote. Um sich zu profilieren oder auch, weil es jetzt einfach möglich war, boten die wissenschaftlichen Mitarbeiter Seminare zu allen philosophischen Epochen an, zu einzelnen Philosophen, zu Fragestellungen aus Ästhetik, Ethik und Erkenntnistheorie. Ein derartig breit gefächertes Angebot hatten wir später nie wieder. Das und die Tatsache, dass viele Studenten ihr Philosophiestudium abgebrochen hatten, führten dazu, dass wir manchmal nur zu dritt in einem Seminar saßen – bis die Lehrer kamen. Es muss so Ende 1990 oder Anfang 1991 gewesen sein, als Lehrer in Sachsen bei uns eine Zusatzqualifikation zum Ethiklehrer erwerben konnten. Da wurden die Seminare wieder voller, da drückten Lehrer zwischen 25 und 55 Jahren mit uns gemeinsam die Hörsaalbank.

Mit dem 3. Studienjahr wurde klar, dass wir das Studium nicht mehr mit dem Diplom abschließen würden, sondern mit dem Magistertitel. Das hieß auch, dass wir zwei Hauptfächer oder ein Haupt- und zwei Nebenfächer studieren mussten. So stand eine Entscheidung an, mit der ich mich sehr schwer tat, weil ich nicht mehr wusste, was ich nach dem Studium machen wollte. Sollte ich nun zum Journalismus wechseln? Aber auch mit Philosophie konnte ich später als Journalistin arbeiten. Also studierte ich weiter und wählte zunächst einmal ein Nebenfach – Germanistik. Das war etwas, was mich wirklich interessierte und Spaß machte. Das zweite Nebenfach sollte eines sein, mit dem ich in dem neuen Leben auch praktisch etwas anfangen konnte. Also entschied ich mich für Rechtswissenschaften. Kurzzeitig hatte ich sogar überlegt, ganz zu Jura zu wechseln, weil das einfach mehr Perspektiven bot. Aber irgendwie sah ich mich nicht wirklich als Juristin, und auch mein damaliger Freund riet mir davon ab. Da es Jura als Nebenfach in Leipzig anfangs nicht gab, wollte ich an der Fernuniversität Hagen studieren. Einer meiner Kommilitonen machte das auch; er studierte dort Wirtschaftsrecht im Nebenfach. Dann aber machte die juristische Fakultät doch ein Angebot und so begann ich im 4. Studienjahr mit dem zweiten Nebenfach.

Im Nachhinein war das ein absoluter Fehlgriff, aber wie sollte ich das damals ahnen? Die Verantwortlichen waren mit der Gestaltung der Nebenfachausbildung überfordert. Anfangs hatten sie eine viel zu hohe Semesterwochenstundenzahl angesetzt. Dann war unklar, welche Fächer wir belegen sollten. Es hieß, wir sollten das mit den Verantwortlichen in unserem Hauptfach absprechen. Aber denen war das doch egal und das hatte mit unserem Hauptfach ja auch gar nichts zu tun. Also gab es neue Regelungen, die unser Nebenfachstudium nicht gerade vereinfachten. Wir hatten alle den Grundkurs *Bürgerliches Recht* zu absolvieren, konnten zwischen den Grundkursen in *Öffentlichem Recht* und *Strafrecht* wählen und sollten dann noch ein Fach von den dreien aufbauend wählen. Wir mussten die Klausuren mitschreiben, aber keine Hausarbeiten. Leider war es bei den aufbauenden Klausuren zum BGB dann aber so, dass dort teilweise Themen aus Bereichen abgehandelt wurden, die wir nicht in unserem Nebenfachlehrplan hatten. Von den drei angebotenen Klausuren konnte ich somit nur eine mitschreiben, die ich zum Glück bestand. Ich hatte dann jedoch keine Möglichkeit mehr, meine Note in einer weiteren Klausur zu verbessern. Aber die Note war Nebensache. Entscheidend war, dass dieses Nebenfach keinerlei Qualifikation mit sich brachte, keinen wirklichen Nutzen. Ich hatte mal hineingerochen in die Juristerei, aber Ahnung hatte ich von nichts, dafür war unsere Ausbildung zu »grundkurshaft«. Das sahen die Verantwortlichen an der Juristischen Fakultät in Leipzig wohl auch so, denn nach uns ersten Nebenfachstudenten gab es keine weiteren, Jura wurde einfach nicht mehr als Nebenfach angeboten.

Auch in den Bereichen Philosophie und Germanistik lief nicht alles glatt. Die Einschreibungsphasen zu Beginn jedes Semesters waren immer chaotisch. Es gab Vorgaben, in welchen Gebieten wir wie viele Scheine machen mussten, um zu den Prüfungen zugelassen zu werden. Dementsprechend galt es, uns Seminare und Vorlesungen herauszusuchen und uns dafür einzuschreiben, damals noch nicht online, sondern vor Ort in einer Liste. Manchmal bekam man aber keinen Platz mehr in dem Seminar oder es fand aus irgendeinem Grund dann doch nicht statt. Das bedeutete, den gesamten eigenen Plan wieder umzustellen. Und unter Umständen hieß das sogar, dass die Zwischenprüfung erst ein Semester später stattfinden konnte, wenn noch ein Schein fehlte, weil man keinen Platz mehr in dem einen wichtigen Seminar gefunden hatte. In diesen Einschreibungsphasen habe ich mir manchmal das verschulte DDR-System zurückgewünscht: Da war alles klar, alles geregelt, alle angesetzten Veranstaltungen fanden statt, ich wusste, was ich zu tun hatte. Aber jetzt war jeder Semesterbeginn ein kleiner Fehlstart und es dauerte immer zwei, drei Wochen, bis alles normal lief.

Diese Semester-Anfangsphasen waren deshalb auch jedes Mal die Zeiten der größten Zweifel. Machte es überhaupt Sinn weiterzustudieren? Sollte ich lieber hinschmeißen? Mit der Philosophie, einem Fach, das mich eh nie wirklich interessiert hatte, abschließen? Oder gleich das ganze Studium beenden? Eine Ausbildung machen? Ich hatte meine Orientierung, meinen Weg verloren. Und auch, wenn ich mir jedes Mal sagte, dass ich auch mit diesem Magisterabschluss Journalistin werden könne, vergingen die Zweifel nicht. Wollte ich eigentlich noch Journalistin werden? Traute ich es mir noch zu? Bekam ich überhaupt in der Realität die Möglichkeit dazu? Würde ich einen Job finden? Oder wartete nach dem Studium die Arbeitslosigkeit?

Eine Journalistik-Studentin, mit der ich gemeinsam das Volontariat absolviert hatte, hatte einen Termin bei der *Ostsee-Zeitung* und nahm mich mit. Dort hieß es, man könne uns natürlich keine Jobzusage mehr geben, aber wir könnten uns nach dem Studium gern bewerben. Der vorgezeichnete Weg, den ich in der DDR gegangen wäre, war dahin. Für viele war diese neue Freiheit, alles alleine zu planen und zu entscheiden, vielleicht ein großer Gewinn. Mir nahm sie die Sicherheit, zog mir den Boden unter den Füßen weg, auf dem ich vorher gestanden hatte. Ich war nicht in der Lage, einen anderen Weg einzuschlagen. Ich hatte mein Selbstvertrauen, das Vertrauen in mich und meine Fähigkeiten, verloren. Ich wusste nicht mehr, was ich wirklich wollte, wohin ich gehen sollte. So ging ich den eingeschlagenen Weg einfach weiter. Eine Sache zu Ende bringen – das war es, was ich in der DDR gelernt hatte.

Ein Freund aus Westdeutschland fragte mich mal, was sich denn für mich verändert hätte, was ich jetzt so schlimm fände, und ich sagte: »Die Angst vor der Zukunft, die Existenzangst.« »Aber die haben wir doch auch«, meinte er. Ja, aber für mich war das neu, ich war darauf nicht vorbereitet. Ich war trotz »Diktatur des Proletariats« und trotz Stasi wohlbehütet aufgewachsen, hatte mein Abitur mit 1,0 bestanden, ein Volontariat ergattert und einen Studienplatz bekommen. Danach wartete auf mich ein Arbeitsplatz; das war sicher gewesen. Diese Sicherheit war jetzt weg. Ich konnte damit nur schwer umgehen. Das war natürlich auch eine Charakterfrage, aber aus meiner Haut konnte ich nicht. Für mich steht heute noch bei vielen Entscheidungen die Sicherheit, die Absicherung an erster Stelle. Ich gehe nicht gerne Wagnisse ein, sondern wähle die Variante, die mit den geringsten Unsicherheitsfaktoren belastet ist.

Leider konnte ich auch die neuen Möglichkeiten, die sich nun boten, nicht nutzen, zum Beispiel, ein Jahr im Ausland zu studieren. Ein Professor bot mir an, mich zu unterstützen, wenn ich ein Jahr in Spanien studieren und mich für ein entsprechendes Stipendium bewerben wollte. Unser Fachbereich hatte ein Austauschprogramm mit einer dortigen Universität. Aber ich sprach kein Wort Spanisch und traute mir nicht zu, innerhalb eines Jahres die Sprache so gut zu erlernen, dass ich auf dieser Grundlage studieren könnte. Ins englischsprachige Ausland wäre ich gern wenigstens für ein Semester gegangen, aber auch da hielt ich meine Sprachkenntnisse für nicht ausreichend, um philosophische Texte, die im Deutschen schon schwer zu verstehen waren, in einer fremden Sprache zu durchdringen. Germanistik im Ausland zu studieren, erschien mir ebenfalls nicht sehr sinnvoll, und für mein Jurastudium hätte ich dort gar nichts machen können. Später erst erfuhr auch ich, dass man aus dem Ausland nicht wirklich »Scheine« mitbringen, dass man nicht nachweisen musste, welche Kurse man belegt und was man dort gelernt hatte. Ich bin mir nicht sicher, ob es in dieser Umbruchzeit gute Studienberatungsstellen gab. Aufgesucht habe ich keine, gebraucht hätte ich sie dringend.

In meinem persönlichen Umfeld tat sich auch einiges. Mein Bruder entschied sich Ende Januar 1990, in den Westen zu gehen. Das war ein Schock für mich. Noch stand ja nicht fest, dass es eine Wiedervereinigung geben würde. Die weitere Entwicklung war noch völlig unklar, das Ende der DDR noch nicht besiegelt, vielleicht würden die Grenzen auch wieder dicht gemacht und ich sähe meinen Bruder erst einmal nicht wieder. Aber noch größer war die Enttäuschung, dass so viele gingen, jetzt, wo es doch die Möglichkeit zu Veränderungen in der DDR gab. Und nun auch noch mein Bruder.

Viele meiner Mitstudenten entschieden sich, etwas anderes zu studieren – Jura, BWL, Psychologie, Verwaltungswesen. Von den 20 Kommilitonen, die mit mir begonnen hatten, beendeten nur acht das Philosophiestudium in Leipzig, darunter Kong, einer der beiden Studenten aus Laos. Keiner von ihnen hat heute noch etwas mit Philosophie zu tun. Sie arbeiten im Medienbereich, als Coach, Heilpraktiker, in der Politik, der Erwachsenenbildung. Kong hat in Laos ein eigenes kleines Reisebüro und organisiert Reisen für deutschsprachige Touristen. Mir fehlte unser Seminargruppenverbund. Auch wenn es manchmal toll war, in viel kleineren Seminarrunden zu diskutieren, so blieben die Mitstreiter in vielen Lehrveranstaltungen für mich anonym. Beinahe jedes Seminar bestritt ich mit anderen Studenten. Man sah sich zwar jede Woche zur gleichen Zeit, aber man hatte nicht wirklich etwas miteinander zu tun. In den Philosophieveranstaltungen ging das noch, da kannte man sich, aber in den Nebenfächern kam ich selten mit den Hauptfachstudenten ins Gespräch. Wir hatten einfach zu wenige Berührungspunkte.

Dafür wurde der Studienalltag teilweise einfacher. Wir konnten die meisten Bücher, die wir fürs Studium brauchten, jetzt kaufen, wenn wir denn genug Geld hatten. In der Bibliothek mussten wir nicht mehr seitenweise Textpassagen abschreiben, sondern konnten sie kopieren. Irgendwann hielten Computer Einzug. Wir konnten im Rechenzentrum der Universität sitzen und E-Mails in die Welt hinaussenden, und meine Magisterarbeit musste nicht mehr mittels Blaupapier vervielfältigt werden, sondern war mit dem eigenen PC geschrieben und wurde im Copy-Shop kopiert und gebunden. 1991 zog ich aus dem Studentenwohnheim aus und mit meinem Freund in eine kleine 1,5-Zimmer-Wohnung mit altem Ofen, in den man alle zwei Stunden Kohlen nachwerfen musste, wenn es im Winter warm sein sollte. Für unsere 40 Quadratmeter bezahlten wir anfangs 42 Mark Miete. Nach der Übernahme des Hauses durch einen westdeutschen Investor zwei Jahre später wurden die Wohnungen saniert und die Mieten stiegen. Dank BAföG und Nebenjobs konnten wir sie aber bezahlen, zogen sogar in die größere Nachbarwohnung mit drei Zimmern.

Durch die Veränderungen und die Neugestaltung der Studiengänge studierte ich insgesamt sieben Jahre. Kurios war meine schriftliche Magisterprüfung im Fach Philosophie. Da es in meinem Jahrgang nur noch so wenige Studenten gab, sprach jeder mit dem Professor des gewählten Prüfungsfaches ab, wann und wo die Prüfungen stattfanden. So kam es, dass ich ganz allein im Büro und am Schreibtisch des Professors saß und meine Aufgabe bearbeitete; die Sekretärin brachte mir sogar einen Kaffee.

Und dann hatte ich das Studium trotz aller Widrigkeiten tatsächlich geschafft. Ein bisschen stolz war ich schon, aber richtig freuen konnte ich mich nicht. Denn jetzt begann das, wovor ich die ganze Zeit Angst gehabt hatte: die Suche nach einem Arbeitsplatz.

Während des Studiums hatte ich ein paar Mal am Wochenende für die Lokalredaktion der *Leipziger Volkszeitung* gearbeitet, war aber mit der Kritik an meinen kurzen Texten nicht klargekommen. Ich nahm sie immer auf, als sei es Kritik an mir als Person, konnte sie nicht als gemeinsames Arbeiten am Text begreifen. Da regte sich leider wieder das fehlende Selbstvertrauen. Also bewarb ich mich auf Stellen im Bereich Öffentlichkeitsarbeit, allerdings nie auf solche, in denen sehr gute Englischkenntnisse gefragt waren. Das fehlende Auslandsjahr rächte sich hier, denn mein Englisch war nicht sehr gut, schon gar nicht verhandlungssicher. Das engte meine Möglichkeiten stark ein. Ein halbes Jahr nach Studienende begann ich ein zweijähriges Volontariat im Presseamt einer Stadtverwaltung, arbeitete danach ein weiteres Jahr in diesem Bereich, zog nach Berlin, weil mein Freund dort einen Arbeitsplatz gefunden hatte, war einige Monate arbeitslos und bekam schließlich eine Stelle in einer kleinen PR-Agentur.

Die Arbeit bereitete mir richtig Spaß, sie war sehr abwechslungsreich. Wir organisierten Events und machten Pressearbeit. Ich war für die Textarbeit zuständig, wurde aber auch in die Durchführung von Veranstaltungen einbezogen. Irgendwann beschloss unsere Agenturchefin, dass wir nun alle Akquise machen sollten. Prompt stieß ich wieder an meine Selbstsicherheitsgrenzen: Zum einen war ich noch nicht allzu lange in Berlin, hatte also keine Kontakte, kein Netzwerk, wie man heute sagt. Zum anderen konnte ich nicht verkaufen, die Agentur nicht und mich auch nicht. Meine Chefin schickte mich zu Events, zu denen man uns einlud, um für uns zu werben. Aber ich mochte keinen Smalltalk, ich fühlte mich auf diesem Parkett unsicher und zog nicht einen einzigen Auftrag an Land. Glücklicherweise nahm unsere Chefin das bald selbst wieder in die Hand.

In Berlin wurde ich Mutter einer Tochter. Als sie ein Jahr alt war, zogen wir nach Hamburg um, weil mein Lebensgefährte dort einen Job bekam. Diese beiden Veränderungen bedeuteten offensichtlich das Ende meiner

Karriereleiter. Ich bewarb mich bei einigen PR-Agenturen, aber in diesem Geschäft braucht man keine jungen Mütter, die am liebsten auch noch Teilzeit arbeiten wollen. Hier will man Leute, die 60 Stunden die Woche für die Firma da sind.

Sollte ich es doch noch einmal mit dem Journalismus probieren, freiberuflich eventuell? Das kam für mich nie infrage. Einerseits brauche ich zum Arbeiten Menschen um mich herum, anderseits traute ich mich nicht, so aus dem Nichts ins kalte Wasser zu springen. Wo sollte ich denn anfangen? Wer gab mir einen Auftrag, ohne mich zu kennen und ohne dass ich Artikel vorweisen konnte? Und ein Themengebiet, das ich beackern könnte, hatte ich auch nicht. Ich hätte schon gerne journalistisch gearbeitet, aber in meinem Kopf gab es zu viele Abers und Unsicherheiten, so versuchte ich es nicht.

Eine Freundin erzählte, dass sie während des Studiums beim NDR im Sekretariatsbereich gearbeitet hätte. Ich versuchte es dort, hatte während des Studiums ja ebenfalls im Sekretariat gearbeitet, nur in einem Anwaltsbüro, und bekam einige Jobs als Aushilfe, später einen befristeten Vertrag als Sekretärin in einer Fernsehredaktion. Zeitweise arbeitete ich auch als Assistentin in einem kleinen Medienbüro.

Mittlerweile bin ich seit 13 Jahren Redaktionsassistentin in einem Zeitschriftenverlag. Ich habe mit Medien zu tun, was ich immer wollte. Aber es ist nicht die eigentlich angestrebte Arbeit, und oft fühle ich mich unterfordert. Allerdings ist es (noch) ein einigermaßen sicherer Job, der mir auch Spaß macht. Ich habe tolle Kollegen, geregelte Arbeitszeiten, bekomme genügend Geld, um mir und meinem Kind ein gutes Leben zu ermöglichen, und wenn ich nach Hause komme, bringe ich nicht die Arbeit mit, sondern habe den Kopf frei. Da ich seit einigen Jahren alleinerziehend bin, war das immer sehr vorteilhaft.

Ich bin nicht unglücklich und nicht wirklich unzufrieden. Ich trauere der DDR nicht hinterher, obwohl es für das Leben in Gesamtdeutschland sicher gut gewesen wäre, wenn es tatsächlich eine Vereinigung und nicht nur eine Übernahme gegeben hätte und wenn man ein wenig von dem, was es an Errungenschaften in der DDR gab, mit in das vereinte Deutschland hinübergenommen hätte. Es bleibt aber immer das Gefühl, nicht genügend aus meinem Leben gemacht und meine Möglichkeiten nicht ausgeschöpft zu haben. Die Angst davor, irgendwann ohne Geld dazustehen, hat mich immer lieber den eingeschlagenen Weg weitergehen lassen, als doch einmal ein Wagnis einzugehen, etwas Neues zu versuchen. Und selbst, als ich die Möglichkeit hatte, mich zumindest noch einmal journalistisch auszuprobieren (meine Chefin in der Redaktion hatte mich dazu ermuntert), traute ich es mir nicht zu, bekam Angst, den Anforderungen nicht gerecht zu werden. Einige wenige kurze Artikel hatte ich geschrieben, aber bei den ersten Überarbeitungen durch die Kollegen knickte mein Selbstvertrauen schon wieder ein. Also begnügte ich mich mit meiner Tätigkeit als Assistentin, für die ich immerhin von den Kollegen geschätzt wurde und immer noch werde. Diese Anerkennung war und ist für mich durchaus ein Ausgleich für die fehlenden beruflichen Herausforderungen.

Ich weiß nicht, wo ich heute in der DDR meinen Platz hätte, ob ich als Journalistin glücklich geworden wäre. Das bleibt alles nur Spekulation. Natürlich bin ich froh darüber, dass ich in einer Demokratie lebe, auch wenn sie nicht perfekt ist, dass ich reisen darf und dass ich mir das leisten kann, wenn auch das Budget nicht unbegrenzt ist, dass wir Pressefreiheit haben, dass wir unsere Meinung sagen dürfen, ohne Angst zu haben, denunziert zu werden. Aber in diesem vereinten Deutschland habe ich meinen Platz nicht wirklich gefunden, denn mein Kompass ist in der Wendezeit ins Trudeln geraten und hat sich irgendwie nie wieder richtig eingenordet.

Leben heißt Veränderung – zum Glück

Studentin Agraringenieur – Landwirtschaftliche Tierproduktion an der Fachschule »Nikos Belojannis« in Güstrow-Bockhorst, 19 Jahre

Ich bin mit zwei Geschwistern in einem 800-Seelen-Dorf im Nordwesten von Brandenburg, im ehemaligen Kreis Perleberg, behütet aufgewachsen. Meine Eltern, beide in der Landwirtschaft tätig, sind auch heute noch, nach 54 Jahren, verheiratet. Den Mittelpunkt meines Lebens bildeten meine Ursprungsfamilie, die Schule, meine Freunde und mein Hobby, die Pferde.

Dreh- und Angelpunkt war mein Dorf. Es verfügte über alle wichtigen Infrastruktureinrichtungen, die man zum Leben benötigte. Neben der Schule, dem Kindergarten, einem Allgemeinmediziner, einem Zahnarzt, einem Konsum, einer Gaststätte, einem Textilwarengeschäft und einer großen Gärtnerei gab es auch eine nette Eisdiele.

Zum Arbeiten blieb man größtenteils im Dorf. Zu den beiden Landwirtschaftlichen Produktionsgenossenschaften (LPG), eine für Tierproduktion und eine für die Pflanzenproduktion mit ca. 4.000 Hektar Land, gehörten auch Werksküchen, eine Tischlerei, größere Baubrigaden und die Werkstätten für Traktoren und Maschinen der LPG. Außerdem gab es eine Fabrik, die Kartoffeln verarbeitete. Arbeitete man nicht im Dorf, gab es im sechs Kilometer entfernten Nachbarort mehrere größere Betriebe der Nahrungsmittelverarbeitung. Die wenigen Dorfbewohner, welche die 20 Kilometer bis in die Kreisstadt als Arbeitsweg auf sich nehmen mussten, fuhren für damalige Verhältnisse schon sehr weit, um zur Arbeit zu kommen und waren nicht zu beneiden.

Neben der eigentlichen Arbeit in den Betrieben oder der LPG hielten viele privat Schweine, Bullen, Hühner und Schafe und stockten so das Familieneinkommen recht einträglich auf. Wollte man seine Familie auch im Winter gesund ernähren beziehungsweise zusätzlich Geld verdienen, war der Anbau von Gemüse, vor allem Tomaten, ein ebenfalls einträgliches Nebengeschäft.

So mangelte es meist nicht am Geld, eher an den Waren, die man dafür kaufen konnte; musste man doch auf einen neuen Trabi elf Jahre warten und der Kauf von schönen Möbeln war reine Glückssache oder man hatte Beziehungen. Das sogenannte Vitamin B war enorm wichtig und so lief neben der sozialistischen Planwirtschaft weit verbreitet ein reger Handel im privaten Bereich.

Meine Eltern nannten seit 1969 einen Hektar Land und ein Siedlerhaus ihr Eigen, das sie Mitte der 1980er-Jahre in Eigenleistung komplett renovierten. Ein schickes neues Bad mit tollen Fliesen, ein neues Dach und eine Schwerkraftheizung wurden eingebaut. An die Beschaffungsmodalitäten von Baumaterial kann ich mich noch gut erinnern. Ein Weißkopf-Bullenkalb musste als Tauschobjekt für den Schwerkraftofen seinen Besitzer wechseln und ein Satz »sozialistisch umgelagerte« Eggen für Fliesen oder Ähnliches herhalten. Gab es Zement, mussten alle Familienmitglieder, die laufen konnten und halbwegs erwachsen aussahen, mit zum Anstellen, um mehr als das zustehende Kontingent zu ergattern.

Wir hielten neben einem großen Garten auch immer Schweine, Hühner, Enten und Färsen. Meine Eltern entschieden sich für die weibliche Variante der Rindfleischproduktion, weil auch wir Kinder im Sommer das Umkoppeln übernehmen mussten. Sie empfanden die Aufzucht weiblicher Tiere für uns weniger gefährlich als den Umgang mit deren männlichen Artgenossen – obwohl mit männlichen Tieren mehr Geld zu verdienen war.

Als Kind und erst recht als Jugendliche hatte ich immer ein Problem mit meinem »Zeitmanagement«. Neben der Schule war ich vielseitig interessiert. Da gab es das Reiten, Sport, Geschichts-AG, Freunde treffen und eben eine Menge Pflichten zu Hause, wie Rüben hacken, Heu machen und Tiere versorgen. Um alles unter einen Hut zu bekommen, mussten Abstriche gemacht werden. Die Schule war der Ort, wo ich am meisten Zeit sparen konnte. So wurden Hausaufgaben grundsätzlich kurz vor der Schule erledigt. Wurden meine Noten schlechter als 2, gab es zu Hause Konsequenzen, wie zum Beispiel Reitverbot. Stand dieses kurz bevor oder traf ein, musste am Zeitmanagement wieder etwas verändert werden. Was Lernen bedeutet, kapierte ich erst in der Lehre; und das auch nur, weil in meinem Lehrjahr zwei Kinder der Betriebsleitung meines Lehrbetriebes waren und der Ehrgeiz mich gepackt hatte, nicht schlechter beziehungsweise besser als diese zu sein. Dies klappte dann auch. Ich lernte früher aus, mit einem Durchschnitt von 1,0.

Außerdem erinnere ich mich an ein reges Jugendleben. Die Gemeinde hatte uns ein Gebäude zur Verfügung gestellt, wofür wir eine alte Scheune abreißen mussten. Das Gebäude wurde unser Jugendclub, selbst renoviert, ohne Clubleiter oder FDJ. Hier traf man sich an den Wochenenden, wenn man von der Lehre oder dem Studium nach Hause kam: Partys, abhängen, Mopeds – politisch war da irgendwie nichts. Ich kann mich auch nicht entsinnen, dass wir das System wirklich hinterfragten. Als Jugendliche waren wir mit einem kleinen alten Haus und Plumpsklo für *uns* selig. Wie jede Generation hatten wir auf dem Weg zum Erwachsenwerden Probleme: Freunde, erste Liebe, Schule, Ausbildung, Ziele zum Zelten, Erfahrungen mit Alkohol und Elternstress.

Ich konnte mir nicht vorstellen, mal woanders zu leben.

Mein Berufswunsch stand schon weit vor der Jugendweihe fest. Ich wollte was mit Tieren und Menschen machen. Nach der Schule lernte ich Facharbeiter für Tierproduktion mit dem Ziel, danach zu studieren und als Brigadierin in unserer LPG zu arbeiten. Mein Lehrbetrieb befand sich im sechs Kilometer entfernten Nachbarort. Dank eigenem Moped entschied ich frei, wann ich im Lehrlingswohnheim oder zu Hause übernachtete.

Die Weichen für mein Leben waren mit 19 Jahren gestellt, irgendwie absehbar, bis zu dem Zeitpunkt, wo sich die Freunde der Jugend an dem baumbestandenen Ort am Dorfrand das letzte Mal treffen werden.

Im Herbst 1989 begann ich mein Landwirtschaftsstudium an der Agraringenieurschule »Nikos Belojannis« in Güstrow-Bockhorst. Ich weiß noch, dass ich das total spannend fand, zumal meine täglichen Verpflichtungen extrem überschaubar wurden.

Vor dem eigentlichen Beginn des Studiums berief man uns für drei bis vier Wochen als Erntehelfer. Unsere gesamte Seminargruppe wurde in einem 15-Seelen-Dorf Mecklenburgs in einem spartanisch eingerichteten alten Siedlerhaus, ohne Radio und Fernseher, ausgesetzt. Die Wohn- und Schlafzimmer waren mit Eisenbetten möbliert. Es gab eine Küche, in der man den Ofen heizen musste, um kochen zu können, und einen Dachboden mit aufgereihten Tischen und Stühlen.

Morgens kam ein »Leutewagen«, ich meine einen W50 mit Aufsatz, und fuhr uns zu den unterschiedlichen Arbeitsorten. Wählen konnte man zwischen Tomaten pflücken oder Kartoffeln abfahren und Kartoffelmieten mit Stroh abdecken. Abends wurden wir wieder in unserem »Nest« abgesetzt und hatten eine Menge Spaß beim gemeinsamen Kochen, Lagerfeuer machen, Feuerzangenbowle trinken, lustigen Spielen und langen Gesprächen.

Während über Ungarn immer mehr Bürger der DDR abhandenkamen und in den großen Städten auf den ersten Montagsdemos »Wir sind das Volk« angestimmt wurde, fuhr ich Trecker, holte als treue DDR-Studentin tagsüber die Kartoffeln vom Feld, hockte abends bis tief in die Nacht mit 20 Gleichgesinnten in einem winzigen Dorf ohne Radio und Fernseher und war selig. An den Wochenenden blieben wir da und erkundeten die Gegend.

Die Nachricht von der Ausreisewelle über Ungarn war auch zu mir durchgedrungen. Aber ich kannte niemanden, der weg war. Ob wir das damals schon als ein wichtiges Ereignis ansahen, weiß ich nicht mehr. Ich wollte ja nicht weg. In der Lehre hatte ich schon deutlich gemerkt, dass in unserem Staat nicht alles goldig war. Als wirklich schlimm habe ich das seinerzeit nicht empfunden.

An einzelne Begebenheiten erinnere ich mich noch genau, beispielsweise an den 7. Oktober 1989. Eine Mitstudentin hatte im Sommer beim Zelten einen Sachsen kennengelernt. Zum 7. Oktober verschwand sie vom Ernteeinsatz, um ihren Freund zu besuchen. Als sie aus Leipzig wiederkam, berichtete sie von einem verwüsteten Bahnhof und Aufständen.

Ich weiß noch, dass ich in jenem Herbst eine Vielzahl Vorlesungen zum dialektischen und historischen Materialismus (DHM) hörte, die wissenschaftliche Weltanschauung der Arbeiterklasse. In meiner Erinnerung ist deutlich, dass ich mich gefragt habe, wem der Mist nützt und dass die Arbeiterklasse das wohl eher nicht versteht.

Als wir aus der Einöde des Ernteeinsatzes wiederkamen, war alles anders. An den nächsten Wochenenden wieder zu Hause, bekam ich im West-Fernsehen mit, wie es brodelte. Ich weiß noch, dass mein Vater nicht verstand, was die Leute wollten.

Und dann war er da, Donnerstag, der 9. November 1989. Ob ich Donnerstagabend oder Freitagmorgen die Nachricht von der Maueröffnung bewusst mitbekam, weiß ich nicht mehr. Richtig geglaubt habe ich es nicht, ohne Fernseher im Studentenwohnheim.

Aber an eines erinnere ich mich: Ich fuhr Freitag heim und alle Freunde aus dem Jugendclub waren weg – fast alle ab in den Trabi und rüber in den Westen, nur mal zum Gucken. Nicht im Leben hätte ich da sofort hingewollt. Ich hatte ein mulmiges Gefühl. Was, wenn man drüben ist und die lassen einen nicht mehr heim?

Die Zeit in diesem Herbst 1989 war spannend. So mussten wir uns in der Aula versammeln und den Amtsantritt von Egon Krenz im Fernsehen gemeinsam verfolgen. Selbst in dem beschaulichen Güstrow gab es Montagsdemos und einige Studenten brachten in das Wohnheim Schriften vom Neuen Forum mit. Es gab zahlreiche Diskussionen, lange Abende und eine Welt, in der schlagartig nichts mehr so war wie vorher.

Ich erinnere mich noch an das Verhalten der Schuldirektorin in meinem Dorf. Meine Freundin, GOL-Sekretärin unserer Schule, wurde von dieser Direktorin unangenehm unter Druck gesetzt. Sie stellte ihr Moped tagsüber bei ihrem Klassenkameraden, Sohn des Pastors und damit nicht in der FDJ, auf dem Kirchhof ab. Als Busschüler war es beliebt, sobald man 15 Jahre al war, mit dem eigenen Moped zur Schule zu fahren, um Wartezeiten nach Schulschluss zu verkürzen. Diese Mopeds durften nicht auf dem Schulhof geparkt werden. Daneben wurden auch Plastiktüten vom Klassenfeind und Haarschnitte, die nicht sozialismuskonform waren, öffentlich von der Direktorin aufs Schärfste angeprangert. Ebenso wurden wir von ihr dazu aufgefordert, Leute zu melden, die einen Aufnäher mit dem Zeichen der kirchlichen Friedensbewegung »Schwerter zu Pflugscharen« trugen. Vor dem Herbst 1989 war sie eine hundertprozentige Parteigenossin gewesen. Generationen von Schülern hatten einen Heidenrespekt vor der Dame.

Diese Direktorin entwickelte sich im Herbst 1989 ganz plötzlich zur eifrigsten Kirchengängerin. Unsere ehemalige Zeichenlehrerin, die unter dem Druck der Direktorin ihre Arbeit als Lehrerin aufgegeben hatte, weil sie die Bibel aus ihrem Bücherregal nicht entfernen wollte, malte derzeit ein wunderschönes Bild: Ein Wendehals mit einem Foto der Schuldirektorin schmückte daraufhin einige Zeit den Eingangsbereich unseres Dorfkonsums.

Ebenso wollte eine Studentin noch mit huldvoll geschwungenen Reden die FDJ-Gruppe an der Agraringenieurschule reformieren. Zu Beginn des Wintersemesters reiste sie nicht mehr an. Sie war im Westen geblieben, um eine Ausbildung in einer Apotheke zu beginnen.

Für mich folgten drei Jahre, in denen ich nicht so recht wusste, wohin der Weg gehen soll. Der Berufswunsch und der Lebensweg, den ich mir mit 19 Jahren erträumt hatte, waren dahin. In meiner Heimat-LPG wurden die Leute massenhaft entlassen und eine Rückkehr in die LPG wäre somit nach dem Studium nicht möglich und für mich auch nicht mehr erstrebenswert gewesen. So blieb die große Freude über die Wiedervereinigung im darauf folgenden Herbst bei mir aus. Ohne große Motivation, wenn auch mit Interesse, studierte ich zu Ende.

Nach dem Abschluss an der Agraringenieurschule entschloss ich mich, ein neues Studium zu beginnen. Auf Landwirtschaft hatte ich keine Lust mehr. Während des Praktikums merkte ich, dass die Landwirtschaft in den alten Bundesländern völlig anders war. Die kleinen Hofstrukturen und Familienbetriebe, in denen alle Familienmitglieder rund um die Uhr arbeiteten, waren mir fremd und nicht das, was ich mir für mich vorstellen konnte. Wie sich die Landwirtschaft in den neuen Ländern mal entwickeln würde, war für mich nicht absehbar.

Der Abschluss als Agraringenieur ermöglichte mir den Quereinstieg zu einem Studium an der Fachhochschule Anhalt in Bernburg. Hier studierte ich Landespflege mit der Vertiefungsrichtung Garten- und Landschaftsarchitektur.

In meiner Ursprungsfamilie gab es in der Wendezeit keine großen Dramen. Keiner war arbeitslos, alle gingen ihren Weg. Meine Eltern lebten ihr Leben so weiter wie zuvor, nur das Auto war ein anderes.

Die Abwicklung der ostdeutschen Wirtschaft und die unzähligen Arbeitslosen sind an mir vorbei gegangen, genauso wie der Konsum in den ersten Jahren nach der Wende. Um das zweite Studium zu finanzieren, musste ich nebenbei jobben. Das Geld reichte für das WG-Leben und Reisen mit dem Rucksack in die Welt. Diese Individualreisen ohne große finanzielle Mittel und mit dem Ziel, Landschaft und Menschen zu erleben, waren für mich nur möglich, weil ich den Mann traf, mit dem ich die nächsten 13 Jahre meines Lebens verbrachte.

Beim zweiten Studium lernten wir uns kennen – er ein absoluter Querdenker und Individualist. Wir waren im gleichen Land groß geworden und doch so unterschiedlich geprägt. In meiner Jugend hatte ich nie groß über den »Tellerrand« meines wohlbehüteten, wenn auch intensiven Dorflebens geschaut. Mit meinen 19 Jahren kannte ich niemanden, der Nachteile durch das System hatte. Ich konnte den Beruf lernen, den ich wollte, und danach studieren gehen. Auch die sozialistische Erziehung vom Kindergarten an, diese absolute Prägung vom Ich zum Wir, war in mir vollkommen aufgegangen. Als zum Beispiel die FDJ-Gruppe bei Studienbeginn 1989 geschlossen in die Deutsch-Sowjetische Freundschaft (DSF) eintreten wollte, war für es mich kein Thema, warum ich das nicht tun sollte.

Für meinen Mann, wir lebten ohne Trauschein, wäre das ein absolutes No-Go gewesen. Bei ihm gab es zwei Jahre zuvor den gleichen Beschluss.

Er verweigerte eine Mitgliedschaft mit der Begründung, dass dann ja auch jemand beschließen könnte, dass alle geschlossen in den Angelverband eintreten. Er eckte mit solchen oder ähnlichen Meinungsäußerungen immer wieder an. Mit einem Abitur von 1,0 wollte er Tiermedizin studieren. Bei der Studienlenkung versuchte man, ihn für eine längere Laufbahn bei der NVA zu gewinnen. Für das Tiermedizinstudium sollte er den Kontakt mit seinen Onkeln und Tanten im Westen abbrechen. Wenn er sich jedoch für 25 Jahre bei der Armee verpflichtet hätte, hätte er den West-Kontakt nicht beenden müssen. Dieser Sachverhalt schien ihm vollkommen absurd. Er lehnte ab, wurde hingehalten und bekam das Angebot, Zahnmedizin zu studieren, wenn er sich drei Jahre zur Armee verpflichten würde. Als er auch das konsequent ablehnte, wurde ihm eröffnet, dass er in der DDR gar nicht studieren würde. Er leistete seinen Wehrdienst und bewarb sich an der Fachschule für Landwirtschaft in Wernigerode. (Nur an den Fachschulen der DDR konnte man sich ohne Studienlenkung bewerben.) Erst dieser Mensch und wohl auch das Reisen haben meine Sicht auf das System, in dem ich groß geworden war, verändert. Oft sind es nicht die großen Ereignisse, die einen prägen, sondern die Menschen, denen wir auf unserem Weg begegnen.

Nach dem Studium zogen wir gemeinsam nach Mecklenburg, der Landschaft wegen. Wir fanden gute Anstellungsverhältnisse, er bei einem Grünflächenamt und ich in einem Garten- und Landschaftsarchitektur-Büro, und reisten noch ein wenig, teilweise auch getrennt: Er immer auf der Suche nach Extremen wie 5.000 Kilometer mit dem Fahrrad durch Australien; ich, weniger extrem, mit einer kleinen Reisegruppe und dem Auto durch Namibia.

Wir bauten ein altes Haus um und lebten extrem bewusst. Ich glaube, wir waren so etwas wie Antikonsumenten. Möbel, die nicht selbst gebaut werden konnten, erwarben wir gebraucht – nachhaltig in unseren Augen. Ein Möbelhaus haben wir auch zehn Jahre nach der Wende nie von innen betreten. Fleisch, das nicht von meinen Eltern erzeugt oder erlegt wurde, oder Fisch, der nicht aus einem Mecklenburger See stammte, kam bei uns nicht auf den Tisch. Autos durften aus Prinzip nicht neu sein. Wir hatten unsere eigene Sicht auf die Welt, ohne diese groß nach außen zu tragen.

Unser Leben änderte sich vollkommen, als mein Partner sich selbstständig machte und ein Unternehmen gründete – ein kleines touristisches Unternehmen in Mecklenburg-Vorpommern, in dem ich von Anfang an, neben meinem Job im Garten- und Landschaftsarchitekturbüro, voll mitarbeitete. Wir lernten das System, in dem wir lebten, noch einmal von einer ganz anderen Seite kennen. Unter anderem wurde uns schnell klar, dass Nachhaltigkeit und Wirtschaftlichkeit zwei Paar Schuhe sind.

Dass sich mit den Werten, die uns bis dato wichtig waren, ein Unternehmen wirtschaftlich nicht führen lässt, war für meinen Partner nur schwer hinzunehmen und er stieg nach kurzer Zeit aus. Drei Jahre vor seinem Tod übernahm ich den Betrieb und führe ihn noch heute.

Fazit

Rückblickend bin ich dankbar, dass ich nicht in der DDR alt werden musste. Obgleich ich auch froh bin, dort meine Kindheit verbracht zu haben.

Für mich ist es wichtig, in einem System zu leben, in dem ich meine Meinung frei äußern kann, ohne Sanktionen befürchten zu müssen, und freien Zugang auf Lektüre zu haben, die nicht beeinflusst ist. Greife ich heute manchmal zu einem Lieblingsbuch aus meiner Jugend, bin ich fasziniert, wie sich die ideologische Beeinflussung durch noch so banale Romane und selbst Kinderbücher zieht.

Außerdem bin ich froh darüber, reisen zu können.

Das späte Erkennen, dass ich in einem Staat groß geworden bin, in dem viel Unrecht geschah, egal wie behütet und schön sich meine Kindheit in der Erinnerung anfühlt, lässt mich heute viele Dinge mit einer gewissen Skepsis betrachten.

Durch das Aufschreiben meiner Erinnerungen im Rahmen dieses Buches kam ich mit vielen Leuten ins Gespräch. Wie war das damals, vor 30 Jahren? Ich glaube, es ging vielen so wie mir.

Oft hörte ich folgende Aussagen: Uns ging es gut. Wir haben nichts hinterfragt. Es war, wie es war. Vielleicht waren wir ein bisschen naiv. Ich vermisse heute die Sicherheit und den Zusammenhalt von damals.

Ich denke, es war nicht anders als heute.

Uns geht es gut.

Hinterfragen wir heute, was sich hinter der vorgespielten Demokratie verbirgt? Wir konsumieren billig Lebensmittel, Kleidung und Energie auf Kosten der Umwelt und der sogenannten dritten Welt. Wir nehmen nur am Rande wahr, wie die heutige Landwirtschaft unser Grundwasser verseucht, Arten auch vor unserer Haustür verschwinden und in den Meeren mehr Plastik als Fisch schwimmt. Vielleicht werden wir krank und beginnen Zusammenhänge herzustellen.

Oder aber: *Uns geht es gut.*

Wir werden mit unsichtbarer Hand gesteuert und durch Konsum zufriedengehalten.

Ich meine, das Leben heute ist nicht wirklich anders, nur freier!

Bananen interessieren mich nicht

Friedhofsgärtner auf dem St.-Elisabeth-Friedhof Berlin-Mitte, 31 Jahre

Im Jahre des politischen Zusammenbruchs der DDR verdiente ich meinen Lebensunterhalt halbtags als Friedhofsgärtner auf einem Berliner Friedhof direkt an der Mauer im Bezirk Mitte. Bereits zwei Jahre zuvor hatte ich, ohne weltpolitische Vorahnungen, meinen Beruf als Tierarzthelfer in einer Kleintierpraxis aufgegeben, um mich vor Stress und politischem Nerv zwischen den Gräbern zu verbergen. Wir Friedhofsgärtner (etwa sechs Leute, unter ihnen Lehrer, Ingenieure und Theologiestudenten) hatten je nach Jahreszeit die Gräber zu bepflanzen, zu gießen und zu pflegen sowie die Wege und Anlagen sauber zu halten. Für die Beerdigungen mussten wir die Gräber ausschaufeln, die Särge beziehungsweise Urnen zum Grab tragen, hinablassen und danach die Gräber wieder verschließen. Beerdigungen gab es ca. drei- bis viermal wöchentlich. Auch auf dem Nachbarfriedhof in der Sophienstraße halfen wir gelegentlich aus. An den freien Nachmittagen fand ich außerdem Muße zum Malen und Zeichnen – meiner wirklichen Liebe.

Da ich zu dieser Zeit ohne Familie lebte, war ein solcher Ausstieg möglich.

Der Friedhof, in kirchlicher Verwaltung, war ein kleines Sammelbecken von DDR-müden Anhängern der Oppositionsbewegung Neues Forum. Täglich wurden politische Streitgespräche geführt – mit dem Grundtenor: So nicht weiter! Vom Neuen Forum wurde wirkliche Demokratie gefordert, also Schluss mit der Alleinherrschaft der SED und folglich auch ihrer marxistischen Ideologie – stattdessen Meinungs- und Reisefreiheit. Das politische Vertrauen in die SED hatte ich schon 1983 verloren. Alles spitzte sich in jenem Herbst 1989 zu.

Am Vormittag des 9. Novembers schaufelte ich ein Grab für eine geplante Bestattung. Abends betreute ich die kleine Tochter meiner Nachbarin in Prenzlauer Berg. Sehr spät kam sie nach Hause und begrüßte mich: »Haste schon gehört?« Sie erzählte von der Pressekonferenz mit Schabowski und seiner Aussage, dass ab sofort Ausreisen aus der DDR in Richtung Westen ohne Vorbedingungen möglich seien. Am Grenzübergang Bornholmer Straße würden sich schon Menschenmassen versammeln.

Da gab es für mich kein Halten. Ich fuhr mit der Straßenbahn zum nächsten Grenzübergang, um mich selbst zu überzeugen. Die Straßenbahnen waren zu dieser Stunde überdurchschnittlich belebt und es herrschte eine aufgeregte Stimmung. Am Übergang Chausseestraße strömten Hunderte an versteinert wirkenden Grenzsoldaten vorbei, immer noch ein »Halt!« erwartend, das aber nicht kam. »Drüben« stieg ich in den ersten Doppeldeckerbus, der zufällig zum Ku'damm fuhr, wo Volksfeststimmung herrschte. Als gegen 3 Uhr nachts meine Schwester, die bereits früher ausgereist war, ihre Wohnungstür für mich öffnete, sagte sie: »Wir haben schon lange gewartet.« Dann gab es Sekt. Zwei Tage blieb ich bei ihr in Westberlin, feierte und bestieg den Funkturm. Bei meiner Rückkehr waren die Grenzgebiets-Schilder an der Friedhofsmauer schon verschwunden. Nun sah ich mir den Friedhof von der gegenüberliegenden Seite der Bernauer Straße an. Ich persönlich empfand das alles, als wäre plötzlich ein Damm gebrochen.

Da es nicht mein Ziel war, auf dem Friedhof zu versauern, machte ich mich bald auf ins Westberliner Berufsberatungszentrum. Dort bekam ich den Tipp, mich für eine Umschulung als Erzieher zu bewerben. Das tat ich und wurde angenommen.

Es folgten zwei Jahre Umschulung an einer Erzieherschule. Die Westberliner Schule und ihre Lehrkräfte waren eindeutig von ehemaligen, in die Jahre gekommenen, Aktivisten der Westberliner Studentenrevolten in den 1960er-Jahren dominiert. Den antiautoritären Ansatz fand ich zunächst spannend, später nur noch anstrengend und weitgehend unrealistisch. Aus der »Freiheit« der Kinder wurde schnell zügelloses Chaos.

An dieser Schule gab es eine kleine »Prenzlauer Berg-Fraktion«. Wir fanden uns schnell zusammen. Aus gemeinsamen Kneipenabenden wurde nach einiger Zeit eine Kabarett-Truppe, die selbst geschriebene Stücke mit DDR-Bezug aufführte. Unser »Renner« hieß *Allee der Kosmonauten* – eine Persiflage der West-*Lindenstraße*. Wir führten das Stück in den

1990er-Jahren mehrere Male in rasch entstandenen Hinterhof-Theatern auf. Leider zerstreute sich die Truppe wieder.

Nach der Umschulung bekam ich Arbeit als Erzieher – zunächst in einem Kinderheim über eine ABM-Maßnahme. In Berlin gab es damals einen Verein, der Schülerreisen nach Schweden organisierte. Aus der Zeitung erfuhr ich davon und konnte in Schweden einen Sommer lang meine Kanufahrleidenschaft mit dem Geldverdienen verbinden. Anschließend bekam ich eine Arbeit mit geistig und körperlich beeinträchtigten Menschen, wobei die Pflege im Vordergrund stand. Einige Zeit später ging ich auf den Bau, als Bauhelfer, weil mir der Sinn nach handfester Arbeit und ebensolchen Kollegen stand.

Drei Jahre nach der Maueröffnung flog ich mit meinem Rucksack nach Peru, um die Stätten der alten südamerikanischen Kulturen zu besuchen. Mit einem Reiseführer-Buch zog ich völlig unabhängig einen Monat durch das Land. Mein Zeichenbuch hatte ich dabei. Übernachtung fand ich in preiswerten Pensionen. Zuvor hatte ich ein wenig Spanisch gelernt, was ein solches Reisen erst ermöglicht.

Nun spätestens hatte sich für mich der Sinn des 1989er-Novembers endgültig erfüllt. Die ideologische Gängelei und das Eingesperrtsein waren beendet. Bananen interessieren mich nicht – bis heute, da ich nach einem Schlaganfall eine Erwerbsunfähigkeitsrente erhalte. Allerdings habe ich das Gefühl, mit sogenannter »Political Correctness« schleichen sich neue Denkverbote ein. Das gab es unter anderem Namen schon einmal.

Eingegrenzte und Ausgegrenzte

Freischaffender Publizist und Künstler in Rostock, 39 Jahre

Als Berlin vermauert wurde, war ich elf Jahre alt

Wenige Tage vor dem 13. August 1961 fuhren mein Vater und ich nach Westberlin, um Autoreifen für unseren alten Ford zu kaufen. Mithilfe eines ortskundigen Onkels gelang es, eine Reifenhandlung in Wedding ausfindig zu machen, die mit solchen Raritäten handelte. Doch der Rückweg nach Ostberlin gestaltete sich äußerst schwierig. Er war zugemauert. Auch der Personalausweis meines Vaters öffnete diese Mauer nicht. Erst am nächsten Tag, als an derselben verbarrikadierten Stelle ein Offizier zu sprechen war, der offensichtlich über ein Zauberwort wie »Sesam, öffne dich« verfügte, räumten ein paar Soldaten den Stacheldraht beiseite. Er hatte den Teil der Straße verbarrikadiert, die noch nicht vermauert war.

Als die Grenze inmitten Berlins und zwischen den beiden deutschen Staaten »antifaschistischer Schutzwall« genannt wurde

Gleichzeitig versiegelte der Wall Antisemitismus, Faschismus und Ausländerfeindlichkeit in unserem geistigen Erbe im Glauben, dass diese Versiegelung die »Endlösung« sei. Ich war 1968 ein Mauer-Soldat, hatte den Eid geschworen, diejenigen, die versuchen würden, den vor mir liegenden Schutzwall zu übersteigen, zu erschießen. Je mehr die Kommandeure und politischen Offiziere auf uns, die wir Tag für Tag mit 60 Schuss Munition mitten in Berlin standen, einredeten, umso weniger war ich in der Lage, den beschworenen Todfeind zu erkennen. Wem sollte ich mich anvertrauen? Wer würde verstehen können, dass ich den Flüchtigen ein Tor in der

Mauer wünschte? Ich litt an der Dummheit, die diese Grenze brutal verwirklichte, sodass der Sog in der Brust mich an etwas aus frühester Kindheit erinnerte. Ich konnte nicht anders, vertraute mich an.

Zunächst geschah, dass ich allein in der Kasernenstube verblieb, wenn die anderen mit ihren Maschinenpistolen zum Dienst gefahren wurden. Später verlegte man mich in die Psychiatrie. Sie war in einem Lustschloss an einem Berliner See eingerichtet. Es war ein herrlicher Herbst in dem Jahr und der Ausblick vom Wintergarten auf den Park und den angrenzenden See erfreute mich jeden Tag. Ich fand keine Erklärung dafür, diesen wunderschönen Anblick mit meinem Eingeschlossensein in Übereinstimmung bringen zu können. Die Fachleute waren irritiert, da mir offensichtlich mit ihren Möglichkeiten nicht beizukommen war. Ein Arzt, unter dessen weißem Kittel sich die breiten Schulterstücke abzeichneten und bei dessen Hereinkommen die anderen Haltung annehmend aufsprangen, befragte mich Tag für Tag. Ich hatte wenig Mühe, die Schlussfolgerung, dass das Soldatsein mehr ein Übel als eine Notwendigkeit sei, aufrechtzuhalten. Stirnrunzelnd fingerte der Arzt an dem Stethoskop und schrieb schließlich ein paar Sätze in eine Akte. Statt als Simulant stufte er mich als unreif und untauglich ein. Eine Psychologin, die als Vertretung für einen Militärarzt arbeitete, erklärte mir mit leiser Stimme, dass es nur die beiden Möglichkeiten gäbe und ich solle jetzt keinen Fehler machen. Ich ahnte, was sie mir sagen wollte. Ein anderer Patient hatte Wahnvorstellungen simuliert und versucht, einen Brief an seine Freundin aus der vergitterten Psychiatrie zu schmuggeln. Wenige Tage darauf mussten wir uns im Wintergarten, der als Leseraum eingerichtet war, aufhalten. Wie alle anderen Krankenzimmer hatte auch dieser Raum keine Tür nach außen. Mit lauten Kommandotönen wurde der Briefschmuggler in Handschellen gefesselt an uns vorbei fortgeführt. Das Einzige, was noch ein paar Tage an ihn erinnerte, war eine Zeichnung, die auf dem Tisch des Aufenthaltsraumes zwischen den Marx-Engels-Bänden liegengeblieben war. Sie zeigte ein Strichmännchen unter einem riesigen Himmel, aus dem ein Auge auf die Erde schaute. Es war ganz zart gemalt, man musste schon genau hinschauen, um das Auge und seine unerbittliche Pupille zu erkennen.

Ich würde keinen Brief nach außen schmuggeln. Selbst wenn, würde darin nichts anderes stehen als das, was ich in den vielen Befragungen auf die eine oder andere Weise gesagt hatte. Auf die Frage, wie ich gedenke, mein Vaterland ohne Waffe zu verteidigen, antwortete ich, dass mein Vater genau das von mir erwarten würde. Der Arzt hatte schon längst den Raum verlassen, wobei ich immer noch auf den Stuhl mit dem gepressten Holzsitz gebannt war.

Was war ein Vaterland? Der Schwur, den ich auf dem großen Platz vor dem Gebäude, in dem der Spitzbart des Staates regierte, nicht mitgesprochen hatte, wäre im Gemurmel der frisch Rekrutierten ohnehin untergegangen. Offensichtlich hatte ich kein Vaterland. Es war bereits dunkel geworden und das vergitterte Fenster des Untersuchungszimmers teilte den Himmel in gleichmäßige Rechtecke. In jedem dieser Rechtecke leuchteten Sterne. Wenn ich ganz reglos blieb, war ein Rechteck schwarz wie die Nacht. Irgendwann würde auch in ihm etwas aufleuchten.

Wenige Tage danach entließ mich ein bis dahin unbekannter »Rat der Götter«, so wurden jene Offiziere von den anderen Patienten, die zumeist irre sein wollten, genannt. Der Rat der Götter wusste sich keinen anderen Rat, als mich aus der großen Gemeinschaft der Soldaten auszuschließen.

Ich erinnere mich an den Tag, als ich die Kaserne mit einem Koffer verließ. Der Kommandeur hatte den Auftrag, mich persönlich und ohne Verzug unter Vermeidung jeglichen Kontaktes zu den Genossen Soldaten zu entlassen. Das Tor schloss sich. Ich hörte den vernichtenden Satz des Offiziers, der mir als Abschied nacheilte. Dann hatte ein Erdrutsch alles bedeckt. Als ich zurücksah, lag weit hinter mir etwas Graues, in Beton Gegossenes, an dem die Straßenbahn quietschend hielt. Die lange nichtssagende Kasernenfront war Symbol einer scheinbar niemanden interessierenden Welt. Der Bau war so lang, so gries und so ehern, dass er gewöhnlich geworden war. In der Straßenbahn las eine Frau Zeitung. Die Weltfestspiele waren eröffnet. Eine übergroße Zeile deutete den Stolz darauf an.

Als die Grenze innerhalb Deutschlands verschwand

Am 9. November 1989, als Herr Schabowski, ein Mitglied des Zentralkomitees der SED, den ihm zugereichten Zettel verlas, dessen Inhalt für viele Menschen Europas selbstverständlich war, befand ich mich im Wald. Ich war mit einigen wenigen gleichgesinnten Schreiberlingen zu einem einwöchigen Aufenthalt in ein Waldhaus des Schriftstellerverbandes eingeladen worden. Außer den verantwortlichen Funktionären, die uns Nachwuchsautoren dorthin – weitab von jeder Zivilisation – begleitet hatten, reiste niemand, weder in der gleichen Nacht noch am nächsten Tag, ab. Da die Grenzen dieses kleinen Landes plötzlich durchlässig waren, könne man sie auch noch später – wenn unsere weltliterarischen Manuskripte fertig sein würden – überschreiten. So oder ähnlich haben wir, zumindest ich, gedacht.

Wenige Wochen darauf beschlossen meine Frau und ich, mit unseren Kindern (die wegen einer auswandernden Lehrerschaft ohnehin viel frei hatten) eine Reise in das sogenannte KA (kapitalistisches Ausland) nach Dänemark zu unternehmen. Doch die Fähre blieb unbeweglich am Terminal liegen. Wir kamen nicht einmal auf das Schiff, um zollfreie Zartbitterschokolade kaufen zu können, da die dänischen Matrosen streikten. Der Kapitalismus hatte uns das erste Mal eine seiner noch wenig vertrauten Seiten gezeigt.

Die Schokolade konnten wir bald darauf in Lübeck kaufen, als wir es aufgaben, mit unserem Trabant nach Bremen zu reisen. Eine fünfköpfige Familie war wohl in einer bundesrepublikanischen Großstadt zu jener Zeit eine Seltenheit. Wir standen brav mit unseren drei Kindern an einem Fußgängerüberweg, um von dem wahnsinnigen Verkehr nicht überrollt zu werden, als ein Lübecker seinen Wagen anhielt, aus dem Auto sprang, und uns 10 West-Mark für Schokolade mit den Worten reichte: »Kaum zu glauben, dass Sie vier Kinder haben.« Meine Frau hatte er als Teenager mitgezählt.

Lichtenhagen – Teil einer Stadt

Dieser Ortsteil Rostocks entstand aus dem Wohnungsbauprogramm der DDR. Einwohner Rostocks, die Beziehungen hatten, in wichtigen Betrieben der Stadt arbeiteten oder der Stadt Rostock wegen anderer Verdienste bedeutsam waren, erhielten dort eine der modernsten Wohnungen jener Zeit in jenem Land.

Aber die Zeiten änderten sich und in einigen Wohnblöcken wurden vietnamesische Vertragsarbeiter mit ihren Familien untergebracht. Als sich die Zeiten abermals änderten, wurde ein Wohnblock des sogenannten Sonnenblumenhauses als Asylbewerberheim genutzt und zwischen den einst so begehrten Wohnungen siedelten zugewanderte Roma und Sinti, zumeist aus Rumänien und dem ehemaligen Jugoslawien. Das war 1991/92 die Situation, aus der sich so viel Unheil und wenig Erkenntnis entwickelte. In diesem Jahr trug ich als Dezernent des Landkreises Rostock politische Verantwortung. Deshalb war ich informativ und kooperativ in die Lage der Hansestadt Rostock einbezogen. Leider hat sie das Angebot des

Landkreises nicht realisieren können, die Ausländer rechtzeitig mit Bussen in den umliegenden Landkreis und damit in Sicherheit zu bringen, um so die Situation zu entspannen.

Die Zugewanderten lebten auf den Rasenflächen zwischen den Häuserblocks ihr unbeschwertes, ihr gewohntes Leben. Sie hielten dort ihre Mahlzeiten, das Liebesleben und ihre Notdurft ab. Was vor allem als Ärgernis auswucherte, war das eigenartige Verhältnis der Roma und Sinti zum Eigentum der Einwohner, die gezwungenermaßen Gastgeber waren. Das entwickelte sich nun Woche um Woche und Monat um Monat und die liegengebliebenen Felle geschlachteter Hammel, Fäkalien und anderer Unrat, die Diebstähle beim Bäcker oder in der Kaufhalle führten zu wachsendem Unmut der aus dem Fenster schauenden, oft arbeitslosen und sich seit kurzer Zeit Bundesbürger nennenden Mieter der Neubauwohnungen.

Von den Ordnungshütern der Stadt, den Ratsdamen und -herren oder gar den damaligen Innenministern Diederich und Kupfer war niemand dieser Situation gewachsen. Der Oberbürgermeister der Freien Hansestadt Rostock saß hilflos kopfschüttelnd auf seinem Ehrenstuhl und fragte sich verzweifelt, was er angesichts dieses Unmuts und Hilferufes der Einwohner Lichtenhagens tun könne. Genau diese Frage stellte ein übereifriger Medienreporter einer Gruppe Jugendlicher, die sich gegenüber dem Sonnenblumenhaus zusammengerottet hatte.

Von den im gleichen Stadtteil lebenden Vietnamesen wurde zu diesem Zeitpunkt kaum mehr Notiz genommen als sonst auch. Wohlwollend und unterstützend förderten die Eltern der Jugendlichen und der jungen Leute von Lichtenhagen »ordnungsmachende« Übergriffe auf die Roma und Sinti. Am Ende waren es nicht nur die Zigeuner, sondern »die Ausländer«, welche Schuld an der Misere hatten. Vietnamesische Vertragsarbeiter wurden ursächlich mit der eigenen Arbeitslosigkeit in Verbindung gebracht, die Sinti und Roma mit dem Verfall von deutscher Sitte und deutscher Ordnung – während die Treuhandanstalt weiter das Hab und Gut der ehemaligen DDR verkaufte, ohne dass es Aufsehen erregte.

Diese Situation schaukelte sich so sehr auf, dass sie aus dem verlassenen Osten, aus Rostock-Lichtenhagen herausragte und von organisierten Kräften, denen jede Unruhe willkommen ist, ihrem Hass auf Demokratie durch Gewalt Ausdruck zu geben, beobachtet wurde. Deren Einschätzung der Lage in Rostock war völlig richtig: Es fehlte der zündende Funke. Dafür sorgten sie dann ohne große Mühe und es war ihnen völlig egal, ob es um Zigeuner oder Vietnamesen ging. Ein Großteil der kaum zu Bundesbürgern »gewendeten« Einwohner von Lichtenhagen wandelte sich zu einem brandschatzenden Mob, der bisher kaum persönliche Kontakte zu Ausländern gehabt hatte. Die Vietnamesen im Sonnenblumenhaus wurden zum Sündenbock und Opfer von wiederum missbrauchten Opfern des vereinigten Deutschlands.

Das Sonnenblumenhaus und die selbstlose Hilfeleistung einiger weniger, die während des Pogroms taten, was ihnen ihr Menschsein befahl, ist in anderen Zusammenhängen gewürdigt worden.

Jede Geschichte hat eine Vorgeschichte, so auch die »Ereignisse von Rostock-Lichtenhagen«. Sie sollte nicht unerwähnt bleiben, zumal sie sich nach so langer Zeit wie ein Muster erweist. Nachdenklich stimmt mich, dass seitdem 26 Jahre vergangen sind und die Ursache der Bedrohung eigener Lebensumstände in dieser so wohlhabenden Bundesrepublik sehr schnell in Ausländern gesehen wird. Ich gebe zu, manch einer von ihnen kann für Hassgedanken Anlass geben. Aber wenn man etwas als Ursache ausschließen kann, ist es die, Ausländer zu sein. Doch was ist es dann?

Von der Pionierleiterin zur Personalreferentin

Studentin am Fachbereich Pädagogik – Freundschaftspionierleiter/Staatsbürgerkunde an der Pädagogischen Hochschule »Ernst Schneller« Zwickau, 20 Jahre

In unserer Familie war immer viel los: drei Kinder und recht gesellige Eltern. Wir zogen im Bezirk Rostock häufig um und wohnten beispielsweise in Zingst und Barth immer in Neubaublocks, die damals als Glücksfall galten.

Meine Eltern arbeiteten und mein jüngerer Bruder und ich hatten täglich häusliche Aufgaben wie zum Beispiel kleinere Lebensmitteleinkäufe (zehn Brötchen oder ein halbes Mischbrot und zwei Tüten Milch) zu erledigen. Als »Große« holte ich zunächst meinen kleineren Bruder und später unsere kleine Schwester vom Kindergarten ab. Das war alles selbstverständlich für uns und so zogen meine jeweilige Schulfreundin und ich jeden Tag nach dem Hort zur Kaufhalle und anschließend zum Kindergarten. Meine kleine Schwester wurde als Nachzügler geboren; damals war ich schon zwölf Jahre alt. Später, als ich zum Studium ging, übernahm mein Bruder die nachmittägliche Betreuungsaufgabe. Meine Schwester ist ihm immer noch dankbar für seine unermüdliche Geduld während der Nachhilfe in Mathematik und später in Physik.

Mein Vater arbeitete als Berufssoldat in der NVA – im Bereich der Rückwärtigen Dienste. Nach Ableistung seines Grundwehrdienstes entschied er sich für die Unteroffizierslaufbahn. Er war stolz auf sich und sein Tun. Im Zuge der Abwicklung der NVA beendete er im September 1991 seine aktive Laufbahn als Fähnrich. Meine Mutter arbeitete zunächst als Pionierleiterin und später in der Bezirksebene der Pionierorganisation. Ab und zu fuhr ich mit der Straßenbahn in die Lange Straße in Rostock und besuchte sie in ihrem Büro. Ich wurde immer mit großem Hallo begrüßt.

Nach dieser Zeit arbeitete meine Mutter als Lehrerin und stellvertretende Direktorin. Ich fand es gut und beruhigend, nicht an ihrer Schule zu sein. Es verschaffte mir das Gefühl, nicht unter größerer Beobachtung zu stehen. Ich wollte auf keinen Fall als »Lehrerkind« auffallen oder gar behandelt werden.

Meinen Eltern war das gemeinsame Abendbrot sehr wichtig. Alle saßen zusammen und konnten sich über die Erlebnisse des Tages austauschen. Selbst meine kleine Schwester brachte sich plappernd ein. Als ich älter und verständiger wurde, diskutierten wir, häufig angeregt durch schulische Themen, über politische Fragen. Es erfüllte mich mit Stolz, mitreden und eine Meinung entwickeln zu können. Ich erinnere mich an rege Diskussionen am Abendbrottisch, und hin und wieder fiel in der Erregung ein Milchglas um.

Wir waren aktive Kinder: Sport spielte immer eine Rolle, auch nachmittägliche Arbeitsgruppen. Ich erinnere mich an die Arbeitsgemeinschaft »Fotografie«. Dort lernte ich die Geheimnisse der Bildentstehung und des Entwicklungsprozesses vom Negativ zum fertigen Foto. Das fand ich ziemlich spannend und beeindruckend. Ich war auch eine Zeit lang in einer Theatergruppe, fuhr dorthin mit Bus und Straßenbahn quer durch Rostock. Auf jeden Fall spielte sich alles mit den Freunden und/oder Klassenkameraden ab: Man traf sich in der AG, beim Sport oder zum Abholen der jüngeren Geschwister vom Kindergarten. Es gab nachmittags keinen verwaisten Spielplatz; überall war Bewegung, Schweinebammeln, Geschrei vom Versteckspiel. Selbst die Bushaltestellen avancierten zum Treffpunkt der älteren Schüler.

Ab der 8. Klasse war ich recht aktiv in der FDJ-Organisation der Schule. Als GOL-Mitglied war ich an der Vorbereitung vieler größerer und kleinerer Veranstaltungen beteiligt. Ich unterstützte die damalige Pionierleiterin gern und kümmerte mich insbesondere um die Jung- und Thälmannpioniere. Das Leben an der Schule bestand neben dem schulischen auch noch aus dem sogenannten gesellschaftlichen Auftrag. So fanden unter anderem Altstoffsammlungen, themenbezogene Pioniernachmittage, Faschings- und Pionierfeste und Wandzeitungswettbewerbe statt.

Da wir im Norden der Republik wohnten, in der Nähe der Ostsee, gab es ab und zu auch stürmisches Wetter. Dann erhielten wir als Neunt- oder Zehntklässler den Auftrag, die jüngeren Hortkinder um 16 Uhr abzuholen und nach Hause zu begleiten. Sonst wären die Kleinen mit ihrem Ranzen durch die Straßen gefegt worden.

Da ich mich mit Abschluss der 10. Klasse nicht zu einer Ausbildung entschließen konnte, einige Klassenkameraden und Freunde sich für das Abitur entschieden, schwenkte ich recht kurzentschlossen ebenfalls in diese Richtung. Langsam reifte der Gedanke, Pionierleiterin zu werden. Ich übernahm gern Verantwortung, liebte es zu organisieren und wollte Dinge eigenständig in die Hand nehmen. Dazu gehörte wohl auch, dass ich sehr gern als Betreuerin im Ferienlager tätig war. Seit meinem 8. Lebensjahr ging es jeden Sommer für drei Wochen ins Ferienlager. Ich fand das immer großartig, freute mich auf die Erlebnisse und die anderen Kinder. Heimweh kannte ich nicht, im Gegenteil: Ich tröstete andere. So war es für mich selbstverständlich, als Betreuerin weiterhin ins Ferienlager zu fahren. Es war einfach fantastisch, für zehn kleine Menschen verantwortlich zu sein: jeden Tag die Rasselbande um sich herum, Lehrer und Tröster sein, Streiche aushecken, Nachtwanderungen durchstehen, gemeinsam Ansichtskarten an die Eltern schreiben und die Discos erst.

Die beiden Abiturjahre gingen dann doch recht schnell vorbei und ich musste mich für das Studium anmelden. Leider klappte es dabei nicht mit meinem Wunschstudium Geschichte. Diese Richtung war sehr begehrt und mein Notendurchschnitt von 1,6 reichte nicht aus. Es bestand die Möglichkeit, ein Zusatzfach für die Unterstufe zu wählen, aber ich wollte gern in der Oberstufe unterrichten und entschloss mich für das Zusatzfach Staatsbürgerkunde. Das war nicht gerade mein Lieblingsfach, aber eine andere Möglichkeit bestand nicht.

So begann ich also im September 1987 mein Studium Pionierleiter/Zusatzfach Staatsbürgerkunde an der Pädagogischen Hochschule in Zwickau. Ich freute mich darauf, ganz woanders zu sein – weit weg von Barth, neue Leute kennenzulernen. Die Pädagogische Hochschule lag östlich, nicht allzu weit vom Stadtkern, und war mit Bus und Straßenbahn sehr gut erreichbar. Wir bezogen im Stadtteil Eckersbach ein recht neu gebautes Wohnheim in der Makarenkostraße – überhaupt bestand diese Gegend nur aus Baustellen: Unentwegt wurden Wohnraum, Schulen, Kindergärten und Straßen aus dem Boden gestampft.

Das Leben im Studentenwohnheim spielte sich nun in den Wohneinheiten ab: Je ein Dreier- und ein Viererzimmer (mit Doppelstockbett) teilten sich ein Bad. Im Viererzimmer befand sich eine kleine Nische mit Waschbecken. Auf jeder Etage gab es eine Gemeinschaftsküche, in der mehrere Herde (ich glaube zwei) standen und zwei große Kühlschränke mit kleinen Fächern für jeden Studenten. Alles war recht einfach gehalten:

Linoleumboden (für die schnelle und leichte Pflege geradezu perfekt!), Tisch und Stühle, großes Abwaschbecken und auch Schränke. Mit der Zeit wurde es wohnlicher.

Den Studenten wurde bei Erstbezug ein Zimmer zugeteilt, je nach entstehenden Freundschaften und Differenzen begann später das fröhliche Umziehen. In den Wohneinheiten wurden die Studenten zunächst mit der gleichen Fachrichtung zusammengelegt. So kamen auf einem Flur Studenten unterschiedlichster Studienjahre der Sektionen Germanistik (langweilig und verkopft), Sport (anfänglich etwas überheblich, dann sehr lustig und feierfreudig), Musik (irgendwie immer weit weg) und wir zusammen. Es entwickelte sich sehr schnell ein geschäftiges wie auch fröhliches Miteinander; irgendwo erklang eine Trompete. Mein Zimmer teilte ich mir zunächst mit zwei Studentinnen, die ebenfalls aus dem Bezirk Rostock stammten; eine Mitstudentin war meine Klassenkameradin vom Abitur.

Anfangs kamen wir uns recht klein vor; alles war neu und ungewohnt. Aber wir gewöhnten uns recht schnell an die Abläufe und Eigenheiten des Studentenlebens. In der ersten Woche saßen wir drei allerdings zweimal in der falschen Vorlesung und merkten es erst nach 15 Minuten; der sächsische Dialekt machte uns anfänglich doch zu schaffen. Studiert wurde im Verbund, es gab feste Seminargruppen pro Jahrgang – einzelne Seminare wurden in dieser Gruppe gehalten, Vorlesungen fanden übergreifend statt. Wir stürzten uns nun in das Studium: diskutierten, arbeiteten die Vorlesungen nach und die Seminare vor und lernten für die Klausuren. Langsam lernte ich auch das viel gerühmte Studentenleben kennen: treffen, reden, feiern und tanzen. Zu unseren studentischen Pflichten gehörte es auch, einmal pro Jahr in der Mensa einen Dienst zu leisten, meistens Abwaschen. Bei mir wurde eine Ausnahme gemacht: Mein Dialekt verriet mich. Ich wurde gefragt, ob ich schon mal einen Fisch ausgenommen hätte. Leider bejahte ich, und so stand ich vor einem riesigen Bottich mit halbgefrorenen Fischen; ich glaube, es waren Forellen … Nach einer gefühlten Ewigkeit (drei Stunden) war ich erlöst, mittlerweile nahmen meine Hände die Konsistenz der Fische an. Ich war fertig.

Im Wohnheim gab es eine weitere Aufgabe: Student vom Dienst (SvD). Das hieß, den Eingangsbereich des Wohnheims abends zu überwachen. Ab einer bestimmten Uhrzeit wurde das Wohnheim abgeschlossen. Jeder Student besaß zwar einen Schlüssel, dennoch sollte der Eingangsbereich aus Sicherheitsgründen bewacht werden. Gäste mussten sich in ein Hausbuch eintragen. So saßen nun zwei Studenten in einem kleinen Raum direkt neben dem Eingangsbereich und mussten Obacht geben, gegebenenfalls aufschließen und Buch führen. Es gab ein Telefon, ein Tisch, Bett und Stuhl. Klingelte das Telefon für einen Studenten aus dem Wohnheim, musste ein Diensthabender loslaufen, um diesen zu holen. Allzu beliebt war dieser Dienst nicht, aber man konnte ihn gut für Ausarbeitungen nutzen.

Angeregt durch die Studieninhalte vor allem der *Politischen Ökonomie* begannen wir das, was uns umgab, kritischer zu sehen und zu hinterfragen. Dabei stellte sich bald heraus, wer offen für diese Diskussion, wer nicht interessiert oder nicht bereit war. In unserer Seminargruppe spiegelte sich wahrscheinlich der Durchschnitt unserer Gesellschaft wider: kritische Denker und Hinterfrager, Opportunisten, Illusionisten, Mitläufer und Starrköpfe. Zurückblickend sehe mich heute anfänglich als eine Mitläuferin, die die sozialistische Idee als absolute Wahrheit lernte und verinnerlichte. Die Welt war in Gut und Böse eingeteilt: Sozialismus gut, Kapitalismus böse. Weiß und Schwarz. Ganz einfach.

Doch allmählich bröckelte dieses Bild. Wir waren in der ersten Zeit noch unsicher in unserer Auseinandersetzung mit der sozialistischen Gesellschaft, dem Verhältnis zur Sowjetunion und dem Rest der Welt. Gerade die alltäglichen Missstände führten zu hitzigen Diskussionen und wir blickten anders und neu auf unsere Verhältnisse. Die Vorlesungen zur *Politischen* Ökonomie wurden zum Teil richtig spannend, gerade wenn diskutierfreudige ältere Studenten dabei waren. Auch innerhalb unserer Seminargruppe wurden wir mutiger und führten wilde Streitgespräche mit den Dozenten und auch untereinander. Ich habe rückblickend das Gefühl, dass es einigen, nicht allen Dozenten gefiel und sie sich auf diese Seminare besonders freuten. Mitunter verliefen die Seminare aber auch unerfreulich langweilig.

Ein Beispiel war das Thema der Neuorientierung innerhalb der SED. Hier kann ich mich an kontroverse und zum Teil sehr hitzige Diskussionen erinnern. Wir waren nicht alle automatisch Mitglieder der Partei; wollten es auch nicht sein. Wir hatten die Idee einer neuen und modernen, den jungen Menschen und neuen Gegebenheiten der Gesellschaft und der Weltentwicklung entsprechenden Partei. Vor allem wollten wir keine »Alten«, die uns sagen, was wir denken und wie wir handeln sollen. Dunkel erinnere ich mich an Gespräche mit unserer Sektionsleitung. Ich war ziemlich aufgewühlt und schrieb lange Briefe an meine Mutter. Eine Revolte war das nicht, eher waren wir langsam aufwachende junge Menschen, die Fragen stellten und Antworten gaben.

Ach ja, dann war da noch die Liebe. Ich war ständig verliebt: erst in einen Studenten der Musiksektion, dann in einen Sportstudenten und in eine Erntebekanntschaft. Diese lernte ich bei einem unserer Kartoffelernteeinsätze kennen; er war auch Student. Meine Gefühlsautobahn glich wohl einer Achterbahn: es ging unaufhörlich hoch und runter.

Da jeden zweiten Sonnabend Vorlesungen und Seminare stattfanden, fuhr ich an diesen Wochenenden nicht nach Hause. So konnte ich Studieninhalte abarbeiten, Briefe schreiben, meine Freundin in Leipzig besuchen und/oder mich in das studentische Feierleben stürzen. Wir haben wirklich viel gefeiert, getanzt und der Alkohol floss auch. In Zwickau gab es neben der Pädagogischen Hochschule noch die Technische Hochschule – die gemeinsamen Faschingsfeten waren legendär.

An den anderen Wochenenden fuhr ich zur Familie nach Barth. Mit dem Studentenausweis kostete eine Bahnfahrt 15,10 Mark; so ging es am Freitagnachmittag zunächst nach Leipzig, dort musste man in den Fernzug nach Stralsund umsteigen. Verspätungen waren nicht ungewöhnlich, oftmals warteten meine Eltern sehr lange in Stralsund. Ab und zu traf ich mich mit Klassenkameraden aus der 10. Klasse, aber die meisten waren nach der Schule zur Ausbildung oder zum Studium gegangen und in der ganzen Republik verteilt. Es gab keine festen Treffen, und so wurden meine Heimfahrten ab dem 2. Studienjahr weniger. Ich fühlte mich in Zwickau wohl und freute mich, nach dem Familienwochenende wieder dort zu sein. Ich empfand diese Stadt als sehr schön: die alten Häuser am Hauptmarkt, Brücken und Grün. Ich entdeckte die klassische Musik – schließlich ist Zwickau Schumanns Geburtsstadt; hin und wieder besuchte ich das Puppentheater.

Auch im Trabi-Werk mussten wir als Studenten einen vierwöchigen Arbeitseinsatz ableisten. Das Werk war ziemlich groß und die Einsatzmöglichkeiten äußerst vielfältig. Gemeinsam mit angolanischen und älteren Studenten unserer Hochschule arbeitete ich in der Abteilung, in der das Vlies und die Harzmischung maschinell übereinander geschichtet wurden – eine äußerst staubige Angelegenheit (besonders bei der täglichen Abschlussreinigung). Ich glaube, wir haben trotz Mundschutz einiges eingeatmet … Aber die Bezahlung empfanden wir als sehr wohltuend.

Es kam die Wahl im Mai 1989 – die allgemeine Unzufriedenheit entlud sich. Die »Wahlerfolge« der letzten Jahre zweifelten wir ohnehin an. Es kursierten bissige Witze zur DDR-Führung, den Wahlen und den immer wiederkehrenden 99,9-Prozent-Ergebnissen. Die Nachricht über die offensichtliche Wahlfälschung verbreitete sich wie ein Lauffeuer. Irgendwie waren wir sprachlos und mit der Situation überfordert. Wie konnte das sein: Wahlfälschung in der DDR – dem demokratischsten Land der Welt? Wir spürten: Es ruckelte in den festen Überzeugungen und erschütterte die meisten Menschen. Wieder gab es hitzige Debatten mit den Dozenten und Mitstudenten. Studieninhalte wurden angezweifelt, es formierte sich an unserer Hochschule studentisches Aufbegehren.

Auch im Bekanntenkreis gab es Erschütterungen: Der Sohn einer uns persönlich bekannten Familie wurde bei einem illegalen Grenzübertritt ertappt und inhaftiert: der Sohn eines Kommandeurs! Ich sah damals die Schuld ausschließlich bei den Eltern: Sie erwarteten von ihm eine Offizierslaufbahn, die er nicht wollte.

Ich verstand nicht, warum der Staat diese Menschen nicht gehen ließ. Offensichtlich hatten sie sich ja gegen ein Leben in der DDR entschieden. In meiner unfertigen Gedankenwelt verglich ich den Grenzübertritt mit der Scheidung eines Ehepaares: Man geht halt auseinander und beginnt jeweils ein neues Leben. Die Flucht aus der DDR war bis dahin kein offizielles Thema – jetzt kochte alles hoch.

Trotz der Unruhen ging das Studium weiter; wir bewegten uns zwischen alter Theorie und neuer Praxis. Wir begannen, die alten Denker und auch Marx neu zu lesen und zu interpretieren, revidierten unsere Bewertung des Besuchs von Gorbatschow in der BRD und seiner Äußerungen. Auf den Fluren des Wohnheims trafen sich die Studenten und lasen, diskutierten, tranken Wein. Es war eine aufregende Zeit.

Es ist hinlänglich bekannt, dass die Berichterstattung im Fernsehen und auch im Radio zurückhaltend und somit verschleiernd war. Aber das Ausmaß dieser Nichtinformation war uns damals nicht bewusst. Über Studentenkontakte nach Leipzig und Berlin erfuhren wir von der massiv einsetzenden Fluchtwelle, schwankend zwischen Zweifel und Nichtglauben-Wollen.

Von Mitte September bis Mitte Oktober 1989 konnte ich an einer Studienfahrt des 4. Studienjahrs nach Wolgograd teilnehmen. Ich kannte ja die meisten Studenten und freute mich auf eine aufregende Reise. Wir fuhren mit dem Zug drei Tage! Das war anstrengend, aber auch spannend: vorbeifliegende, sich verändernde Landschaften, Umsteigen und Wechsel des Bahnhofs in Moskau, die sich eröffnende Weite Russlands, Menschen an den Bahnhöfen, die Selbstgemachtes verkauften. In Wolgograd wohnten wir in einem Studentenheim, lernten das Schul- und Pionierleben kennen, trafen Kinder im Pionierpalast und dank einer organisierten Busrundtour konnten wir die Umgebung bereisen. Dabei erfuhren wir noch einmal die Weite dieses Landes, sahen einen riesigen Stausee und standen mit den Füßen im Don. Natürlich besuchten wir das Denkmal der »Mutter Heimat« auf dem Mamajew-Hügel in Wolgograd und legten Blumen nieder. Die Größe der Statue und die eindringlichen Bilder beeindruckten uns sehr. Von den Unruhen in Berlin am 7. Oktober erfuhren wir erst nach unserer Rückkehr. Die russischen Zeitungen berichteten nur von den offiziellen Feiern; wir entdeckten lediglich einen ganz kleinen Seitenbericht zu einer Gegendemonstration. Für uns klang das erstmal harmlos.

Die Überraschung kam auf dem Ostbahnhof in Berlin: Nach der dreitägigen Rückreise staunten wir über die dortigen Bewegungen und Menschenmassen. Es waren Ausreisewillige, Menschen, die gen Westen aufbrachen. Wir waren verblüfft und überfordert, verabschiedeten uns und fuhren jeder nach Hause. Solch eine Zugfahrt habe ich nie wieder erlebt: Wildfremde Menschen standen eng gedrängt in den Gängen und diskutierten laut und wild. Die Stimmung ging in Richtung Aufbruch, etwas Neues entwickeln. Kaum einen Mitreisenden hielt es auf seinem Platz. Die Stunden der Bahnfahrt vergingen rasend schnell.

Die kommenden Wochen brachten Ungeheuerliches: ein zurückgetretenes Politbüro, einen Regierungssprecher, der Staatsbürgerkundeunterricht wurde an den Berufsschulen ausgesetzt. Immerhin war das mein Studienfach! Das Ministerium für Volksbildung schwieg und wir gingen zu den Demonstrationen in Leipzig und Zwickau. Wir schwankten wegen der neuen Entwicklungen zwischen Freude und Sorge, auch auf den Demonstrationen. Ich fragte mich, ob ich wohl ausreisen wollte. Wir hatten Bekanntschaft bei Bremen – den Kontakt hatte meine Oma immer gehalten. Dort würde man mich sicherlich aufnehmen. Aber den Gedanken verwarf ich so schnell, wie er gekommen war: Ich wollte nicht weglaufen, sondern dabei sein, wenn etwas Neues entsteht.

Allmählich hatten wir das Gefühl, dass unsere Welt so langsam aus den Fugen geriet. Die Eltern und die alten Lehrer waren genauso fassungslos wie wir jungen Leute, also konnten wir sie nicht um Rat fragen. Mein Bruder und seine Schulfreunde wollten ihr Abitur schmeißen, nur unter großen Anstrengungen der Familien (meistens der Mütter) konnten sie »überzeugt« werden, das Abitur zu beenden. Die Erschütterung der politischen Grundordnung spiegelte sich auch im Bildungswesen wider: Der

Staatsbürgerkundeunterricht wurde in seiner herkömmlichen Form abgesetzt, ebenso Inhalte aus dem Geschichtsunterricht. Es betraf jede Schule und Berufsschule; eine Menge Lehrer fragte sich, was die Zukunft für sie persönlich bringen würde.

Im November 1989 konfrontierte man uns mit der neuen Situation: Unsere Studienrichtung wurde nicht weitergeführt und wir sollten entscheiden, ob wir einer Exmatrikulation zustimmen oder das Studium als Freizeitpädagoge beenden. Ich konnte mich weder zu dem einen noch zu dem anderen Schritt entschließen und blieb zunächst in Zwickau. Viele meiner Studienkollegen brachen ihr Studium ab oder versuchten, an anderen Hochschulen mit neuen Fachrichtungen weiterzustudieren. Von diesem Zeitpunkt an waren wir auf der Suche und fuhren beispielsweise nach Berlin zur Humboldt-Universität, um dort Informationen über die Anerkennungsmöglichkeiten unseres bisherigen Studiums zu erhalten.

Die folgende erste Wahl nach neuem Wahlrecht erlebte ich in Ribnitz-Damgarten, wo im SED-Kreishaus eine Wahlparty der PDS stattfand. Hier lernte ich einen Mann aus S. kennen, er war mit einer Gruppe aus der neuen Partnerstadt B. angereist. Ich fand die Gedanken eines aus dem anderen Gesellschaftssystem stammenden Menschen hochinteressant und wir unterhielten uns sehr angeregt.

An der Hochschule kämpften die Studenten um ein höheres Mitspracherecht für die studentischen Belange. Der Studentenrat wollte die Einführung von höheren Mieten für unser Wohnheim verhindern. Am Ende streikten die Studenten und es ging hoch her.

Neben meinen Aktivitäten im Studentenrat sowie im Studentenclub studierte ich noch – etwas. Dennoch entfernte ich mich innerlich: Es hatte sich viel geändert, Kommilitonen gingen weg – das war nicht mehr meine Welt. Ich konnte mich nur langsam zu einem Weggang durchringen.

Im Herbst 1990 war es dann soweit: Ich ließ mich exmatrikulieren und zog nach S.. Ich wollte einen Neuanfang: mit neuem Freund und neuem Ziel. Der Schritt fiel mir nicht allzu schwer, denn ich begann gern etwas Neues, und stürzte mich in das »Westleben«. Kurzzeitig übermannte mich die Sorge, ob ich wohl neue Freunde finden würde. Ich kannte ja nur meinen Freund. Aber dieser Gedanke ging so schnell, wie er kam: Ich war Neuanfänge gewöhnt und mir neuer Freunde und Bekanntschaften gewiss. So fuhren meine Eltern und ich im vollgestopften Trabi von Barth nach S. Irgendwie wollten sie mich wohl persönlich in das neue Leben übergeben.

Sofort machte ich mich auf die Suche nach einem Job, wollte auf eigenen Füßen stehen, denn mittlerweile waren meine Eltern arbeitslos geworden. Die Stimmung war entsprechend schlecht. Dabei tat sich besonders mein Vater sehr schwer mit dieser Situation: Anfang 40, davon 25 Jahre gearbeitet, anerkannt bei Kollegen und Vorgesetzten und nun: Nichts. Leere. Der wiedergefundene Schwung und Optimismus meiner Mutter sowie ihre unnachahmliche Durchsetzungskraft halfen, dass er wieder Arbeit fand. Zunächst tourte er über eine Zeitarbeitsfirma durch viele Altbundesländer. Es waren harte Monate für ihn und die Familie. Dann machte sich ein befreundetes Ehepaar mit einem Elektrogeschäft selbstständig und mein Vater übernahm Verkauf, Auslieferungen sowie Reparaturarbeiten. Alles klappte wunderbar, er war zufrieden und in der Werkstatt sein eigener Herr. Meine jüngere Schwester besuchte ihn und das Verkaufsgeschäft fast täglich. Im Herbst 1991 nahm meine Mutter das Angebot an, in das Versicherungsgeschäft einzusteigen. Sie absolvierte die notwendige Ausbildung, gab mehr als 100 Prozent, machte Karriere und blieb bis zur Rente.

Mein erster Job endete im Dezember 1990: Nach nur vier Wochen wurde ich gefeuert – und das kurz vor Weihnachten. Ich war am Boden zerstört und heulte die Angst und Scham mehrere Stunden raus. Dann wachte ich auf und blickte wieder nach vorn, blätterte im Telefonbuch und wurde fündig. Da ich während meines letzten Studienjahres hin und wieder in einem Heim für behinderte Kinder gearbeitet hatte, wollte ich diese Tätigkeit nun weiterführen. Ich suchte nach Heimen und stolperte gleich über einen Altenheimeintrag. Der Rest ging ganz schnell: ein Anruf zwischen den Jahren, und am 2. Januar 1991 begann ich meine Hilfstätigkeit in der Altenpflege. Die Zeit war wirklich toll: ich verdiente mein erstes eigenes Geld, war schnell integriert, der Heimleiter und die Wohnbereichsleitung mochten mich. Noch heute verbindet mich mit einer Altenpflegerin aus dieser Zeit eine schöne Freundschaft.

Einige Wochen nach Beginn meiner Tätigkeit fragte mich mein Freund, ob ich mir den Beruf der Krankenschwester vorstellen könnte. Ich hatte bis dahin mit Krankenhaus und Krankenpflege ja überhaupt nichts zu tun, doch der Gedanke gefiel mir.

Für die Entscheidung, die Pflegeausbildung zu beginnen, waren unter anderem meine Besuche an der Pädagogischen Hochschule in Lüneburg verantwortlich, die sehr enttäuschend verlaufen waren. Zweimal fuhr ich dorthin, um meine Chancen zur Aufnahme eines sozialpädagogischen

Studiums zu erfragen. Ich wollte wissen, ob Inhalte meines Pädagogikstudiums anerkannt werden, zum Beispiel die Grundlagenfächer *Pädagogik*, *Erziehungswissenschaften* oder *Didaktik*. Mittlerweile schritt das Jahr 1991 weiter voran, doch von den Kultusministerien konnte auf unbestimmte Zeit keine Entscheidung erwartet werden. Mir war schon damals bewusst, nicht die einzige Hilfe suchende Oststudentin zu sein, dennoch hatte ich den Eindruck, sehr abweisend und schroff behandelt zu werden. Es war einfach frustrierend. Langsam begrub ich den Gedanken an die Weiterführung meines Studiums.

Fest stand auf jeden Fall, dass ich mich so einfach mit meinem Ost-Abitur nicht bewerben durfte. Dieses musste ich beglaubigt zur Anerkennung nach Hannover schicken. Es kam mit dem Vermerk zurück, dass mein Abitur nun mit dem auf 1,9 heraufgesetzten Notenschnitt anerkannt würde. So bewarb ich mich nun als frischgebackene Ost-West-Abiturientin bei den Krankenpflegeschulen der Region um eine Ausbildung als Krankenschwester. Ich schrieb damals fünf Schulen in der Nähe an und nach der dritten positiven Rückmeldung war ich überglücklich und feierte mit viel Wein. Am Ende erhielt ich von allen fünf Krankenpflegeschulen eine Einladung zum Vorstellungsgespräch. Das tat gut und beruhigte mich, meinen Freund und auch meine Eltern; selbst Oma freute sich.

Ich begann in S. mit meiner Ausbildung. Es war eine gute Zeit: das Theoretische fiel mir nicht allzu schwer, das Praktische lag mir, ich kam auf den Stationen gut an. Schnell bildete sich in unserer Ausbildungsklasse ein Klassenkern und auch andere Grüppchen fanden sich. Da ich mit meiner Herkunft nicht hinterm Berg hielt, gab es einige interessante, leider auch verletzende Gespräche mit Kollegen und Patienten. Es dauerte fast die ganze Ausbildung lang, bis ich genug Selbstvertrauen entwickelte, Vorurteilen unerschrocken gegenüberzutreten. Vielleicht lag es auch daran, nun über einen vollwertigen Berufsabschluss zu verfügen und damit »mehr wert« zu sein.

Ich glaube, ich war die einzige Trabi-Fahrerin an unserem Klinikum! Meine Eltern schenkten mir 1991 einen kleinen Stinker; ich war so stolz: ein eigenes Auto! Ich hegte und pflegte es hingebungsvoll, allein das Tanken wurde zum Abenteuer. Immerhin musste ich das Verhältnis des Benzins zum zuzugebenden Öl vorher berechnen! Ich behalf mir mit einem Zettel mit den vorgerechneten Mengen. Ja, und ich gebe es zu: wenn mir danach war, zog ich den Choke. Hin und wieder auch auf dem Klinikgelände …

Während der Ausbildung und auch danach engagierte ich mich politisch; mit Gleichgesinnten gründeten wir eine kleine PDS-Gruppe. Ich erinnere mich an endlose Diskussionen an »Runden Tischen«, doch schon bald war ich des Redens im Kreis überdrüssig. Ich wollte aktiv sein, etwas bewirken, voranbringen. Später gab es eine kleine Gruppe, die Bildungsarbeit über die PDS-nahe Stiftung »Rosa Luxemburg« betrieb. Wir bekamen Fördergelder und organisierten zum Teil wirklich interessante Abende. Aber im Laufe der folgenden Jahre kam ich mit der PDS nicht mehr zurecht, irgendwann trat ich aus. Lange Zeit las ich noch die *Junge Welt*. Ich wollte meine Herkunft und mein Gedankengut, meine Prägung nicht vergessen und mich weiterhin mit der Gesellschaft auseinandersetzen.

Nach der Ausbildung wurde ich vom Krankenhaus übernommen und begann auf der inneren Intensivstation. Ich war glücklich: Jeden Tag ging ich freudestrahlend zur Arbeit. Die Kardiologie hatte es mir angetan und ich hing mich rein, lernte alles über das Herz, löcherte die Ärzte zu Diagnosen und Therapien. Es machte einfach Spaß und der Schichtdienst störte mich nicht. Später absolvierte ich eine Zusatzqualifikation und wurde Mentorin beziehungsweise Praxisanleiterin für die Auszubildenden. Das erinnerte mich an meinen ersten Berufswunsch; ich fühlte mich wohl in der Rolle der Lehrenden.

Wenige Jahre später durchlief ich die zweijährige berufsbegleitende Fachweiterbildung für Intensivpflege. Diese Weiterbildung bedeutete mehr Wissen, mehr Verantwortung und etwas mehr Geld. Ich bemerkte aber im Nachhinein, dass mir die Auseinandersetzung mit der Theorie, das Lesen von Fachtexten unheimlich Freude bereitete; der Studiengedanke war wieder da und ließ mich nicht los. Ich zog Erkundungen für ein Studium der Medizinpädagogik ein – und verwarf den Gedanken wieder: Mein Partner zog nicht mit. Deshalb studierte ich nicht. Mich so beeinflussen zu lassen, sehe ich heute als Fehler.

Nach und nach wurde mein politisches Engagement weniger und es ergab sich ein neuer Weg: von der Jugend- und Auszubildendenvertretung zum Betriebsrat in der Klinik. Auch dort wollte ich den Dingen auf den Grund gehen, sie verstehen und Antworten finden. So absolvierte ich einige Fortbildungen, lernte Gesetzestexte lesen und interpretieren. Dann übernahm ich zunächst kleinere, dann größere Aufgaben bis hin zur Durchführung der Betriebsratswahlen. Meine gründliche und verbindliche Art verhalf mir zu Ansehen in der Klinik.

In meiner Ehe fühlte ich mich nicht mehr wohl, ich lernte einen anderen Mann kennen und war plötzlich wieder wahnsinnig verliebt! Nach fast 20 Jahren! Ich trennte mich, zog aus. Dabei nahm ich die Dinge mit, welche ich wirklich mein Eigen nannte: einen Tisch und Hocker – beides hatte ich geerbt –, die Klamotten, mein Fahrrad und Motorrad und vor allem meine 200 Bücher. Ich wollte weg und etwas Neues kennenlernen. Übergangsweise wohnte ich bei einer Freundin, und nach wenigen Monaten zogen mein neuer Partner und ich zusammen. Die folgenden Jahre waren großartig für mich: Ich fühlte mich geliebt, begehrt, umsorgt und ernst genommen. Mein Partner riet mir, mich weiterzubilden, vielleicht ein Studium aufzunehmen. Da ich mir zunächst ein Studium nicht zutraute, entschied ich mich für den Fachwirt und bereitete mich in einem Weiterbildungsinstitut auf die IHK-Prüfungen vor. Die Vorbereitungszeit dauerte zwei Jahre und spielte sich vorrangig an den Wochenenden ab. Ich musste also meinen Schichtdienst entsprechend gestalten, oftmals waren drei Wochenenden im Monat durch Klinikdienst und Präsenz am Institut belegt. Aber ich wollte es so. Ich muss nicht näher erläutern, dass in dieser kaufmännischen Ausbildung der betriebswirtschaftlich rechnerische Teil nicht mein Lieblingsfach war. Im zweiten Anlauf (mündliche Nachprüfung) schaffte ich es dann doch!

Nun, mit dem IHK-Abschluss als Fachwirtin für Sozial- und Gesundheitswesen im Jahr 2012, war ich sehr froh und stolz. Dennoch stellte sich die erwünschte Zufriedenheit nicht ein. Ich war noch nicht fertig! Also meldete ich mich zum Fernstudium Pflegemanagement an, das 2014 beginnen sollte.

Inzwischen arbeitete ich als stellvertretende Betriebsratsvorsitzende und war komplett von der Stationstätigkeit freigestellt. Ein Schritt, der größer war, als er scheint – denn dadurch veränderte sich sehr viel für mich: die Arbeit mit den Patienten, die Auseinandersetzung mit Krankheit und Tod, knifflige Situationen und auch die fachlichen Reibereien mit den Ärzten fehlten mir nun. Ich hatte meinen Hang zum handwerklichen und händischen Arbeiten unterschätzt, auch die unmittelbaren Kollegen waren nicht mehr da. Kein gegenseitiges Motivieren: »Lass uns jetzt reinhauen, dann gibt's Pizza. Ich bestell schon mal.«

Dann begann mein Studium. Dem ersten Tag sah ich mit freudiger Spannung entgegen – doch leider wurde er ein Alptraum: Mein Bruder nahm sich am Vorabend das Leben, ohne Vorwarnung. Sechs Tage zuvor hatten wir beide noch ein sehr intensives und intimes Gespräch geführt. Er war offen und zugänglich gewesen – nichts ließ seine wahren Gedanken erahnen.

Bis heute verzeihe ich mir nicht, seine Not nicht erkannt zu haben. Nicht als Schwester und nicht als Krankenschwester. Aber ich wollte das Studium weiterführen; jetzt erst recht! Und ich widmete es meinem Bruder.

Ende 2014 gab ich die Betriebsratstätigkeit auf; ich konnte mich nur schwer von der »Pflege« trennen und haderte mit meinem schlechten Gewissen, die Kollegen im Stich gelassen zu haben. Nach einigen Gesprächen und Bewerbungsverfahren trat ich mit einer halben Stelle die Abteilungsleitung Pflege für vier Stationen an und mit der anderen übernahm ich Aufgaben in der Personalabteilung. In meiner Position als Pflegereferentin verstand ich mich als Bindeglied und konnte Erfahrungen und Wissen für beide Seiten gewinnbringend einsetzen. Mir waren Kommunikation und Austausch, Verständnis für das jeweilige Tun, das Verbindende sehr wichtig.

Ab Herbst 2016 wechselte ich komplett in die Personalabteilung und bin seitdem Personalreferentin. Die Anregung dazu kam von meinem neuen Personalchef. Er sagte, er wolle die Arbeitgebermarke stärken und fragte, ob ich mitmachen würde. Ich war gerade von der schlechten Prognose in der Pflege sehr frustriert: Fachkräftemangel – und ohne Vision, wie es zu ändern sei, den Beruf zu stärken. Weder die Bundes- noch die Landespolitik hat eine klare Vorstellung davon, was auf uns zurollt. Das macht Angst. Echt! Das Gefühl, sich in einer Sandwichposition zu befinden, hielt ich nicht mehr aus und nahm das Angebot an.

Über meinen Partner gelangte ich auch zu einer Serviceorganisation (Inner Wheel); wir erarbeiten ehrenamtlich Geld, um es gemeinnützigen Projekten oder Vereinen der Region zu spenden – aufwendig, aber lohnenswert. Die Clubs bestehen ausschließlich aus Frauen und sind alle ehrenamtlich tätig. Dabei werden mittels Aktionen Gelder erwirtschaftet, um regionale und internationale Projekte zu unterstützen. Unser Inner Wheel Club besteht seit 30 Jahren, hat 40 Mitglieder und einen Förderverein. Wir unterstützen hauptsächlich Projekte in und um S.: Seemannsmission, Kinder in Obhutnahme, Schulvereine, Flüchtlingsarbeit, Frauenhaus etc. Auch hier übernahm ich schon bald die eine oder andere größere Aufgabe. Als Erfüllung erlebe ich in diesem Kreis das gemeinsame Tun für einen guten Zweck und die unzähligen spannenden und wunderbaren Begegnungen.

Das Leben mit meinem Partner bereicherte mich auf mehreren Ebenen: Genuss, Liebe, die Welt sehen. Ich lernte viele fantastische Menschen kennen, die ich heute Freunde nennen darf.

Aber dann kam die Trennung. Das war schlimm! Meine Mutter, Schwester und meine Freunde halfen mir auf vielen Wegen: Gespräche,

Tränen und Lachen, unzählige Besuche bei IKEA, Umzug in eine eigene Wohnung – viele Bande wurden enger. Ein wunderbares Gefühl! Ich habe mich keine Minute allein oder gar einsam gefühlt. Ich war traurig, aber nicht allein. Nachdem ich mich erholt hatte, stürzte ich mich wieder in mein Studium, schließlich war das Ende abzusehen.

Nur wenige Monate später, im Frühling 2018, fühlte ich einen Knubbel. Ich nahm ihn wahr, aber nicht ernst, und wartete noch drei Wochen. Als ich merkte, dass er sich nicht in Wohlgefallen auflösen würde, ging ich zur Gynäkologin. Die Diagnose Brustkrebs zog OP, Bestrahlung und Reha nach sich. Und wieder trugen mich meine Familie und Freunde – ich fühlte mich wie auf Wolken. Ich nahm den Krebs an, las viel darüber, konnte nachdenken und den Sommer genießen.

Seit Oktober arbeite ich wieder. Gleichzeitig schreibe ich meine Bachelorarbeit. Ob ich anschließend ein Masterstudium in Angriff nehmen werde, weiß ich noch nicht.

Die gedankliche Reise in die Vergangenheit war für mich aufregend und hat viele verloren geglaubte Erinnerungen hervorgebracht. Über das Internet fand ich ehemalige Studienkollegen wieder, mit denen ich mich über die vergangenen Zeiten austauschen konnte – wir planen nun ein Treffen: 30 Jahre danach.

Schwester im Osten wie im Westen

Fachschulstudentin Kinderkrankenpflege im Anna-Hospital Schwerin, 19 Jahre

Im November 1989 lernte ich im Anna-Hospital, einem evangelischen Kinderkrankenhaus der Diakonie, das unter strenger Bewachung durch den Staat geduldet wurde. Wir waren der Medizinischen Fachschule Schwerin angeschlossen und erhielten von dort *Marxismus-Leninismus*-Lehrer, damit unsere Ausbildung staatlich anerkannt werden konnte. Es gab auch kirchliche Ausbildungsstätten, die das nicht wollten, aber dann durfte man später auch nur in kirchlichen Einrichtungen arbeiten.

Wir hatten ein vierjähriges Fachschulstudium zu absolvieren. Im ersten Jahr waren wir eher billige Hilfskräfte. Ich musste viel putzen, zum Beispiel große Schulräume und Treppenhäuser. Wochenlang waren wir in der Milchküche. Sämtliche Nahrung wurde selbst gekocht, und ich spülte jeden Tag in Teildienst Hunderte von Milchflaschen mit der Hand. Es gab auch ein eigenes Hauspraktikum. Man war mit der Hausschwester unterwegs. Ich lernte eine Menge über den Klinikbetrieb. Immer wenn mal nichts zu tun war, durfte ich im Dienstzimmer von Schwester Regina sitzen und im Knigge lesen. Auch Bestellungen machten wir. Das Lager befand sich im Keller der Klinik. Jede Station stellte einen riesigen Wäschekorb mit einem Oktavheft darin vor die Tür und der Materialbedarf für eine Woche wurde bereitgestellt. (Jahre später arbeitete ich an verschiedenen Universitätskrankenhäusern. Da kam alles auf riesigen ferngesteuerten Wagen oder mit der Rohrpost oder der Kleinkastenförderanlage durch die Wand.)

In diesem speziellen Kellerlager war es sehr spannend. Die DDR-Kirche wurde von der West-Kirche unterstützt. So bekamen wir wertvolles Einwegmaterial! Das gab es in der DDR so gut wie gar nicht. Wir hatten scharfe Kanülen, die in den Müll kamen. Die Mehrwegkanülen wurden gereinigt und die dicken Punktionskanülen einmal gegen das Sonnenlicht gehalten, um zu erkennen, ob alles frei war, und dann in Hitze autoklaviert. Hin und wieder kamen sie zum Schleifen. Es gab seltene Mehrweg-Handschuhe! Die dicken Handschuhe wurden gewaschen, zum Trocknen aufgehängt, dann gepudert, in Stoff geschlagen und sterilisiert. Außerdem gab es keine Wegwerfwindeln! Das bedeutete Stoffwindeln und Gummihöschen. Viele Stunden musste ich dicke Windelpackungen aus je drei Stoffwindeln legen – ich könnte es heute noch ohne nachzudenken.

Jeder Ausbildungsjahrgang bestand aus 15 Schwesternschülerinnen. Jungs wurden nicht in diesem Haus ausgebildet. Man hoffte, dass hin und wieder eine Schülerin in die Diakonie eintrat und Diakonieschwester wurde. Diese waren unverheiratet und lebten auf dem umliegenden Klinikgelände oder in der Nähe. Man konnte jederzeit austreten, zum Beispiel, wenn man heiraten wollte – es war also nicht wie im Kloster. Die Diakonieschwestern waren traditionell gekleidet. Wir Schülerinnen trugen diese unbequeme Tracht auch, hatten nur andere Hauben mit verschiedenen Streifen an der Seite, um die unterschiedlichen Ausbildungsstände erkennen zu lassen. Bei Schwangerschaft musste man aus der Schwesternschaft austreten, aber man durfte die Ausbildung als Gastschwester im Hause beenden und konnte im weißen Schwesternkittel arbeiten.

Drei der vier Jahrgänge wohnten im neuen Internat der Klinik. Es gab ziemlich moderne Dreierzimmer mit einem Gemeinschaftsbad und einer Dusche plus einer gemeinsamen Küche auf dem Flur. In jeder Etage hatte eine Diakonieschwester am Ende des Flures ihre eigene kleine Wohnung. So war für ständige Überwachung gesorgt.

Wir waren wieder ein vierter Jahrgang und in zwei kleinen Wohnungen neben dem Krankenhausgelände untergebracht. Zu sechst hatten wir einen Schlafraum und ein Wohnzimmer. Im Schlafzimmer standen drei hölzerne Doppelstockbetten, drei klapprige Kleiderschränke und es gab zwei Waschbecken. Die Toilette befand sich eine halbe Treppe höher. Neben uns wohnte die leitende Oberschwester und benutzte auch unsere zugige Toilette. Im Wohnzimmer gab es einen großen, grünen Kachelofen. Den mussten wir natürlich selbst heizen. Kohlen lagen im Keller, und wir arbeiteten alle im Schichtdienst!

Das Tolle an unserer Wohnung war, dass wir fast kommen und gehen konnten, wie wir wollten. Wir hatten viel mehr Freiheiten als die anderen Mädchen im neuen Internat. Nur gingen wir nicht viel aus, weil wir mit unserer Arbeit und den ungewohnten Schichten ziemlich ausgelastet waren. Außerdem hatten wir jedes zweite Wochenende Dienst.

Meine Familie war nicht offensichtlich politisch – bloß ruhig halten und nicht auffallen. Ich lebte in einer intakten, christlichen Großfamilie; so schrieb es unser Pastor in meine Bewerbung. Da waren meine Eltern, meine Großeltern und drei Geschwister. Ich bin das dritte Kind. Wir hatten einen kleinen Hof mit Vieh und Landwirtschaft – waren fast Selbstversorger. Alles lief in gewohnten Bahnen.

Seit drei Jahren hatte ich eine feste Beziehung. Mein Freund, damals 23 Jahre alt, war sehr viel systemkritischer als ich. Er arbeitete ganz gegen seine eigentlichen Interessen und Fähigkeiten im Straßenbau. Nach der Wende war er der erste Zivi in unserer Kirchgemeinde.

Im Sommer 1989 fuhren wir mit seinem Trabant nach Ungarn. Dort bemerkten wir an den Landesgrenzen die Unruhe und zunehmende Angespanntheit der Grenzsoldaten. In Ungarn fragte mich mein Freund, ob wir in die BRD ausreisen wollten – für mich überhaupt keine mögliche Option. Ein Leben ohne meine Urfamilie war für mich undenkbar. Keiner konnte ahnen, wann man sich mal wiedersieht und sogar -hört. Auf der Rückreise wurden wir an den streng bewachten Grenzen einfach durchgewunken. Jeder, der zurückkam, war herzlich willkommen.

Jedes Ausbildungsjahr sah ein längeres Praktikum in einer anderen, möglichst kirchlichen Einrichtung vor. Im ersten Jahr arbeitete ich im evangelischen Kindergarten in Schwerin und im zweiten in der Entbindungsabteilung des Stiftes Bethlehem in Ludwigslust. September 1989 begann mein drittes Jahr und es folgte ein Praktikum in Rostock auf dem Michaelshof – auch eine große kirchliche Einrichtung. Das bedeutete Arbeit mit geistig und körperlich behinderten Erwachsenen. Wir waren zur gleichen Zeit zwei Mädchen dort, aber auf verschiedenen Stationen. Über der geschlossenen Männerstation teilten wir uns ein spartanisches Zimmer. Nachts hörte man die Ketten rasseln. Moderne Fixiergurte gab es noch nicht.

Dort lernte ich verschiedene Leute kennen, die einen Ausreiseantrag gestellt hatten, zum Beispiel Studierte, die nicht mehr in ihren Berufen arbeiten durften. In dieser Form der Pflege waren sie als bekennende Staatsfeinde wohl nicht so schädlich.

Ich erinnere mich an eine sehr interessante Frau. Sie hatte als langjährige Lehrerin an einer bekannten Schauspielschule unterrichtet. Jetzt versorgte sie hier sehr liebevoll die mehrfach behinderten Frauen. Ich weiß nicht, ob es noch zur beantragten Ausreise kam.

Ermutigt durch diese kritischen Menschen gingen wir zum Gottesdienst in die Marienkirche Rostock. Dort sprachen unter anderem Herr Gauck, Herr Kleemann und andere mutige Menschen dieser Zeit. Ich wusste damals nicht, was für ein denkwürdiger Moment das rückblickend sein würde.

Wieder zurück in Schwerin, ging ich – nun schon etwas ermutigt – mit zur umstrittenen Montagsdemo am 23. Oktober 1989. Friedlich zogen wir durch die Innenstadt und legten vor dem Arsenal Kerzen nieder. Am nächsten Morgen war alles wieder entsorgt.

Von den Ereignissen des 9. November bekamen wir an dem Abend nichts mit. Wir hatten keinen Fernseher und kein Telefon und hörten selten Radio. Am nächsten Morgen fehlten einige Mädchen im Unterricht. Andere kamen völlig aufgeregt zur Schule und verstanden nicht, dass es hier normal weitergehen sollte. Unsere so überzeugte *ML*-Lehrerin erschien nie wieder.

Ich beendete meine Ausbildung fast unverändert im Anna-Hospital. Über 20 Jahre arbeitete ich in diesem erfüllenden Beruf – die meisten Jahre in den alten Bundesländern. 1993 ging ich dann doch in den Westen, denn bei meiner Beziehung blieb es nicht, und der immer noch bessere Verdienst im Westen lockte.

Heute lebe ich mit meiner Familie wieder in meinem Heimatort.

Inzwischen weiß ich so viel mehr über die DDR. Es ist viel Unrecht geschehen. Aber die DDR hat viele, ganz besondere Menschen hervorgebracht. Es ist gut, ein Ossi zu sein. Wir erkennen uns überall: Das »Wir« steht über dem »Ich«.

Warum das Sandmännchen schon wieder ausfiel

Museologin im Kulturhistorischen Museum Rostock; Fernstudentin der Volkskunde an der Humboldt-Universität in Berlin, 29 Jahre

Mit meinem Partner, unserem dreijährigen Sohn und unserer in diesem Jahr geborenen Tochter lebte ich in einer großen Altbauwohnung am Doberaner Platz in Rostock. Ich war als Museologin am Kulturhistorischen Museum der Stadt vollzeitbeschäftigt und seit einem Jahr Fernstudentin der Volkskunde an der Humboldt-Universität in Berlin. Seit der Geburt unserer Tochter im Mai des Jahres befand ich mich im sogenannten »Babyjahr«, setzte aber ab September mein Studium trotzdem fort.

Unsere Wohnung war zwar groß und wunderschön und wir hatten uns sehr gefreut, sie 1987 durch einen komplizierten Wohnungs-Ringtausch zu bekommen – allerdings war sie baulich in schlechtem Zustand. Wir hatten selbst das Nötigste daran gerichtet und genossen nun den ungewohnten Luxus von 100 Quadratmetern Wohnfläche. Fast täglich kam Besuch, und es wurde viel gefeiert.

Die Babypause von einem Jahr erschien mir als ein ausgesprochener Luxus. Im Vergleich zu meinem gewöhnlichen Arbeitstag von acht Stunden und 45 Minuten, der jeweils pünktlich 7.10 Uhr begann, genoss ich die Freiheit dieses einen Jahres nur für Familie, Freunde und Fernstudium in vollen Zügen.

Nach meinem ersten Babyjahr mit unserem Sohn hatte ein normaler Arbeitstag bislang etwa so ausgesehen: 6 Uhr Weckerklingeln, schnell ins Bad, dann das Kind wecken und anziehen, gemeinsames Frühstück und auf zur Kinderkrippe, 7.10 Uhr Arbeitsbeginn im Museum. Alles war zum Glück fußläufig zu erreichen und zentral, sodass durch Wege kaum Zeit verloren ging.

Meine damaligen Arbeitsaufgaben im Museum scheinen mir aus heutiger Perspektive überschaubar. Deutlich mehr Kollegen als heute waren in die Sammlungs- und Ausstellungsvorhaben des Hauses eingebunden. Der Schwerpunkt lag stärker auf der Hintergrundarbeit in den Sammlungen und das Ausstellungsprogramm des Museums verteilte sich auf deutlich mehr Schultern, sodass der Termin- und Verantwortungsdruck unvergleichlich geringer war. Allerdings fühlte ich mich in dieser Arbeitssituation schon bald auch etwas unterfordert, was mich auf die Idee brachte, ein Fernstudium der Volkskunde aufzunehmen. Dazu ergab sich 1988 die Möglichkeit an der Humboldt-Universität Berlin. Die Gesetze zur Förderung von Fortbildung waren in der DDR ausgesprochen großzügig. Mein Arbeitgeber schloss mit mir einen Fortbildungsvertrag ab, der mir unter anderem sowohl Reise- als auch Studientage einräumte.

Jeder Arbeitstag endete um 16.40 Uhr, dann Kind abholen, gemütlicher Gang nach Hause, mit dem Sohn spielen, etwas Haushalt, Abendbrot und abends meist Gäste, eine Verabredung oder einfach ein Kino-Besuch direkt gegenüber unserer Wohnung. Einen Fernseher besaßen wir nie. Das Tabu, Kinder allein in der Wohnung zu lassen, war noch nicht verbreitet. Mit gleichaltrigen Freunden, die ebenfalls kleine Kinder zu Hause hatten, trafen wir uns abends ganz unbesorgt und regelmäßig. Sicher einer der Gründe, warum ich Kinder zu haben immer nur als Bereicherung, nicht aber als Einschränkung meiner Möglichkeiten empfunden habe.

Am Donnerstag, dem 9. November 1989, war ich tagsüber mit meiner fünf Monate alten Tochter zu Hause und holte am Nachmittag meinen Sohn aus der Kinderkrippe. Mein Partner war an diesem Abend dienstlich unterwegs und nicht zu Hause. Üblicherweise brachte ich die Kinder zwischen 18 und 19 Uhr zu Bett, saß dann am Bettrand meines dreijährigen Sohnes und wir hörten hier allabendlich gemeinsam um 19 Uhr in einem kleinen Kofferradio die Sandmann-Sendung.

In den politisch turbulenten Tagen dieses Herbstes kam es jedoch immer mal vor, dass der Radio-Sandmann zugunsten einer Bekanntmachung oder Pressekonferenz ausfiel, was immer eine große Enttäuschung für meinen Sohn war. Auch an diesem 9. November gab es keinen Sandmann. Wir saßen schon erwartungsfroh am Bett und ich hatte das Radio auf meinen Knien eingeschaltet, als wieder eine Pressekonferenz aus Berlin übertragen wurde. So tröstete ich meinen Sohn nicht zum ersten Mal mit dem Satz: »Schade, Jakob, heute gibt es keinen Sandmann. Es spricht leider wieder nur der Mann.« Aber noch bevor ich das Radio ausgeschaltet hatte, um nun stattdessen eine Geschichte vorzulesen, erfasste ich »mit halbem Ohr« die Mitteilung, dass die Grenze offen sei. Das konnte ich nicht wirklich glauben – und mein einziger in dieser Situation zur Verfügung stehender Gesprächspartner war drei Jahre alt. Ich weiß nicht, ob ich noch etwas vorlas oder nicht. Nur an meine Verwirrung erinnere ich mich und an den Gedanken, dass ich meinem Partner vorschlagen wollte, doch einfach mal am nächsten Wochenende nach Lübeck zu fahren und dass mir dieser Vorschlag total verrückt vorkam. Das war so unwirklich, dass ich mich irgendwie kaum davon betroffen fühlte und ganz ruhig schlafen ging.

Am nächsten Morgen wollte ich planmäßig, wie an jedem zweiten Freitag, nach Berlin an die Humboldt-Universität fahren. Um 6 Uhr morgens traf ich eine Bekannte auf dem Bahnsteig und fragte sie, was sie so früh schon umtreibe. Sie antwortete ganz begeistert: »Na, ich fahre natürlich nach Westberlin!!!« Ich hatte bis dahin nicht eine Sekunde an Westberlin gedacht. In meinem systematisch manipulierten innerdeutschen Geographieverständnis hatte Westberlin für mich irgendwie überhaupt nichts mit »meinem« Berlin zu tun. Es schien mir Lichtjahre weiter entfernt zu liegen als Prag oder Budapest. Erst durch diese Begegnung auf dem Bahnsteig befiel dann auch mich eine gewisse Aufregung.

Ich fuhr trotzdem in Berlin zunächst in die Universität und nahm an den Vorlesungen des Vormittags teil. Für den Nachmittag stand auf unserem Stundenplan ein Seminar in *Politischer Ökonomie des Kapitalismus*, denn auch in Fernstudien war *Marxismus-Leninismus* Pflichtfach. Drei befreundete Kommilitonen und ich beschlossen kurzerhand, die politische Ökonomie des Kapitalismus besser in der Praxis zu erforschen, verließen die Uni und begaben uns an den nächstgelegenen Grenzübergang. Auf der anderen Seite angekommen, hatten wir das Glück, einen älteren Herrn zu treffen, der sich aus Interesse an die Grenze begeben hatte und uns in sein Auto einlud, um uns die Stadt zu zeigen – ein wirklich ergreifender Moment. Wir nahmen in Schöneberg unser Begrüßungsgeld in Empfang und baten den Herrn dann, uns zu Museen zu fahren. Im Tiergarten betraten wir gemeinsam das Kunstgewerbe-Museum – keine Menschenseele war in den Räumen. Jeder von uns vieren legte seinen 100 D-Mark-Schein für eine Eintrittskarte vor. Die Kollegen hinter dem Schalter lachten, hießen uns willkommen und gratis passieren. Unsere ersten Schritte im Westen führten uns abseits des aufgeregten Getümmels anderswo in der Stadt durch menschenleere Museumssäle. Auf unserem Rückweg in den Osten wollte ich noch unbedingt eine ganz bestimmte Schallplatte am U-Bahnhof Ku'damm kaufen, denn bei all dem

Eingesperrtsein in der DDR war für mich das Abgeschnittensein von westlicher Musik damals das Schmerzlichste. Erst hier erlebten wir, was anderswo auf den Straßen los war. Die Kolonnen von Menschen, beladen mit Tüten und Paketen, empfand ich als so abstoßend, dass ich froh war, mich für die Übernachtung bei einem Freund in Ostberlin wieder auf vertrautes Gelände zurückziehen zu können.

In den folgenden Monaten und ersten Jahren veränderte sich die Situation in den Museen wie überall grundlegend. Allen Museums-Direktoren wurde gekündigt und ihre Stellen von Bewerbern aus den westlichen Bundesländern eingenommen. Das betraf auch meinen damaligen Partner. Er wurde als Direktor des Museums entlassen und arbeitete in der Folge freiberuflich. Die Umstände seines Ausscheidens waren ausgesprochen unfair und für uns alle belastend. 1992 erhielten im Kulturhistorischen Museum alle weiteren Mitarbeiter/-innen ihre Kündigung und wurden aufgefordert, sich auf eine etwa halbierte Zahl von Stellen neu zu bewerben – eine deprimierende Situation.

Interessant erscheint mir im Rückblick, dass die damit geschaffene angstbeladene Atmosphäre im Haus damals nicht etwa zu Konkurrenz-Verhalten, sondern vielmehr zu solidarischen Gefühlen unter den Kollegen und Kolleginnen führte.

Auch mir wurde eine Kündigung vorgelegt, jedoch musste sie in meinem Fall zeitlich noch aufgeschoben werden, da mein Arbeitsvertrag durch die Fortbildungsvereinbarung bis zum Ende meines Fernstudiums geschützt war. Um jedoch darüber hinaus fest angestellt zu bleiben, musste auch ich mich bereits 1992 auf eine Stelle im Museum neu bewerben. Es war mein Glück, dass ich 1988 aus eigenem Entschluss das Volkskunde-Studium aufgenommen hatte, denn so konnte ich mich bei dieser Gelegenheit sogar auf eine höher dotierte Stelle verbessern. Andererseits erlebte ich, wie Kolleginnen und Kollegen ihre Stelle verloren und bis ans Ende ihrer Berufstätigkeit mit befristeten oder ABM-Stellen in prekären Verhältnissen leben mussten. In den Folgejahren bedrohten Kürzungen im öffentlichen Haushalt immer wieder auch meine Stelle. Zeitweise wurde ich mittels Änderungskündigung zurückgestuft, konnte jedoch durch eine Klage die Rücknahme erzwingen. Noch für viele Jahre waren die Arbeitsstellen im Bereich Kultur als »Nicht-Pflichtaufgaben« der Kommunen permanent in der Diskussion und gefährdet.

Die personellen Kürzungen im Museum hatten auch dazu geführt, dass nun vier Mitarbeiter/-innen einen Sammlungsbestand betreuten, den bislang zehn und mehr bearbeitet hatten. Die Qualität der inhaltlichen Arbeit musste darunter notgedrungen leiden, was zu Unzufriedenheit führte und führt.

Positiv entwickelten sich dagegen die Bedingungen für die Ausstellungspräsentation und Sammlungspflege. Trotz schwankender finanzieller Ausstattung verbesserten sich die baulichen, technischen und grafischen Möglichkeiten schnell. Die Qualität der Ausstellungen wuchs deutlich, in den Museums-Depots konnten weitgehend längst überfällige Standards umgesetzt werden. Die Arbeit in einem in dieser Weise modernisierten Museum ist kreativer und befriedigender als vor der Wende. Zahlreiche Fortbildungsmöglichkeiten in Arbeitskreisen, auf Tagungen oder im Kollegenkontakt sorgten und sorgen für neue Impulse.

Schon in der Wendezeit setzte ein reger Kontakt zu Museumskollegen in Westdeutschland ein und brachte schnell die Erfahrung von Kollegialität, gegenseitiger Unterstützung und Anregung bis hin zu Freundschaften. Hierbei waren für mich in den ersten Jahren interessanterweise die Kontakte mit den Kollegen im Westen freundschaftlicher als die Erfahrungen mit den aus dem Westen in den Osten kommenden Kollegen.

Durch das fröhliche Miteinander in der Familie und im Freundeskreis wurden die beruflichen Turbulenzen für mich und auch meinen damaligen Partner mehr als aufgewogen. Die allenthalben voranschreitende Sanierung verfallender Altbausubstanz vertrieb auch uns aus unserem schönen, aber maroden Zuhause. Wir bezogen im Stadtzentrum eine geräumige Neubauwohnung. Diese hatte zwar deutlich weniger Charme, dafür aber fließend heißes Wasser und Heizkörper, die man nur aufdrehen musste – ein Luxus, den wir mit den beiden Kleinkindern sehr genossen. Unsere Alltagsgewohnheiten änderten sich zunächst wenig. Unsere Urlaubsziele lagen jetzt jedoch statt in Tschechien oder im Erzgebirge bevorzugt in Frankreich.

Mein Leben bietet mir seit der Wende deutlich mehr Gestaltungsmöglichkeiten. In der DDR schien mein weiterer Weg bereits mit 29 Jahren sehr überschaubar – sowohl beruflich als auch privat war der Bewegungsspielraum sehr beschränkt. Der Wende verdanke ich beruflich interessantere Herausforderungen; privat bereichern seitdem weit gesteckte Reiseziele und Freundschaften über Ländergrenzen meinen Horizont.

Wechselbad der Empfindungen

Ingenieur für Feinwerktechnik im Kombinat VEB Carl Zeiss Jena (Forschungszentrum), 49 Jahre

Wie viele andere Betriebe der DDR wurde auch der VEB Carl Zeiss Jena beauftragt, Konsumgüter herzustellen. Es war dem allgemeinen Mangel geschuldet, das Warenangebot abwechslungsreicher zu gestalten. Zeiss sollte unter anderem einen Color-Hochleistungsprinter konstruieren und fertigen.

Das hatte die Schaffung eines speziellen Entwicklungsbereiches zur Folge, dem auch ich zugeordnet wurde – als sogenannter Erfahrungsträger. Diese Tätigkeit führte ich bis zur Wende aus. Dann war damit plötzlich Schluss. Im Westen gab es Derartiges, und die fehlenden Produkte konnten von anderer Stelle besorgt werden. So wurde ich in meinen vorhergehenden Arbeitsbereich zurückversetzt (Feinmess). Dort entwickelte man vorrangig Längenmessgeräte höchster Genauigkeit, die weltweit Anerkennung fanden. Dabei war eine Devisenrentabilität größer 1 nicht unüblich. Wir brauchten uns also nicht zu verstecken. Noch heute profitieren Betriebe, die manche Erzeugnisse von Zeiss übernommen haben, diese aber nicht grundsätzlich veränderten, von unserer damaligen Arbeit.

Zurück zur Vorwendezeit

Mit der Perestroika unter Michail Gorbatschow kam die Hoffnung auf mehr Offenheit, Freiheit und eine höhere Wirtschaftseffizienz. Es gab eine allgemeine Aufbruchsstimmung in der Bevölkerung – nicht erkennbar jedoch bei der politischen Führung unseres Landes. Friedliche Protestaktionen nahmen zu, die Aussage »Schwerter zu Pflugscharen« wurde zum

Leitspruch. Am 4. November 1989 erlebten meine Frau und ich zum Beispiel in Dresden in der Nähe des Polizeipräsidiums auf Mauern gestellte Kerzen, die nicht spontan beseitigt wurden. Dies gab zu denken.

In Jena beteiligten wir uns an Demonstrationszügen und besuchten auch den von Friedrich Schorlemmer in der Stadtkirche gehaltenen Vortrag, der uns aus dem Herzen sprach. Gemischte Gefühle kamen schon beim Demonstrieren in uns auf – nicht nur dass Sicherheitskräfte hätten einschreiten können. Es sprach sich ja auch herum, dass mit Regierungsgegnern nicht gerade zimperlich umgegangen wird. Die allgemeine Entwicklung ist bekannt.

Dann kam der 9. November

Der Tag verlief wie die meisten anderen auch, bis uns die Nachricht von der Maueröffnung im Radio und Fernsehen überraschte. Natürlich freuten wir uns darüber, zumal ein friedlicher Verlauf kaum vorstellbar gewesen war.

Wir gehörten nicht zu den Ersten, die das alles erleben wollten, und die 100 D-Mark Begrüßungsgeld mussten warten. Aber die neuen Möglichkeiten, die sich für uns eröffneten, gaben uns Auftrieb und weckten Wünsche.

Wie aber sah es am Arbeitsplatz aus?

Es gab die Konkurrenz Zeiss Oberkochen, die ein ähnliches Produktionsprogramm hatte. Wer also letztendlich entschied, wer was macht und wie mit Zeiss Jena zu verfahren ist, kann man sich denken. Viele Kündigungen wurden ausgesprochen, teilweise Kurzarbeit null angeordnet. Das kam für Tausende Zeissianer völlig unerwartet. Und wer als Zeiss-Mitarbeiter damit gerechnet und sich vielleicht auch darauf gefreut hatte, später finanziell abgesichert zu sein, indem er Pension erhält, der wurde bald eines Besseren belehrt: nicht mehr für Zeiss Jena!

Unter diesen Aussichten zog sich meine Weiterbeschäftigung bis zum nahen Ende – sprich Kündigung – hin und führte schließlich über Kurzarbeit und zweijährige Arbeitslosigkeit zum vorzeitigen Renteneinstieg mit 60 Jahren. Dies war eine Vergünstigung für Zeiss-Beschäftigte in einer ähnlichen Situation wie der meinigen. Das kann man nur Glück nennen!

Schlechter erging es manch anderen. Dazu gehörte auch meine Frau, die sich – da jüngeren Alters – auf dem Arbeitsmarkt nach einer neuen Beschäftigung umschauen musste. Nach ihrer Kündigung, die lediglich verbal und in der Kürze von drei Minuten für ihren gesamten damaligen Arbeitsbereich erfolgte, brach erst einmal eine Welt für sie zusammen.

So etwas hatte es im Zeiss-Kombinat in dieser Form noch nicht gegeben. Nach dem Verarbeiten dieses Schocks war ihr nächster Anlaufpunkt das Arbeitsamt. Dies war alles andere als lustig. Ein Arbeitsamt kannten wir auch noch nicht. Viele Menschen, denen wie ihr gekündigt worden war, standen teilweise hilflos in den Gängen des Amtes herum. Und die Bearbeiter dort waren nicht besonders hilfsbereit und entgegenkommend, eher barsch und ruppig.

Nächster Schritt war die Teilnahme an einer Weiterbildung auf dem kaufmännischen Sektor. Eine neue Arbeitsstelle sofort zu bekommen, war aussichtslos. In Jena standen nach dem Aus des Zeisswerkes Tausende Arbeitslose auf der Straße.

Mit viel Glück bekam sie nach der Weiterbildung eine ABM-Stelle. Von da aus bewarb sie sich später auf eine Ausschreibung der Friedrich-Schiller-Universität in Jena. Dafür gab es natürlich viele Bewerber. Sie kam in die engere Wahl und hatte mit 49 Jahren das Glück, für diese – auch noch unbefristete Stelle – ausgewählt zu werden. So arbeitete sie bis zum Eintritt in die Rente an dieser Universität.

Die Zeit verging und wir kamen mit den neuen Lebensumständen einigermaßen zurecht. Es gab Schönes und Gegenteiliges. Woran wir Gefallen fanden, waren unter anderem die neuen Reisemöglichkeiten. Diese nutzten wir jedenfalls reichlich. Den Kontakt mit Menschen fremder Völker fanden wir dabei besonders schön und interessant. Neue Freundschaften entstanden. Verwandte in den alten Bundesländern mussten damit rechnen, besucht zu werden – haben es aber auch überstanden …

So wurde unser Leben ein anderes, jedoch nicht unbedingt schlechter. Dass es diese Wendung für unser geteiltes Land überhaupt noch einmal geben würde, war glücklichen äußeren politischen Umständen zu verdanken. Schade, dass die Welt nach einer kurzen Zeit der Entspannung wieder auf den alten Pfad der Konfrontation zurückgekehrt ist.

Reisen ist nicht alles

Meister für Kernkraftwerksanlagen im VE Kombinat Kernkraftwerke »Bruno Leuschner« Greifswald (Lubmin), 27 Jahre

Seit meinem 16. Lebensjahr arbeitete ich im Kernkraftwerk Lubmin und wurde dort als Maschinist für Kernkraftwerkstechnik ausgebildet.

In der Nacht zum 9. November 1989 hatte ich Schichtdienst. Der Zug zum Kraftwerk fuhr um 22.30 Uhr von Greifswald. Die Schicht begann um 23.10 Uhr und dauerte bis morgens um 8 Uhr. Zu dieser Zeit war ich als Schichtleiter im zweiten Kreislauf tätig, also für die Überwachung der Turbinen, Kondensatoren, Speicherpumpen etc. zuständig. Eine ganze Schicht von Block 1 bis Block 5 bestand aus ungefähr 400 Mitarbeitern. Auf dem Gelände des Kernkraftwerkes gab es drei Großküchen und sechs Kantinen, die rund um die Uhr liefen, um die Versorgung der Beschäftigten zu gewährleisten. Einige Blöcke waren noch im Bau. Ich arbeitete im Block 5, der – gerade fertig geworden – sich in der Inbetriebsetzungsphase befand. Insgesamt hatte ich 16 Kollegen in meinem Bereich. Damals überwachte man den technischen Prozess mit Kleinwartentechnik und nur teilweise mit Monitoren. Um die Sicherheit zu gewährleisten, schaltete man alles mit Hand.

Am Morgen des 9. November 1989 kam ich also aus der Nachtschicht und hatte erst mal schichtfrei. Abends war ich auf einer Feier bei unseren Ingenieuren vom Kernkraftwerk, in einer Kneipe, und hielt einen Dia-Vortrag über Kuba, denn im Februar war ich drei Wochen auf Kuba-Rundreise gewesen. Wir tranken natürlich auch Bier und ein paar Schnäpse, und weil ich so angetütert war, schaltete ich nach dem Heimkommen erst mal den Fernseher an. Damals hatten wir gerade Kabelfernsehen bekommen.

Ich machte Sat.1 an und konnte nicht glauben, was ich sah: Was war das denn? Da hüpften die Leute auf der Mauer rum – ich bekam die Befürchtung, schon vollends betrunken zu sein … Nach einer Weile weckte ich meine Frau. Sie hatte abends davon auch noch nichts mitbekommen. Bis 2 Uhr nachts saßen wir vor dem Fernseher und guckten uns das an. Das ist Fanatismus, dachte ich. Reisen ist nicht alles, man muss auch leben.

Wir hatten zu dem Zeitpunkt zwei kleine Mädchen; die Lütte war damals zwei und die Große vier Jahre. Da machte ich mir schon einen Kopf, was nun so auf uns zukommen kann. Ich stand dem Ganzen eher kritisch gegenüber und hatte im Grunde gleich echte Zukunftsängste.

Mitte Dezember fuhren wir das erste Mal nach Schlutup – der damalige Grenzübergang nach Lübeck. Wir organisierten das so, dass wir mit zehn Kollegen mit unseren Trabis im Korso fuhren, und dann schauten wir uns das da mal an. Was mir da drüben besonders auffiel, war das Bunte, die vielen Lichter … Als man wieder zurückfuhr, hatte man den Eindruck, man fährt in ein schwarzes Loch.

Nach meinem Schichturlaub kam ich am 13. November zur Frühschicht und stellte fest, dass die komplette Inbetriebsetzungsleitung fehlte: Das waren alles Berliner, die den Job in Montage machten. Die meisten kamen gar nicht wieder. Auch von meinen eigenen Kollegen erschienen vier nicht mehr zur Arbeit. Und im Laufe der Zeit stellte sich heraus, dass ein Kollege – er war Maschinen-Betriebswärter, also in leitender Position – bei »Horch und Guck« (Stasi) war.

Ich arbeitete noch acht Jahre im Kernkraftwerk. Da die Blöcke 1 bis 4 nicht nach dem Standard der Bundesrepublik gebaut worden waren, wurden sie stückweise stillgesetzt. Die neuen Blöcke, darunter auch mein Block, waren gerade im Probe-Betrieb, und der sollte eigentlich weiterlaufen. Da aber kam ein Herr Pflugbeil, und der veränderte das dahingehend, dass die Blöcke 5 bis 8 auch stillgesetzt wurden. Das kostete den Steuerzahler übrigens für jeden Block drei Milliarden EUR. Man hätte die Blöcke laufen lassen können – vielleicht nicht 100 Jahre, aber so ein Block hat immerhin 25 Jahre Lebensdauer. Wenn man sie hätte laufen lassen, hätten die das an Energie sicher eingespielt. Dann hätte es den Steuerzahler nichts gekostet; im Gegenteil: Das Geld für die ganze Entsorgung wäre da gewesen. Aber die Großkonzerne, die es damals gab, wollten natürlich selber Geld verdienen.

Es war also abzusehen, dass mir das Kernkraftwerk über kurz oder lang keine Arbeitsperspektive mehr bieten konnte. Seit 1994 bewarb ich mich schon in anderen Kernkraftwerken und erhielt 1995 auch eine Zusage im Kernkraftwerk Karlsruhe. Aber da sagte ich ab. Denn: Alles, was unterhalb von Hannover ist, ist Bayern, und da gehe ich nicht hin. Später stellte ich mich in den Kernkraftwerken Brunsbüttel und Krümmel vor. Das waren zwei Kernkraftwerke, die damals von den Hamburger Elektrizitätswerken betrieben wurden. Irgendwann bekam ich einen Anruf vom Personalchef, ob er meine Bewerbungsunterlagen an eine Tochtergesellschaft weitergeben dürfe, weil in den beiden Kraftwerken zu dem Zeitpunkt kein Personal gebraucht wurde.

Nach einiger Zeit rief mich der Betriebsleiter von der Müllverwertungsanlage Rugenberger Damm (Hamburg) an und fragte, ob ich dort als Schichtleiter arbeiten möchte. Ich fuhr erst mal hin und guckte mir das Ganze an. Dann sprach ich das mit meiner Frau durch und im November 1997 kündigte ich in Lubmin. Am 1. Januar 1998 begann ich am Rugenberger Damm. Die Probezeit verbrachte ich allein in Hamburg. Meine Frau suchte in Hamburg Arbeit und fing am 1. Mai 1998 an. Unsere Kinder wohnten solange bei meinen Schwiegereltern, und zum 1. Juli zogen wir alle um.

Die Müllverwertungsanlage Rugenberger Damm wurde neu gebaut. Keiner hatte Vorteile; keiner kannte die Technologie. Aber für die Hamburger Kollegen war es ein Problem, dass da einer aus dem Osten kam und auf einmal ihr Vorgesetzter wurde. Doch damit mussten sie leben und es gab eigentlich keinen großen Stress. Reibereien gibt es ja immer, aber: Das mussten sie eben lernen, dass auch mal ein Ossi das Sagen hat.

Der Duft von Parfüm und Benzin

Studentin Ingenieurökonomie der Bauindustrie an der Ingenieurschule für Bauwesen Berlin, 22 Jahre

Da die Schwester meiner Oma »im Westen« wohnte, bekamen wir ab und zu ein West-Paket. Wenn meine Schulfreundin aus der 4. Klasse an so einem Paket-Tag nachmittags bei mir klingelte, um gemeinsam die Hausaufgaben zu erledigen, fragte sie gleich, als ich die Tür geöffnet hatte und sie eingetreten war, wonach es denn so doll rieche. Ich schloss erst sorgfältig die Tür und flüsterte dann: »Wir haben wieder ein West-Paket bekommen.« Ihre Familie hatte keine Westverwandtschaft, weswegen ich sie fragte, ob sie das Paket mal sehen wolle. Sie wollte. Ich ging es holen, packte es andächtig aus und wir suchten nach der Ursache des »West-Duftes«. Ich wusste aus Erfahrung, dass es die Fa-Seife war, die so extrem parfümiert roch, und gab sie meiner Freundin in die Hand. Abwechselnd rochen wir daran, atmeten immer tiefer den Geruch der Seife. Irgendwann hatten wir genug »Westen« gerochen. Ich brachte das Päckchen wieder an den Platz, wo es meine Mutter abgestellt hatte, und wir machten uns mit dem »West-Duft« in der Nase und der Vorfreude auf leckere Schokolade an die Hausaufgaben.

Als ich 1988, nach meiner Lehre zum Wirtschaftskaufmann und zweijähriger Arbeit im Tiefbaukombinat Berlin, zum Studium der Ingenieurökonomie delegiert wurde, waren am Anfang noch eine Woche Politunterricht (»rote« Woche genannt) sowie drei Wochen Apfelernte in Brandenburg durchzustehen. In der »roten« Woche geriet ich gleich mit der Dozentin für sozialistische Volkswirtschaft aneinander.

Die Bedingungen bei der Apfelernte erinnerten an Armee. Ein Aufpasser brüllte uns an, als wir bei einem plötzlichen Unterbringungswechsel seinem Empfinden nach zu langsam waren. Man musste vergessen, dass man ein eigenständiger, erwachsener Mensch ist. Die gesammelten Äpfel wurden gezählt und kontrolliert. Unsere Gruppe hatte den Eindruck, dass die Mengenvorgaben kaum zu schaffen waren. Die kasernenähnliche Unterbringung deprimierte uns. Morgens waren die Zeiten für das Duschen und Frühstück so knapp, dass wir das Essen hinunterschlangen, um den Transporter auf das Apfelfeld zu schaffen, der uns sogar einmal wegfuhr.

Seit dem Sommer des Jahres 1989 fühlte ich mich zunehmend unfreier. Mit einer Freundin verfasste ich Flugblätter, die wir in Haus-Briefkästen steckten. Um keine Spuren zu hinterlassen, verwerteten und vernichteten wir gleich alles. Als ich meiner Mutter von dieser Aktion erzählte, war sie sehr erschrocken und verbot mir, das Ganze fortzusetzen, obwohl sie selber mit vielem nicht mehr einverstanden war. Über eine sehr gute Freundin meiner Oma, deren Tochter im Stasigefängnis war, hatte sie gehört, wie Gefangene dort behandelt wurden. Die Angst vor der Stasi und den Konsequenzen für unsere Zukunft war zum damaligen Zeitpunkt noch allgegenwärtig.

Ab September 1989 studierte ich an der Bauingenieurschule Berlin im dritten Semester. Das Studium war in vielen Fächern von der sozialistischen Ideologie durchzogen und sehr verschult. Regelmäßige FDJ-Nachmittage waren Pflicht.

Zum 40. DDR-Geburtstag am 7. Oktober stand ich mit vielen anderen Menschen an einer Absperrung in der Nähe des Palastes der Republik. Wir riefen: »Gorbi! Gorbi!«

In den nächsten Tagen ging ich zu Demonstrationen in Prenzlauer Berg und in die Gethsemanekirche. Bei der großen Demonstration am 4. November auf dem Alexanderplatz forderten viele Reisefreiheit.

Am Abend des 9. November besuche ich meine Mutter, die als Reisekader regelmäßig im kapitalistischen Ausland, zum Beispiel in Westberlin, der BRD und den USA, unterwegs war. Schon im Gehen begriffen, sehe ich nebenbei im Fernsehen die Pressekonferenz mit Schabowski. Ich verstehe seine Aussagen so, dass nur die ständige Ausreise ab sofort erlaubt ist. Eine Ausreise aus der DDR habe ich jedoch nie erwogen. Zu Hause arbeite ich an einer Aufgabe für mein Studium.

Erst am 10. November erfahre ich in der Ingenieurschule, dass die Mauer offen ist. Die für den Nachmittag geplanten Stunden fallen aus und ich fahre mit meinem Trabi in Richtung Mauer. Vom Parkplatz laufe ich so schnell ich kann zum nächstgelegenen Grenzübergang Heinrich-Heinrich Straße. Es ist Zufall, dass ich ausgerechnet dorthin komme. Ich weiß zwar, wo die Mauer steht, aber ich kenne nicht alle Übergänge, nur bekannte, wie die Friedrichstraße.

Am Grenzübergang erwartet mich eine Schlange mit DDR-Bürgern, die in den anderen Teil Berlins wollen. Nur mit einem Stempel im Ausweis können wir die Seite wechseln. Jubelnde Westberliner empfangen uns. Viele fahren mit ihren Autos in den Westteil, ich laufe zu Fuß.

An diesem Tag bin ich euphorisch und beeindruckt. Ich stehe vor der Bank, um mein Begrüßungsgeld abzuholen, und die vorüberfahrenden Autos verbreiten einen angenehmen Geruch, wie West-Parfüm. Ja, das Benzin riecht nach Parfüm, und die Welt leuchtet an diesem Novembertag in allen Farben. Durch die Euphorie des Mauerfalls ist meine Wahrnehmung viel stärker als sonst. Ich bin sehr glücklich.

Im November 1989 beginnen im Studium Auflösungserscheinungen. Einige kommen zu Seminaren mit rein marxistisch-leninistischem Inhalt gar nicht mehr, bis diese Seminare komplett wegfallen und der Studienplan nach westlichen Vorgaben umgestaltet wird. Das Studium wird insgesamt freier und selbstbestimmter. Vorher hatte jedes Zuspätkommen oder Fehlen Konsequenzen. Die Änderungen an unserer Schule begannen schon in den Wochen vor dem Mauerfall. Über Themen wie Umwelt und das Verhalten der Polizei bei den Einsätzen gegen Demonstranten wurde von einigen Dozenten offen gesprochen.

Ende 1989 bummeln meine Schwester, ihr Mann und ihre Kinder über den Übergang Wollankstraße in den Wedding. Sie holen bei einer Bank für alle vier Begrüßungsgeld. Ich kaufe mir von meinem Begrüßungsgeld ein Autoradio für meinen Trabant, welches mir mein Schwager einbaut.

Anfang 1990 erlebe ich als eine Zeit großer Unsicherheit. Ich kann mich an verschiedene Demonstrationen erinnern. Im Studium wird an einigen Tagen gestreikt. Eine kurze Zeit wünsche auch ich mir eine andere demokratische DDR. Ich erinnere mich an einen Aufruf *Für unser Land!* Meine Mutter sammelt dafür in der Kaufhalle Unterschriften.

Ich lerne nun viel motivierter, will mein Studium gut abschließen und eine Arbeit finden. In der Staatsbibliothek am Potsdamer Platz leihe ich mir Bücher über Betriebswirtschaftslehre aus. Meine Leistungen verbessern sich im Laufe des Jahres erheblich. Ich weiß, dass ich jetzt für mich, für mein Leben mit einer interessanten und angemessen bezahlten Arbeit, für Kleidung, eine schöne Wohnung lerne und nicht für den Staat oder den Sozialismus. In der DDR schien mir die Zukunft nach dem Studium unklar, sinnlos und grau.

An der Ingenieurschule verschwinden Dozenten der »Gesellschaftswissenschaften«. Aus dem Westteil Berlins kommen Gast-Dozenten. In der Übergangszeit müssen wir mehrere Monate auf das BAföG warten, und ich bin meiner Mutter sehr dankbar für ihre finanzielle Unterstützung.

Am Abend vor der Währungsunion gehe ich mit meiner Mutter essen. Wir geben das letzte Bargeld im Palasthotel aus. Am nächsten Tag stehen wir bei der Post an, um West-Bargeld abzuholen.

Im Sommer 1990 unternehmen wir einen Tagesausflug nach Hamburg.

Meinem Trabi verkaufe ich 1991 für ungefähr 500 D-Mark, da mir die Versicherung zu teuer wird. Die Prämien werden zum 1. Januar angepasst, und ich bin noch Student.

Mein Studium beende ich im Juli 1992 an der Fachhochschule für Technik und Wirtschaft in Wedding als Diplom-Betriebswirtin/Bau (FH) und arbeite seitdem im Bereich Rechnungswesen der Immobilienwirtschaft.

1996 absolviere ich noch eine nebenberufliche Weiterbildung zur Bilanzbuchhalterin/IHK.

Ich bin heute noch dankbar, dass ich den Mauerfall erleben durfte. Wenn ich auf dem Kurfürstendamm stehe und die beeindruckenden, schönen, leuchtenden Fassaden sehe, fühle ich mich glücklich und frei. Sehr gern gehe ich auch im Grunewald spazieren.